101 IDEE
PER INSEGNARE
OLTRE LA DISTANZA

Progettazione/Editing
Roberta Tanzi

Impaginazione
Francesca Gottardi
Lucia Covi

Copertina
Giordano Pacenza

Direzione artistica
Giordano Pacenza

Via del Pioppeto 24
38121 TRENTO
Tel. 0461 950690
N. verde 800 844052
Fax 0461 950698
www.erickson.it
info@erickson.it

ISBN: 978-88-590-2352-4

Finito di stampare nel mese di agosto 2020
da Esperia S.r.l. - Lavis (TN)

le GUIDE Erickson

Metodologie e percorsi per la didattica, l'educazione, la riabilitazione, il recupero e il sostegno

Collana diretta da Dario Ianes

Ricerca & Sviluppo Erickson (a cura di)

101 IDEE PER INSEGNARE OLTRE LA DISTANZA

Erickson

SUSANNA BENAVENTE FERRARA

Laureata in Lingue e letteratura straniere, è CEL di Spagnolo LS presso il Centro Linguistico di Ateneo dell'Università di Verona e membro del gruppo di ricerca ELICom (Educazione Linguistica Inclusiva e Comunicazione) dell'Università degli studi di Parma. È tutor del Corso di formazione «Diventare un Esperto dell'Apprendimento Linguistico» dell'Università degli Studi di Parma. È impegnata nella formazione, in presenza e online, di docenti e di esaminatori DELE (certificazione linguistica di Lingua spagnola). I suoi manuali e materiali didattici sono in uso in ambito scolastico italiano. I principali interessi riguardano la glottodidattica inclusiva, le metacompetenze e il plurilinguismo.

PAOLA CELENTIN

Insegnante di Italiano L2 e Didattica delle lingue presso l'Università degli Studi di Verona, è responsabile didattico del Master in Progettazione avanzata dell'insegnamento della lingua e cultura italiane a straniere (ITALS 2° livello) dell'Università «Ca' Foscari» di Venezia e membro del gruppo di ricerca ELICom (Educazione Linguistica Inclusiva e Comunicazione) dell'Università degli studi di Parma. Svolge attività di formazione nell'ambito della didattica delle lingue; i suoi interessi di ricerca riguardano la didattica dell'italiano a stranieri, l'insegnamento delle lingue ad alunni con bisogni specifici e la didattica intercomprensiva.

GIANLUCA DAFFI

Laureato in Psicologia, svolge attività di docenza presso l'Università Cattolica del Sacro Cuore di Milano e Brescia e già presso la Libera Università di Bolzano ed è collaboratore del servizio di Neuropsichiatria infantile degli Spedali Civili di Brescia. Coordinatore dei Master sui disturbi del comportamento di Trento e Roma e del Master ADHD dell'Università Cattolica di Milano, è autore di numerose pubblicazioni sul tema delle difficoltà di attenzione e pianificazione in età scolare e della progettazione di interventi a supporto delle citate competenze in ambito scolastico e familiare.

MICHELE DALOISO

Professore associato di Didattica delle lingue moderne presso l'Università di Parma, dove dirige il Gruppo di Ricerca ELICom (Educazione Linguistica Inclusiva e Comunicazione) in partnership con il Centro Studi Erickson. I suoi interessi di ricerca riguardano da un lato le relazioni tra mente, linguaggio e cultura nella prospettiva della linguistica cognitiva e, dall'altro, lo sviluppo di modelli di educazione cognitivo-linguistica efficaci e inclusivi.

HEIDRUN DEMO

Ricercatrice presso la Facoltà di Scienze della formazione della Libera Università di Bolzano. Svolge ricerca nell'ambito dell'inclusione scolastica e della didattica inclusiva.

ALESSANDRA FALCONI

Responsabile del Centro Alberto Manzi e del Centro Zaffiria. Si occupa di educazione ai media e alla creatività digitale. È responsabile del progetto nazionale #Esediventifarfalla per il contrasto alle povertà educative, di #nodrugstobecool per la prevenzione all'uso e spaccio di droga, della sperimentazione educativa di SilenceHate. È responsabile della collezione di giochi Italiantoy e atelierista Metodo Bruno Munari®.

GINEVRA G. GOTTARDI
Esperta di attività storico-artistiche, insieme a Giuditta Gottardi ha fondato il centro di formazione Laboratorio Interattivo Manuale, un atelier dove creatività e didattica si incontrano.

GIUDITTA GOTTARDI
Insegnante di scuola primaria, insieme a Ginevra Gottardi ha creato il centro di formazione Laboratorio Interattivo Manuale, una piattaforma digitale di incontro e discussione sulla didattica attiva per migliaia di insegnanti.

DARIO IANES
Docente ordinario di Pedagogia e didattica speciale all'Università di Bolzano, Corso di Laurea in Scienze della formazione primaria. È co-fondatore del Centro Studi Erickson di Trento, per il quale cura alcune collane, tra cui *le Guide* e *i Materiali*. Autore di vari articoli e libri e direttore della rivista «Difficoltà di Apprendimento».

ALBERTO PELLAI
Medico psicoterapeuta dell'età evolutiva e ricercatore presso la facoltà di Medicina e Chirurgia dell'Università degli Studi di Milano, si occupa di prevenzione in età evolutiva. Conduce corsi di formazione per genitori e docenti, e nel 2004 ha ricevuto dal Ministero della Salute la medaglia d'argento al merito della sanità pubblica. È autore di molti volumi, tra cui alcune favole per bambini.

EVA PIGLIAPOCO
Insegnante di scuola primaria, è autrice di guide didattiche, sussidi per insegnanti e libri di testo per la scuola primaria. Il suo sito è un riferimento nella raccolta di materiale didattico per insegnanti. Conduce corsi di formazione su: didattica inclusiva, didattica per competenze, valutazione e didattica della scrittura.

VALERIA RAZZINI
Insegnante di scuola primaria, specializzata in didattica inclusiva e attiva della matematica, ha all'attivo collaborazioni come formatrice e docente di Comunicazione. Ha conseguito la seconda laurea in Scienze della formazione primaria presso l'Università di Reggio Emilia e il Master in Didattica e psicopedagogia per i DSA. Ha pubblicato vari saggi sulla didattica della matematica e si occupa di formazione degli insegnanti sulle tecniche che rendono la matematica una disciplina divertente e un'esperienza di crescita personale per gli alunni.

DESIRÈE ROSSI
Laureata in Scienze dell'educazione e in Psicologia clinica, è stata insegnante presso le scuole dell'infanzia della Provincia di Trento e attualmente insegna nella scuola primaria. Collabora con il Settore Ricerca & Sviluppo Erickson, con il quale ha partecipato alla progettazione di SOFIA, un sistema esperto per la stesura di PEI e PDP.

IVAN SCIAPECONI
Insegnante di scuola primaria, è autore di guide didattiche, sussidi per insegnanti, libri di testo per la scuola primaria e libri di narrativa per ragazzi. Conduce corsi di formazione su: didattica inclusiva, didattica per competenze, valutazione e didattica della scrittura.

ANNA RITA VIZZARI

Laureata in Lettere classiche e con diversi titoli post lauream sulla didattica innovativa, docente di Lettere e formatrice, è al momento utilizzata presso l'Ufficio Scolastico Regionale per la Sardegna, dove si occupa soprattutto di Piano Nazionale Scuola Digitale e di progetti europei. Collabora occasionalmente con l'Università di Cagliari come docente a contratto (al momento di Letteratura italiana) e come tutor coordinatore TFA. Appassionata di Escape Room, ne ha sviluppato le potenzialità didattiche. Per le Edizioni Erickson ha pubblicato libri e kit multimediali, nonché materiale semplificato per diversi libri di testo.

INDICE

INSEGNARE MATEMATICA A DISTANZA E IN PRESENZA

SVILUPPARE COMPETENZE DISCIPLINARI A DISTANZA E IN PRESENZA

PRESENTAZIONE

Francesco Zambotti
Responsabile Area Educazione, Edizioni Erickson

Perché questo volume

Il 2020 rimarrà nella storia e nella memoria collettiva come un anno di lutto, di emergenza sanitaria e educativa, di nuove paure e nuove insicurezze su scala globale come mai prima era stato sperimentato nel mondo contemporaneo.
Le fragilità emerse a seguito della pandemia da COVID-19 a livello sociale, economico, sanitario non hanno purtroppo risparmiato il mondo della scuola e il mondo dell'educazione più in generale. Tuttavia, al fianco di molte problematiche emerse, di difficoltà di sistema, di un elevato tasso di dispersione scolastica, di un tasso di digitalizzazione insufficiente (sia come strumenti sia, ancora di più, come competenze) e di una scuola ancora immatura dal punto di vista dei processi inclusivi, il Sistema Scuola ha anche vissuto uno straordinario momento di sperimentazione didattica e organizzativa. Pur dovendo ripensare la propria quotidianità, i propri strumenti, le proprie relazioni nel distanziamento fisico, l'obiettivo primario è stato quello di andare sempre «*oltre la distanza*», sviluppando una *scuola di vicinanza* e senza trasformare la distanza fisica in distanza sociale.
Uno scenario fuori dell'ordinario, che tutti ci auguriamo non debba ripresentarsi uguale in futuro, ma che tra le tante difficoltà ha lasciato dei semi di opportunità per migliorare il nostro essere scuola, innovando strumenti, dando nuove idee per integrare anche in futuro le buone prassi in presenza con buone prassi a distanza, che possano facilmente essere attivate anche in futuro.
In questo volume raccogliamo, e sistematizziamo per un futuro non di emergenza, 101 idee tra le migliori emerse in questo periodo di *lockdown*, per la scuola primaria e la scuola secondaria di primo grado.
101 perché è un numero molto vicino ai giorni di chiusura della scuola tra marzo e metà giugno, un periodo sospeso in cui, mai come prima, tutti sono stati chiamati a fare i conti con l'importanza sociale, educativa, culturale e relazionale della Scuola.

Ciò che ci ha ispirato nella strutturazione di questo volume, insieme al testo «gemello» *101 idee per organizzare la scuola oltre la distanza* a cura di Laura Biancato, dedicato invece alla pianificazione, gestione e progettazione della scuola, è stato un pensiero pedagogico importante e semplice. Quello di una scuola che deve essere e rimanere sempre scuola di vicinanza, mai diventare una scuola distante. Questa emergenza ci ha mostrato come si possa essere distanti pur essendo tutti i giorni in classe e come si possa invece rimanere «vicini» pur senza vedersi. Scuola di vicinanza grazie a una didattica integrata tra presenza, distanza, analogico e digitale: questi sono le componenti di una scuola futura che necessita fortemente di una trasformazione didattica, metodologica e organizzativa per sviluppare le competenze di cittadinanza, le competenze globali e per rispondere ai bisogni educativi di ciascuno studente.

La struttura del volume

Nel volume abbiamo individuato dieci aree tematiche fondamentali per la costruzione di una scuola capace di integrare al meglio metodologie in presenza e metodologie a distanza attive e partecipative, non trascurando anche l'uso degli ambienti esterni in ottica di *outdoor education*. Abbiamo affidato lo sviluppo di ogni area tematica a esperti e insegnanti che in questi mesi hanno riflettuto, raccolto e sperimentato modi creativi, efficaci e inclusivi per *essere scuola* e che da tempo ragionano sull'innovazione didattica grazie all'uso integrato di strumenti digitali e strumenti tradizionali, di ambienti tradizionali e non del fare scuola. Queste le dieci aree tematiche e i nomi dei rispettivi curatori:

1. Promuovere le competenze emotive (Alberto Pellai)
2. Sviluppare le relazioni nel gruppo classe e motivare gli alunni (Desirèe Rossi)
3. Coinvolgere le famiglie (Gianluca Daffi)
4. Insegnare italiano a distanza e in presenza (Anna Rita Vizzari)
5. Insegnare matematica a distanza e in presenza (Valeria Razzini)
6. Sviluppare competenze disciplinari a distanza e in presenza (Giuditta Gottardi e Ginevra G. Gottardi)
7. Insegnare le lingue straniere (Paola Celentin, Susana Benavente Ferrera e Michele Daloiso)
8. Stimolare la creatività (Alessandra Falconi)

9. Valutazione formativa e sommativa (Eva Pigliapoco e Ivan Sciapeconi)
10. Includere: facilitare l'apprendimento e la partecipazione di tutte le alunne e tutti gli alunni con BES (Dario Ianes e Heidrun Demo).

Ci è sembrato coerente e indispensabile pensare a un mix di *competenze per la vita, competenze disciplinari e competenze sociali* per costruire una scuola capace di sviluppare rapporti e conoscenze significative, usando il meglio di ciò che la didattica e le tecnologie ci mettono a disposizione. Ogni area è aperta da una breve introduzione redatta dal curatore, mirata a dare un quadro di riferimento generale alle idee proposte. Ognuna delle 101 idee comprende alcune rubriche:

- *Subito in pratica*: aspetti operativi e organizzativi per realizzare immediatamente l'attività didattica in classe, oppure sperimentazioni realmente svolte nel corso dei mesi di chiusura del 2020.
- *Spunti di riflessione:* punti di attenzione e scelte da compiere nel momento in cui si voglia proporre l'attività in classe.
- *Attenzione!*: nodi da sciogliere per rendere ancora più efficace la gestione delle attività in classe.
- *Consiglio SOS:* come dice il titolo stesso, per l'appunto un suggerimento per ampliare l'efficacia didattica o per usare strumenti più semplici o complessi per realizzare l'attività.

Conclusione

La scuola di domani, non solo dell'anno scolastico prossimo in cui l'emergenza sanitaria sarà ancora una possibilità e una realtà, ma la scuola degli anni a venire deve attivare un processo di ripensamento simile a quello che è stata chiamata a fare nel corso dei mesi primaverili del 2020 (auspicabilmente senza la drammaticità degli eventi che li hanno accompagnati). Sembra però sempre meno sostenibile un fare scuola che non si interroghi profondamente sul suo «essere scuola», sui suoi orientamenti, sui suoi strumenti, sull'imprescindibile fusione tra cultura digitale, cultura tradizionale e cultura popolare. Rimandare costantemente, non cogliere le occasioni che la complessità dello scenario contemporaneo offre giornalmente alla scuola, significa rimanere fermi a un'idea di scuola romantica del passato, incapace però di dare risposte ai bisogni e alle domande che gli alunni e il mondo stesso ci pongono.

L'attualità ci mostra in maniera chiara che il miglioramento delle pratiche di insegnamento passa anche da un'integrazione efficace tra presenza e distanza, che parte però da un profondo pensiero didattico e pedagogico, da una visione dell'essere scuola come *comunità educante* in cui ognuno ha un ruolo e merita uguale rispetto e risposta, in un'ottica di equità educativa e di costante lotta verso ogni forma di disuguaglianza. Usando ogni strumento concreto o digitale, ogni ambiente fisico o virtuale, ogni spazio emotivo e relazionale per insegnare, per apprendere, per costruire classi e scuole in cui sviluppare resilienza e uno sguardo maturo e consapevole sul mondo in cui viviamo.

PROMUOVERE LE COMPETENZE EMOTIVE

di Alberto Pellai

IDEE 1-10

INTRODUZIONE

Sviluppare le competenze emotive nella vita di un gruppo classe rappresenta un obiettivo importante, ma anche una sfida educativa di non poco conto. Le emozioni non costituiscono il soggetto e l'oggetto di nessuna disciplina curricolare, però sono il pre-requisito di ogni apprendimento dei nostri studenti. Si apprende solo in un clima emotivo accogliente e quando si riesce a stabilire buoni processi di sintonizzazione emotiva all'interno del gruppo classe e con i propri docenti. Una classe desintonizzata emotivamente con il proprio insegnante non coglierà appieno il potenziale didattico e educativo presente nelle sue lezioni. Uno studente che entra in classe con l'incapacità di regolare i propri stati emotivi si troverà molto più affaticato in ogni proposta educativa che dovrà affrontare rispetto ai suoi coetanei dotati di buone competenze autoregolative.

Le competenze emotive negli ultimi decenni sono diventate ambito di studio e approfondimento da parte del corpo docente. Complici le neuroscienze, siamo diventati sempre più capaci di conoscere quali caratteristiche regolano il funzionamento mentale in età evolutiva. Abbiamo compreso che la fine dell'età evolutiva e l'inizio dell'adultità corrispondono, in termini neurobiologici, alla stabilizzazione delle reti neuronali che, nel corso di tutta la crescita, si integrano fra loro generando circuiti che sostengono tutto ciò che il minore apprende e sperimenta, trasformandolo in abilità, competenza, consapevolezza.

Ci siamo appassionati al modello dell'intelligenza emotiva, come educatori, ma anche come genitori, perché ci siamo resi conto che il benessere dei nostri studenti e figli, e il loro successo nella vita, sono il risultato dei loro apprendimenti in tre aree separate ma, allo stesso tempo, interconnesse: sapere, saper fare, saper essere.

Per la scuola, questa consapevolezza ha rappresentato una vera e propria rivoluzione. Se nel secolo scorso il successo di uno studente era in funzione quasi esclusivamente del suo Q.I. (quoziente intellettivo) e il percorso scolastico rappresentava uno slalom complesso tra esperienze

di insegnamento finalizzate al successo accademico, ora il corpo docente mette sempre più spesso al centro dell'esperienza scolastica il concetto di Q.E. (quoziente emotivo), che porta ogni bambino, preadolescente e adolescente, a «fiorire» nel momento in cui sa integrare ciò che sa con ciò che sa essere ed è. La scuola diventa così sempre più «palestra» e «maestra» di vita.
Howard Gardner è forse il primo scienziato della mente che ci ha fatto intuire la meravigliosa complessità sottesa a questi principi. Con il suo modello delle intelligenze multiple ci ha permesso di comprendere non solo che la nostra mente è un «puzzle» di menti diverse, ma anche che il fine dell'educazione non è svilupparle nella loro singolare specificità, bensì interconnetterle e integrarle così da costruire una mente complessa e completa, capace di avere una buona «mastery» di ciò che dovremo affrontare e gestire nel corso della nostra esistenza. È bellissimo vedere che, nel modello di Gardner, le menti da integrare non sono solo quelle corrispondenti alle discipline normalmente previste dai curricola scolastici. A fianco, infatti, di mente letteraria, matematica, musicale, artistica e cinestesica, Gardner ha inserito l'intelligenza intrapersonale e quella interpersonale, ovvero la capacità di avere buona consapevolezza di sé e di «sé in relazione con gli altri», vale a dire tutti coloro che ci vivono intorno. Quando Daniel Goleman ha modellizzato l'intelligenza emotiva, ha proprio preso queste due forme di intelligenza e le ha fuse nel nuovo concetto di cui è stato promotore nel mondo.
Sviluppare le competenze emotive in classe comporta proprio questo: sviluppare l'intelligenza intrapersonale e quella interpersonale dei nostri studenti. Significa aiutarli a conoscersi e comprendersi meglio e al tempo stesso fornire loro strumenti per conoscere e comprendere meglio le persone che vivono al loro fianco.
In concreto, sviluppare le competenze emotive ci porta a progettare e realizzare attività in cui proponiamo ai nostri studenti esercizi per promuovere armonia ed equilibrio, integrando mente e corpo. Ma anche esercizi in cui si relazionano con gli altri e attivano competenze di ascolto e di empatia che diventano pre-requisiti per qualsiasi abilità di natura pro-sociale. In generale, integriamo in questa area di lavoro gli spunti metodologici e operativi che ci vengono forniti dal modello della *Life Skills Based Education* (LSBE), ovvero l'educazione basata sulle competenze per la vita, che l'Organizzazione Mondiale della Salute da anni promuove come cardine di una strategia educativa attenta al benessere globale di ogni soggetto e come supporto per facilitare l'integrazione,

in ambito scolastico, delle tre dimensioni che compongono il triangolo pedagogico: ovvero sapere, saper fare e saper essere.
È evidente che, in questo ambito, l'educatore competente non è semplicemente colui che sa, sa fare e quindi sa anche «far fare» ai suoi studenti le cose che ritiene migliori e più adeguate. È fondamentale che l'educatore, quando promuove attività rivolte allo sviluppo delle competenze emotive, sia egli stesso un buon modello ed esempio cui ispirarsi. L' autoregolazione emotiva di noi adulti, le nostre capacità empatiche, l'accoglienza e la disponibilità emotiva con cui sappiamo stare vicini ai nostri allievi rappresentano gli ingredienti di base su cui appoggiare le attività che poi proponiamo loro per diventare capaci di strutturare dentro se stessi e dentro le loro relazioni le medesime competenze che vedono presenti nel nostro «saper essere», quando ci troviamo al loro fianco.
È così che si costruisce una società più rispettosa e più civile: rimanendo profondamente umani e considerando ogni studente come un terreno fertile in cui il seme della vita può produrre grandi raccolti, se curato, nella sua crescita, da un contadino pieno di attenzione e desiderio.
Tutte le idee descritte in questa sezione sono pensate per essere realizzate in presenza con i propri studenti ma, con piccoli accorgimenti e adattamenti, si rivelano perfette anche per le lezioni della didattica a distanza.

IDEA 1

TECNICHE DI IMMAGINAZIONE GUIDATA PER IL BENESSERE EMOTIVO

Le tecniche di immaginazione guidata ci permettono di entrare dentro noi stessi, di generare nella nostra mente immagini che servono a farci sperimentare un senso di quiete e di pace.
Queste tecniche fanno sentire il soggetto capace di tranquillizzarsi e di utilizzare la propria mente per indursi una sensazione di benessere e controllo. Grazie ad esse, infatti, il soggetto «entra» nel proprio funzionamento mentale e lo guida verso gli obiettivi desiderati. È come immaginare la nostra mente alla stregua di un'automobile che può percorrere strade diverse e addentrarsi in territori impervi oppure agevoli. Sentirsi capaci di tenere in mano il volante e di guidarla nella direzione in cui vogliamo portarla è molto utile, soprattutto quando ci sembra attraversata da un terremoto. L'ansia, spesso, rappresenta quel terremoto: è una variabile che, di frequente, arriva improvvisa o muovendosi a ondate successive.

SUBITO IN PRATICA

Solitamente il conduttore dell'esercizio di immaginazione guidata chiede a tutti i partecipanti di chiudere gli occhi. Spesso li fa sdraiare per terra e li invita ad allentare qualsiasi genere di tensione corporea. Ma questa attività può essere realizzata anche con gli alunni seduti al proprio banco, chiedendo loro di appoggiare su di esso la testa e di chiudere gli occhi.
Tenendo gli occhi chiusi, gli studenti vengono invitati a immaginare un luogo o una situazione che infonde una sensazione di calma e tranquillità. Ideale è invitarli a immaginarsi immersi in un paesaggio naturale connotato da bellezza e quiete. Si può anche proporre a tutta la classe di osservare e visionare con attenzione un'immagine del paesaggio su cui verrà poi condotto l'esercizio di immaginazione. Dopo che tutti hanno visto la fotografia, chiudendo gli occhi, il conduttore ne fornirà una descrizione multisensoriale.
Prima si chiede agli allievi di immaginare gli aspetti visivi.

Poi si forniscono connotati sonori di quella scena (ad esempio, se è un'immagine di un paesaggio marino, si dirà: «Immaginate di sentire il suono delle onde del mare che si infrangono sulla riva formando una morbida schiuma bianca»). Quindi si forniranno aspetti tattili, ovvero le sensazioni sperimentate sulla pelle («Immaginate un sole luminoso i cui raggi vi scaldano la pelle, oppure una brezza leggera che soffia piano e vi rinfresca sul volto»). E si fa la medesima cosa anche con gli aspetti olfattivi (profumo di crema solare, oppure di aria salmastra).
Il conduttore parlerà con voce calma e tranquilla, infondendo un senso di serenità a tutti i partecipanti. In sottofondo, è bene che venga fatta ascoltare una musica strumentale, adatta all'esercizio.
Con la tecnica dell'immaginazione guidata, si può permettere alle persone di accedere al cosiddetto «posto al sicuro», ovvero uno spazio della propria mente, all'interno del quale ci si può accomodare per ritrovare un senso di pace e tranquillità, soprattutto quando ci si sente agitati o si è perso il proprio equilbrio.
Il posto al sicuro che ciascuno ha dentro di sé corrisponde alla capacità che la nostra mente ha di rivisitare un luogo in cui si è stati nel passato e in cui ci siamo sentiti bene. Le persone dovranno prima esplicitarlo con le parole, poi rivisitarlo con la propria memoria e quindi, chiudendo gli occhi, riattivarne il ricordo dentro di sé attraverso tutti e cinque i sensi: che aspetto ha il tuo luogo al sicuro? Prova a immaginarne i suoni, i profumi, gli odori. Prova a immaginare di toccarne la superficie oppure i materiali e, eventualmente, di gustarne i sapori, se ci sono sensazioni anche in questo ambito.
Riaccendere nella propria memoria il ricordo di un luogo che ci fa sentire protetti e al sicuro dovrebbe facilitare, in automatico, processi di autoregolazione emotiva e farci sentire capaci di controllare l'ansia o l'agitazione in situazioni particolarmente stressanti.

SPUNTI DI RIFLESSIONE

Questo genere di attività può essere proposta dal docente all'inizio o alla fine di una prova che prevede una valutazione (compito in classe, esame). Essa fornisce al soggetto una sensazione di quiete e tranquillità e gli permette di accedere alla prova stessa nelle migliori condizioni mentali.
Per rinforzare il potere di questo tipo di esercizi, si può anche effettuare l'«abbraccio della farfalla», che consiste nell'appoggiare la mano destra

sul braccio sinistro e la mano sinistra sul braccio destro, incrociando gli avambracci sul petto. Poi, alternativamente, si picchietta prima una mano e poi l'altra sulle rispettive braccia, con un ritmo lento e delicato. Questo esercizio provoca una stimolazione bilaterale nei due emisferi cerebrali, tenendoli attivi durante l'esercizio e permettendo perciò una migliore integrazione dell'esperienza nella mente del soggetto che la sta vivendo.

IDEA 2

FAVORIRE L'ASCOLTO E LA COMUNICAZIONE CON IL *CIRCLE TIME*

Il *circle time* è uno dei metodi di lavoro più diffusi all'interno dei curricola e dei protocolli di educazione socio-affettiva ed emotiva; esso favorisce le competenze relazionali ed emotive all'interno del gruppo classe.
Nel *circle time* gli alunni si mettono in cerchio e l'adulto funziona come «tutore» dell'attivazione del dialogo, delle idee e della partecipazione di tutti. Il suo utilizzo permette agli studenti di sviluppare competenze sia sul fronte intrapersonale (relativo alla conoscenza di sé) sia sul fronte interpersonale (relativo all'ascolto, all'empatia, alla comunicazione efficace con gli altri).
Nel *circle time,* lo «spazio delle emozioni» diventa non solo una dimensione che il docente chiede alla classe di condividere all'interno di un momento che si ripresenta periodicamente (a cadenza settimanale, quindicinale o mensile, a seconda della scelta operata dal team dei docenti), ma anche uno «spazio fisico» che fa mettere tutti in cerchio — studenti e docenti — favorendo la comunicazione emotiva e stimolando — senza barriere, pregiudizi e confini — la comprensione empatica intersoggettiva.

SUBITO IN PRATICA

Il *circle time* si realizza annunciando agli alunni che si sta per vivere un momento molto speciale, in cui si «fa scuola», ma in modo completamente diverso dal solito. Si dispongono le sedie in cerchio al centro dell'aula e si invitano gli studenti a parteciparvi, spiegando che ognuno avrà il proprio turno per parlare ed essere ascoltato. Le regole sono poche e valgono per tutti:

1. Nessuno giudica il contributo fornito da un altro compagno.
2. Tutti possono esprimere il proprio pensiero, anche se è divergente rispetto a quello degli altri.
3. Ciò che viene detto nel cerchio è patrimonio di tutti e non può «uscire da lì».

4. Al termine del cerchio, con l'aiuto del docente si realizzerà una breve sintesi di ciò che è stato condiviso. Tale sintesi deve essere rappresentativa del percorso effettuato, ovvero tutti devono sentirsene in qualche modo rispecchiati.

Il gioco del cerchio fornisce una zona di ascolto protetto nella classe, in cui gli alunni sanno che possono dire ciò che realmente pensano, provano e sperimentano. La sua periodicità permette nel tempo a tutti gli studenti di far sentire la propria voce. Stare in cerchio, ottenere il «potere della parola» attraverso l'oggetto che viene fatto girare di mano in mano, usufruire del tutoraggio di un adulto che evita l'eccesso di protagonismo di qualcuno (che vorrebbe sempre parlare) e sostiene la capacità di espressione di qualcun altro (che solitamente sta ai margini della conversazione) permette di «modellare» all'interno del gruppo classe un clima di condivisione e compartecipazione al quale contribuiscono tutti. Perché in un cerchio, nessuno è primo e nessuno è ultimo. Nessuno vale più degli altri.

SPUNTI DI RIFLESSIONE

Con le classi della primaria, in particolare con quelle del primo ciclo, può essere difficoltoso per i bambini attendere il proprio turno e lasciare che gli altri parlino, rimanendo in ascolto attivo. In questo caso, un trucco per facilitare e promuovere la capacità di ascolto e il rispetto del turno di parola, ed evitare che pochi bambini monopolizzino in toto con i loro interventi l'esperienza di *circle time*, il docente può utilizzare un piccolo oggetto, da far girare tra tutti i partecipanti all'esperienza. L'oggetto fornisce il potere della parola: chi lo ha in mano, può esprimere quello che ha da dire, gli altri ascoltano. Al termine di ogni contributo del singolo alunno, il docente prende l'oggetto che dà potere di parola e lo affida a un altro bambino, tra quelli desiderosi di esprimersi, ma che ancora non l'hanno fatto.

ATTENZIONE

Nella didattica a distanza non è possibile mettere i partecipanti in cerchio. Il docente può però far entrare tutti gli alunni nella classe virtuale. Per questa attività è fondamentale che tutti i partecipanti si coinvolgano tenendo la propria videocamera attiva e il microfono disattivato. Sarà il docente, che fa da tutor e conduttore, a tenere sempre il proprio microfono acceso e a dare «il potere della parola» a tutti i partecipanti che si potranno prenotare alzando la mano davanti alla videocamera. Per rendere più divertente l'attività, tutti i partecipanti possono scegliere un oggetto speciale (un pupazzo per i bambini della primaria, una pallina da tennis per quelli della secondaria). Chi vuole parlare tiene in mano l'oggetto designato. Quando ha finito di parlare lo appoggia. In questo modo, il docente, che coordina gli interventi, può osservare dal proprio schermo chi sono gli alunni che vogliono intervenire in diretta.

IDEA 3

IL CINEFORUM DELLE EMOZIONI

Niente come la visione condivisa di un film insieme a tutta la classe permette di confrontarsi con una storia e vicende ad alto impatto emotivo e favorisce un percorso di approfondimento, comprensione, dibattito all'interno del gruppo classe su questioni rilevanti di interesse comune. In base ai temi che il docente vuole proporre alla propria classe e che rappresentano obiettivi di apprendimento nel percorso di educazione emotiva, vengono scelti tre film che accompagneranno la classe nel corso dell'intero anno scolastico.

SUBITO IN PRATICA

La visione del film dovrà essere spezzettata in tre o quattro momenti di circa 30 minuti l'uno, in base alla durata di ciascuna pellicola. L'esperienza è molto simile a quella che tante classi fanno con il progetto di narrativa di classe o di lettura animata. In questo caso, però, la classe partecipa a un vero e proprio cineforum tematico, in cui esiste un obiettivo generale e ognuno dei tre film fornisce invece temi e spunti per obiettivi specifici (si vedano gli «spunti di riflessione» alla pagina successiva).

L'esperienza sarà ritualizzata: ovvero tutte le settimane, in un giorno specifico, la classe vivrà il momento del cineforum delle emozioni. Per mezz'ora l'attività consisterà nella visione di una parte del film. Quando, dopo 3 o 4 settimane, il film sarà stato visionato per intero, il docente proporrà, per due o tre volte, un *circle time* con domande relative ai temi sollevati dal film.

Le domande dovranno permettere ai partecipanti di identificarsi con i protagonisti della storia e di comprendere che cosa li abbia spinti ad agire in uno specifico modo. Attraverso l'analisi dei comportamenti dei protagonisti dei film, gli studenti potranno osservare dinamiche associate ai vissuti emotivi che essi stessi possono vivere nella propria esistenza. Potranno perciò metterne in luce gli aspetti funzionali e disfunzionali.

Il docente proporrà poi una scheda di lavoro individuale a ogni alunno, che permetterà di rielaborare in modo personale quanto visto nel film e discusso all'interno dei *circle time*.

SPUNTI DI RIFLESSIONE

Con le classi del primo ciclo della scuola primaria, il docente realizzerà dei cartelloni di classe in cui verranno riassunti gli apprendimenti di gruppo avvenuti all'interno dei *circle time*.
Sempre per la primaria, i titoli da visionare insieme potrebbero essere:

- *Inside out* (di P. Docter, 2005): un cartone animato per familiarizzare con cinque delle sei emozioni primarie.
- *È arrivato il broncio* (di A. Couturier, 2018): un cartone animato per approfondire la conoscenza delle emozioni della rabbia e della tristezza e delle modalità per gestirle.
- *Trolls* (di M. Mitchell e W. Dohrn, 2018): un cartone animato per approfondire la conoscenza della felicità e dei tanti modi attraverso i quali possiamo farla «germogliare» nella nostra vita.

Nella scuola secondaria, invece, i cineforum potranno concentrarsi su temi specifici che la classe vuole affrontare in modo approfondito, anche attraverso altre proposte, come lettura di libri, testimonianze in classe di protagonisti della società civile. Temi ad hoc potrebbero essere: il bullismo, l'omofobia, l'integrazione, l'inclusione, la migrazione.

IDEA 4

ELABORARE E CONDIVIDERE LE EMOZIONI

Ciò che rimane impresso nella nostra memoria è spesso rappresentato da eventi connotati da una forte attivazione emotiva. Si tratta di episodi che, mentre accadevano, ci hanno provocato sensazioni molto intense, ovvero ci hanno coinvolto con un impatto significativo.
Se le emozioni che abbiamo sperimentato sono state positive, il ricordo che ne conserviamo è connotato da piacevolezza, e condividerlo con gli altri rappresenta una possibilità di mettere luce su qualcosa che può generare gioia e piacere non solo in chi l'ha vissuto, ma anche in chi lo ascolta.
Se le emozioni che abbiamo sperimentato in un passaggio della nostra vita sono state, invece, negative, il ricordo che ne conserviamo è connotato da fatica e disagio. Spesso ci siamo sentiti travolti da tristezza oppure da rabbia. A volte è un'ansia difficile da gestire che ci ha fatto stare male. Oppure vergogna e imbarazzo ci hanno fatti sentire ridicoli di fronte agli altri. Questo genere di ricordi spesso vengono tenuti chiusi nei propri cassetti della memoria. Non se ne parla con gli altri perché si ha paura che potrebbero non comprenderci, che il parlarne potrebbe amplificare la sofferenza in noi oppure generarne in chi ci ascolta. Infine, a volte, di fronte a questi ricordi, si teme anche di poter essere presi in giro dagli altri, che magari fraintendono ciò che vogliamo dire oppure non sanno sintonizzarsi con le nostre emozioni.
Questa attività è consigliata per la scuola secondaria di primo grado e, nella scuola primaria, può essere realizzata nell'ultimo mese della classe quinta, prima del congedo finale.

SUBITO IN PRATICA

Il docente può proporre ai propri studenti di stilare un elaborato in cui devono raccontare il momento migliore e il momento peggiore della loro esperienza scolastica dell'anno appena trascorso (o nel caso della scuola primaria, del ciclo di studi che sta per concludersi). Fatto alla fine della quinta classe della primaria questo permetterà agli alunni di ripescare dalla memoria episodi avvenuti nel corso dei cinque anni. Alla scuola secondaria di primo grado, invece, questa attività potrà rappresentare un modo con cui il docente referente del progetto benessere della classe ogni anno verifica il clima emotivo, lo stile cooperativo, le competenze pro-sociali e mette in luce anche quelle aree scure e di buio che magari non sono state viste alla «luce del sole» durante i mesi di attività.

In periodi speciali, come l'emergenza che è stata vissuta durante il *lockdown* dovuto alla pandemia da COVID-19, il docente può utilizzare questa attività per permettere ai propri allievi di parlare delle ricadute emotive che un tempo così diverso dal solito ha avuto sulla loro vita e dell'impatto che ha generato sul loro assetto emotivo.

Dopo che gli studenti hanno realizzato i loro elaborati, il docente può sceglierne alcuni e, verificando in privato se gli autori ne autorizzano la lettura pubblica, condividerne i contenuti con il gruppo classe, all'interno di *circle time* ad hoc, dedicati ai momenti migliori e ai momenti peggiori vissuti dai singoli. Si dovranno, prima di procedere con la lettura condivisa, rivedere tutte le regole che normano il *circle time,* in particolare la regola delle segretezza e dell'astensione dal giudizio (si veda l'Idea 2). In classi che hanno uno stile cooperativo e un buon modo di comunicare, questa attività permetterà di migliorare il clima emotivo e di superare quei passaggi critici che possono generare fatica relazionale.

ATTENZIONE

Se il docente non ha la certezza che la classe viva un buon livello di «sicurezza emotiva» al proprio interno, può proporre solo l'esercizio relativo al momento migliore. La condivisione degli episodi raccontati dagli alunni rinforzerà lo spirito di unione e permetterà di mettere in luce i punti di forza del gruppo classe, aiutandolo a individuare le situazioni in cui è più facile che tutti, al suo interno, sperimentino benessere.

IDEA 5

ROLE PLAYING ED ESERCIZI PER PROBLEMATIZZARE GLI STILI DI COMUNICAZIONE ON LINE

Comunicare in modo efficace non è facile. Avere davanti a sé una persona in carne e ossa cui dobbiamo dire una cosa che può procurarle dispiacere rappresenta la quintessenza della difficoltà a livello di relazione interpersonale e a livello emotivo. Per questo motivo, sempre più spesso succede che i ragazzi utilizzino i social per fare comunicazioni che hanno un impatto emotivo intenso sui soggetti che le ricevono, sottraendosi così alla fatica di gestire nella vita reale passaggi relazionali critici o impegnativi.

Oggi con i social si può chiudere una storia d'amore, terminare un'amicizia, parlare alle spalle di un compagno, diffondere un pettegolezzo. Si parla online e nel web in generale, comportandosi con molta superficialità e leggerezza, come se farlo in uno spazio virtuale non avesse conseguenze. Invece, ciò che le persone provano attraverso una comunicazione avvenuta virtualmente è profondamente reale.

Per i ragazzi è fondamentale esercitarsi in situazioni verosimili in cui succede qualcosa «per finta» che simula invece situazioni che nella vita reale potrebbero avere serie conseguenze emotive per una delle persone coinvolte. Il «setting educativo» in questo genere di attività, basate sul *role playing*, permette di far confrontare i partecipanti con eventi che potrebbero verificarsi nella vita reale e fornisce spunti di riflessione e apprendimento di problem solving e strategie di gestione efficaci.

In particolare, in progetti di didattica a distanza, dove tutto passa attraverso il web, dedicare alcune lezioni a questo tipo di attività permetterà ai partecipanti di percepire in modo chiaro le regole necessarie perché la comunicazione di gruppo sia sempre positiva ed efficace, e soprattutto per definire i passaggi da fare nel caso in cui ci si renda conto che sta succedendo qualcosa di problematico a carico di un compagno (o di un docente).

SUBITO IN PRATICA

Questa attività ha come fine quello di promuovere una comunicazione empatica e di supporto nei confronti di coetanei o persone che appartengono al proprio cerchio di amicizie e che sono oggetto di comunicazioni dolorose avvenute attraverso i social. Tali comunicazioni possono riguardare la rottura di un'amicizia o di un affetto, ma anche rientrare nel gruppo allargato degli eventi di cyberbullismo.
In questo esercizio, ogni studente deve immaginare di aver ricevuto per sbaglio un messaggio — non rivolto a lui — in cui veniva disvelata una cosa dolorosa in relazione a un compagno o compagna della propria classe. Il soggetto che riceve per errore il messaggio è amico sia del mittente che del destinatario.
L'attività prevede i due seguenti possibili sviluppi.

- *Prima modalità:* immaginate che una persona abbia mandato a voi per sbaglio un messaggio destinato a un altro soggetto. Voi siete amici sia del mittente che del destinatario. Poiché il destinatario ancora non conosce il contenuto del messaggio che è stato intercettato da voi, provate a scrivere all'autore, lo avvertite dell'errore che ha fatto, ma gli comunicate anche i vostri dubbi rispetto ai contenuti dello stesso.
- *Seconda modalità:* il vostro migliore amico/amica vi chiama in lacrime e vi racconta di aver ricevuto il messaggio che lo fa stare così male. Che cosa potete dire o fare per aiutarlo?
- Ecco quattro situazioni tipo:
  1. Paolo scrive a Maria: *Ciao Maria, ho capito che non ti amo più. Ti lascio. Spero che non te la prendi troppo a male.*
  2. Lucia scrive a Teresa: *Pensavo fossi una vera amica. Invece oggi sei uscita con Anna per andare in centro e non me lo avete detto. Puoi dimenticarmi.*
  3. Mauro, per fare uno scherzo a Giovanni, gli invia una foto scattata di nascosto, mentre lui si cambiava nello spogliatoio ed era in mutande, con la didascalia: *Laura mi ha detto, quando ha visto questa foto, che le piaci da morire*. Per sbaglio, questa foto arriva a Luca, il miglior amico di Giovanni.
  4. Laura scrive ad Antonella: *Guarda che Barbara continua a fare la smorfiosa con il tuo ragazzo.* Questo messaggio viene per sbaglio inviato a Barbara.

SPUNTI DI RIFLESSIONE

L'associazione «Parole ostili» ha sviluppato un manifesto — *Il manifesto della comunicazione non ostile* — per promuovere la comunicazione non ostile sia nei contesti di vita reale che in quelli virtuale. Il manifesto consta di 10 regole, ognuna delle quali può essere affrontata con i ragazzi seguendo questo schema di analisi:

a. fai un esempio di una situazione in cui questa regola non è stata rispettata;
b. cerca nei media un evento realmente successo o una notizia di cronaca in cui si evidenzia una condizione di non rispetto di questa regola;
c. immagina di scrivere un articolo per il giornale della tua scuola che ha per titolo il principio analizzato e approfondiscilo fornendo elementi che hanno a che fare con situazioni che possono succedere a scuola o nel gruppo classe.

Il manifesto della comunicazione non ostile può essere consultato a questo link: https://paroleostili.it/scarica-il-manifesto/.

IDEA 6
IL DIARIO DELLE EMOZIONI DI CLASSE

Ogni giorno proviamo molte emozioni differenti. Ma le sappiamo riconoscere? Ci rendiamo conto, in un momento in cui siamo attivati sul piano emotivo, di cosa sta succedendo fuori e dentro di noi? Riusciamo a dare un significato a quello che il nostro cervello emotivo, con la sua attivazione, ci sta comunicando?
Tenere un diario delle emozioni rappresenta una modalità attraverso la quale il docente facilita nei propri studenti il riconoscimento delle emozioni primarie e la consapevolezza dei propri vissuti emotivi.

SUBITO IN PRATICA

Il diario può essere organizzato in sei aree, ciascuna dedicata a una delle sei emozioni primarie: tristezza, paura, rabbia, disgusto, sorpresa, felicità. Mentre ogni alunno potrebbe gestire un diario delle emozioni personale, in cui registra, per ogni emozione primaria, i principali eventi che vive e sperimenta, in questa attività proponiamo un diario delle emozioni di classe.
Si tratta di un quaderno in formato A4 che viene appoggiato su un banco ad hoc, presente in un angolo della classe. Ogni giorno il diario delle emozioni viene appoggiato sul tavolo dal docente e gli alunni possono prenderlo, per segnare al suo interno eventi o fatti che accadono all'interno del gruppo classe e che hanno a che fare con una delle sei emozioni che ne connotano le aree tematiche. Ma gli studenti potranno usare il diario delle emozioni anche per registrare un particolare stato emotivo che stanno vivendo, con l'obiettivo di condividerlo con chi vorrà leggere il diario.
Il diario diventerà perciò un «giornale di bordo» che registra, giorno dopo giorno, settimana dopo settimana, gli eventi di classe e personali, documentati in relazione alle emozioni da essi suscitate.
Ad esempio:

Tristezza

- «Oggi sono triste perché il mio papà è partito per una trasferta di lavoro che lo terrà lontano una settimana dalla nostra famiglia» (testimonianza personale).

- «Oggi siamo tutti tristi perché la maestra ci ha raccontato che la gita nel bosco prevista per dopodomani è stata annullata a causa di previsioni metereologiche avverse» (testimonianza di classe).

Rabbia

- «Oggi sono arrabbiato, perché ieri ci ho messo tantissimo tempo a terminare il mio disegno, ma stamattina, entrando a scuola, sono caduto e il foglio è finito in una pozzanghera, rovinandosi tutto» (testimonianza personale che ha ricadute su ciò che succede in classe).

Sorpresa

- «Oggi abbiamo vissuto un'esperienza sorprendente: nella nostra classe è venuto un ricercatore che sta lavorando per scoprire un vaccino che ancora non esiste. Ci ha rivelato tutti i segreti della sua professione e ci ha fatto vedere quanto è bello dedicarsi a uno studio che potrebbe cambiare il destino di molti esseri viventi».

SPUNTI DI RIFLESSIONE

Il diario delle emozioni deve essere utilizzato un mese in ogni anno scolastico, oppure la prima settimana di ogni mese. Rendere questa esperienza periodica, ma non continua, permetterà agli studenti di valorizzarla al massimo, nel periodo in cui essa verrà attuata, vivendola come esperienza speciale.
Nell'ambito della didattica a distanza, il diario delle emozioni può essere un file che il docente aggiorna con i contributi che gli studenti gli mandano attraverso mail o una piattaforma di classe. Con i contributi di tutti gli studenti, il docente referente produce un file complessivo che, al termine dell'esperienza, potrà essere condiviso con tutti gli appartenenti al gruppo classe.

IDEA 7

ATTIVITÀ DI RILASSAMENTO

Mentre nelle attività di immaginazione guidata si utilizza il potere che la mente ha di immaginare luoghi e di immergersi mentalmente in essi sperimentandone un senso di benessere, nelle attività di rilassamento l'obiettivo è quello di permettere al corpo di diventare fonte di benessere attraverso semplici artifici con cui l'educatore guiderà l'attività che propone ai suoi allievi.
Nel corso delle attività di rilassamento, i partecipanti vengono invitati ad assumere una posizione supina e a contrarre e rilassare gruppi muscolari dei propri distretti corporei.
L'attività può essere trasformata anche in un gioco divertente in cui l'esperienza della contrazione e del rilassamento dei differenti distretti muscolari avviene attraverso i vari passaggi di una storia. Il sottofondo musicale che accompagna questa esperienza deve sempre essere morbido e molto tranquillo e permettere a tutti i partecipanti di sperimentare un senso di quiete e di calma.

SUBITO IN PRATICA

Nella prima fase delle attività di rilassamento, il conduttore favorisce fasi successive di contrazione e rilasciamento muscolare (si veda «La statua di ghiaccio»).
Al termine dell'attività di rilassamento, ogni partecipante deve trovarsi sdraiato a terra con gli occhi chiusi e il proprio corpo dovrà essere completamente abbandonato e appoggiato al suolo, senza alcuna zona di tensione e contrazione.
Si dovrà permettere a tutti di permanere per alcuni minuti in questa condizione di grande riposo e calma e, nel frattempo, il conduttore potrà sostituire i comandi che prima regolavano i turni di contrazione e rilassamento muscolare con azioni di regolazione dell'attività respiratoria (si veda «Il ritmo del respiro»).

La statua di ghiaccio

«Sei una statua di ghiaccio in una giornata molto fredda. Tutto il tuo corpo è duro e contratto. Duro come il ghiaccio. Freddo. Rigido. Improvvisamente, però, tra le nuvole compare un sole caldo e luminoso che comincia a riscaldare l'atmosfera tutto intorno. Un raggio di sole si posa su di te e comincia a scioglierti muovendosi su di te dall'alto in basso. Prima colpisce il volto e il collo, li scalda e li scioglie. Tutto diventa liquido e molle. Poi si sposta sul tronco, sull'addome, sulle braccia e sulle mani. In questo momento hai metà corpo molle come un budino, mentre un'altra metà del corpo è ancora di ghiaccio. Ma ora il raggio del sole scende anche sulle tue gambe e poi si sposta sui tuoi piedi. Ora il tuo corpo è tutto sciolto e molle come un budino. Tu sei completamente rilasciato e appoggiato con tutto il tuo peso sul pavimento. Nulla dentro di te è più rigido, duro, freddo e contratto. Tutto è molle, leggero, caldo. Resta così per due o tre minuti e, mentre ascolti la musica di sottofondo, fai attenzione al ritmo del tuo respiro. Concentrati sull'aria che entra nel tuo corpo. Senti che quando entra tocca la parete interna delle narici del tuo naso, poi entra dentro di te e gonfia il tuo petto. Poi lasciala andare piano piano e soffiala fuori lentamente».

Il ritmo del respiro

Un buon modo per aiutare i nostri studenti a usare il proprio ritmo del respiro come strumento per controllare e regolare le proprie emozioni è fornire loro uno schema temporale con cui gestire le differenti fasi dell'atto respiratorio ovvero inspirazione, trattenimento del fiato nel corpo, espirazione.
Uno schema possibile è quello 4x4x4 (ovvero 4 secondi di inspirazione, 4 di mantenimento dell'aria all'interno del corpo e 4 per buttarla fuori).
Un altro schema è 5x4x7: in questo schema l'inspirazione è più breve dell'espirazione che viene svolta in modo particolarmente lento e che spinge il soggetto a soffiare fuori tutta l'aria rimasta nei polmoni. Ai bambini piace molto fare questo genere di esercizio e spesso possiamo aiutarli a gestire questi passaggi anche facendo loro visualizzare, nell'azione di gonfiaggio e sgonfiaggio, l'immagine di un palloncino che viene prima riempito e poi svuotato d'aria. Può essere anche utile integrare questa attività con la spiegazione dell'apparato respiratorio in modo da facilitare nei bambini la visualizzazione e la localizzazione dei polmoni nelle differenti fasi dell'esercizio.

IDEA 8

STIMOLARE IL *PROBLEM SOLVING*

Il nostro funzionamento mentale è organizzato su tre modalità, che corrispondono a tre diverse aree del nostro cervello:

a. reagire a uno stimolo, una funzione che viene messa in atto dalla parte più antica del nostro cervello, quella chiamata *cervello rettiliano;*
b. «sentire» uno stimolo, una funzione che ci permette di connotare emotivamente ciò che accade e di percepirne perciò le correlazioni con tristezza, paura, gioia e tutte le altre emozioni;
c. pensare ed elaborare uno stimolo, funzione che permette di costruire significato intorno a ciò che accade dentro e fuori di noi, favorendo la messa in atto di azioni ponderate.

Noi diamo il meglio di noi stessi quando teniamo connessi i tre livelli del funzionamento mentale. Di fronte a uno stimolo esterno non siamo perciò semplicemente reattivi o emozionati, ma riusciamo ad essere consapevoli permettendoci perciò di integrare tra loro tutti e tre i livelli di funzionamento mentale. Ogni situazione che viviamo e che ci «attiva» può essere affrontata e risolta in modo reattivo, emotivo o consapevole. Con questo genere di esercizio, ai nostri studenti permettiamo di vedere differenti situazioni e di trovare differenti modi con cui gestirle. Il docente dovrà essere colui che, di fronte alle analisi e alle proposte effettuate dai propri studenti, offrirà stimoli di approfondimento e comprensione.

SUBITO IN PRATICA

In questo tipo di attività, si possono proporre situazioni «problematiche» di varia natura:

- situazioni che si sono verificate nella realtà, di cui i media hanno parlato (ad esempio, genitori che litigano sugli spalti durante una partita di campionato dei loro figli, per una decisione arbitrale);

- situazioni immaginarie che potrebbero verificarsi nella realtà (ad esempio, a una festa di compleanno di un amico, qualcuno tira fuori una bottiglia di superalcolico e propone a tutti di farsene un bicchierino; oppure, nel corso di un'uscita con amici, uno decide di mettersi a suonare i campanelli di un intero condominio);
- situazioni relative a dinamiche individuali o di gruppo che offrono spunti per riflettere su come ci si comporta con gli altri (ad esempio, durante una partita, un compagno sbaglia il rigore decisivo per la vittoria e comincia a piangere disperatamente).

In ciascuna situazione gli studenti devono immaginare:

- qual è la reazione immediata che si può mettere in atto in modo impulsivo (cervello che reagisce);
- quali sono le emozioni che il protagonista sta vivendo (cervello emotivo);
- quali sono le strategie migliori che permettono alla situazione di avere un'evoluzione positiva e una risoluzione efficace (cervello cognitivo);

L'esercizio può permettere molte varianti:

- si può chiedere ai ragazzi di raccontare che cosa avrebbero fatto loro, se si fossero trovati in quella situazione;
- si può chiedere ai ragazzi di immaginare e di descrivere le parole che nessuno vede e che i protagonisti delle vicende analizzate stanno dicendosi dentro di sé (analisi dell'autonarrazione che un soggetto fa degli eventi di cui è protagonista);
- si possono far identificare agli studenti tre differenti scenari finali per ogni situazione, ovvero che cosa potrebbe succedere se a comandare è il cervello che reagisce, oppure quello che sente o ancora quello che pensa.

Il gioco delle due sedie

Nel gioco delle due sedie, si analizza una situazione cercando di comprendere i punti di vista delle diverse persone coinvolte. Si mettono due sedie (se le persone interessate dal caso sono due) oppure un numero di sedie pari al numero delle persone protagoniste della situazione in analisi. Poi si chiede a uno studente di sedersi sulla sedia di uno dei protagonisti e di immaginarsi di essere al suo posto. «Che cosa pensa il protagonista?» «Che cosa prova?» «Che cosa vorrebbe dirci, se glielo chiedessimo?». Poi si chiede allo studente di cambiare posto e di sedersi sulla sedia di un altro protagonista, facendogli le stesse domande. Il gioco può essere realizzato anche con due persone. Ognuno di loro occupa una sedia e fornisce le risposte. Poi si chiede di invertire le parti. Questa attività è particolarmente utile in situazioni di bullismo, per permettere al bullo di «sentire» quello che «sente» la sua vittima, empatizzando con lei.

SPUNTI DI RIFLESSIONE

Ci sono problemi, come la vittimizzazione sessuale dei bambini, per cui è molto importante aiutarli a immaginarsi coinvolti in situazioni complesse come quella in cui una persona che conoscono bene li può coinvolgere in comportamenti impropri e connotati sessualmente. In tale situazione comprendere come funzionano i tre differenti livelli presentati in questa attività è molto importante. Nel manuale *Le parole non dette* (Pellai, 2013), si propone un laboratorio di educazione emotiva rivolto ai bambini del secondo ciclo della scuola primaria e l'intera quarta lezione, tra le cinque previste nel laboratorio, è basata proprio su un'esercitazione ispirata alle tre funzioni di: agire, sentire, pensare.

IDEA 9

LE STORIE DI NARRATIVA PSICOLOGICAMENTE ORIENTATA (NPO)

Se c'è una cosa che allena le competenze emotive in età evolutiva, quella cosa si chiama lettura condivisa. La lettura ad alta voce stimola la costruzione della relazione, permette al bambino di aumentare il proprio vocabolario, fa accedere al mondo dei significati. Gli studi con *neuroimaging* hanno rivelato che esistono differenze nella struttura neurobiologica e neurofunzionale delle reti neuronali tra il cervello di un minore che ha vissuto molte esperienze di lettura condivisa e quello di chi invece non ne ha potuto usufruire. Il cervello di un bambino che ha vissuto l'esperienza della lettura condivisa presenta una «materia bianca», costituita dalle fibre di connessione sinaptica delle diverse aree cerebrali, molto più organizzata e integrata, con collegamenti tra zone differenti delle aree corticali cerebrali. Insomma, leggere a voce alta, come spesso succede nei progetti di lettura in classe, fa bene allo sviluppo della mente.

SUBITO IN PRATICA

Questo beneficio può essere integrato anche con gli obiettivi dell'educazione emotiva, scegliendo testi e libri di Narrativa Psicologicamente Orientata (NPO). In questo caso, il docente sceglie di condividere con il proprio gruppo classe la lettura di storie che raccontano le vicende di protagonisti alle prese con situazioni complesse che provocano attivazione e sregolazione emotiva nei protagonisti, oppure che vedono gli stessi confrontarsi con situazioni sfidanti dal punto di vista emotivo: storie di bullismo, attraversamento di un lutto, affrontare la separazione dei genitori.

Una storia può dirsi appartenente al filone della NPO quando la narrazione procede attraverso una tecnica che potremmo definire della «doppia telecamera», che permette di vedere le vicende raccontate secondo una duplice prospettiva.

Da una parte, infatti, il bambino vede il «fuori» delle cose, degli eventi, dei personaggi narrati, con un piano narrativo che si muove in «oggettiva»,

descrivendo i fatti che succedono. Questa narrazione viene affiancata da un secondo livello, che fornisce la comprensione del mondo interno dei protagonisti, grazie a una seconda videocamera che ci mostra l'invisibile, cioè quello che i personaggi provano, sentono e sperimentano.
In questo modo il lettore può trovare in un testo il dentro e il fuori dei fatti e delle persone, può sincronizzarli e sintonizzarsi con essi, può ricevere un'alfabetizzazione che è al tempo stesso emotiva e cognitiva. Si tratta di una narrazione che promuove competenze empatiche, ma fornisce anche stimoli di identificazione (si possono usare questi testi per aiutare, anche terapeuticamente, bambini che hanno gli stessi problemi dei protagonisti di storie di NPO) e stimola lo sviluppo del pensiero critico e della comunicazione efficace.
La lettura di una storia di NPO può essere condivisa in classe, ma può anche avvenire individualmente a casa e aprire poi la possibilità di *circle time* dedicati, secondo lo schema già proposto per il cineforum delle emozioni (Idea 3).
Inoltre, ci si può ispirare alla collana «Parlami del cuore» (Edizioni Erickson), una collana di NPO con storie appositamente pensate per gli alunni della scuola primaria. Ogni storia affronta un tema specifico e mostra il protagonista alle prese con una sfida evolutiva o relazionale. Ecco l'elenco di alcune storie utilizzabili in classe con il tema principale in esse presenti:
Il mio cuore è un purè di fragole: autostima (Pellai, 2012);
Scarpe verdi di invidia: bullismo (Pellai, 2020);
Voglio essere il numero 2: ansia performativa (Pellai, 2016);
Ricciocapriccio e Bettaperfetta: rabbia e tristezza (Pellai, 2009);
Una calamita di mamma: iperprotezione genitoriale (Pellai, 2003);
Io dopo di te: elaborazione del lutto infantile (Pellai, 2017).

SPUNTI DI RIFLESSIONE

Promuovere e diffondere la Narrativa Psicologicamente Orientata in classe è davvero utile ai fini dello sviluppo delle competenze emotive, ma può servire molto anche alle famiglie, per questo coinvolgerle è essenziale. Fornire indicazioni ai genitori per leggere insieme ai loro bambini ansiosi, troppo competitivi, oppure prepotenti storie centrate su piccoli protagonisti che hanno gli stessi problemi, permette all'adulto di «guardare dal di fuori» quello che c'è nel mondo interno del figlio e di imparare, di conseguenza, a «gestirlo» meglio.

IDEA 10

ATTIVITÀ DI ESPRESSIVITÀ CORPOREA

Questa proposta si basa sul concetto di espressività corporea. Il corpo, infatti, comunica agli altri i nostri stati emotivi. Ma noi stessi, attraverso le reazioni viscerali che si generano nel nostro corpo, riconosciamo da quali emozioni veniamo attraversati. Le emozioni cambiano il nostro equilibrio corporeo: si fanno sentire sulla pelle, negli organi interni, si manifestano attraverso variazioni dell'espressione del volto.
Le attività di espressività corporea permettono di acquisire migliori competenze emotive perché stimolano bambini e ragazzi a elaborare il modo in cui il mondo delle emozioni viene comunicato nel corpo e attraverso il corpo. Ovvero, si impara a comprendere come qualcosa di profondamente interiore diventa esteriore nella postura, nello sguardo, nel modo in cui noi «scolpiamo» nel corpo ciò che sentiamo nella mente.

SUBITO IN PRATICA

Questo genere di attività può essere realizzata in due modi.

1. *Prendo consapevolezza di come le emozioni agiscono sul mio assetto corporeo*. Con questo approccio educativo, gli studenti vengono invitati a considerare come le attivazioni emotive diventano attivazioni corporee. Quando hai avuto paura, dove nel tuo corpo hai sentito questa emozione? Quando sei arrabbiato, quali modificazioni corporee si verificano in te?
   Quando una persona ti parla con una modalità che ti fa sentire in pericolo oppure ti metto profondamente a disagio, da quali segnali corporei vieni allertato di tale evenienza?
   Questo genere di domande permette ai nostri studenti di recuperare dalla propria memoria emotiva episodi di cui sono stati protagonisti. Nel momento in cui li raccontano e li rivivono nella narrazione, sentiranno riattivarsi nel loro corpo le emozioni, potranno localizzarle e acquisirne una maggiore consapevolezza.

Un'altra attività molto coinvolgente e divertente consiste in un esercizio di espressività corporea da realizzare in palestra. Il docente prepara un mixaggio di inserti musicali appartenenti a generi musicali molto diversi (musica classica, rock, melodico, musica etnica). I bambini, in palestra, dovranno muovere il corpo e cambiare espressioni del viso in funzione del genere di emozioni che gli verrà sollecitato dall'ascolto di quello specifico genere musicale.

2. *Prendo consapevolezza di come gli altri comunicano i propri stati emotivi all'interno delle relazioni interpersonali.* Questo genere di attività prevede invece che gli studenti provino a immaginare come solitamente le persone che vivono al loro fianco comunicano, attraverso modalità non verbali, i propri stati emotivi. Questo genere di esercizio promuove competenze empatiche, perché obbliga a mettersi nei panni degli altri. In questo genere di esercizio, si possono fare attività basate sul:
   - mimo (assumi la postura e l'espressione di una persona che ha appena saputo che...);
   - riconoscimento facciale (osserva il volto e il corpo di una persona fotografata in un giornale e prova a raccontare quali sono gli accadimenti che le sono occorsi e che l'hanno portata ad essere fotografata nel modo rappresentato dall'immagine);
   - dialogo tra soggetti che manifestano sul volto emozioni differenti (si prendono dal mazzo delle «carte delle emozioni» — si veda il paragrafo successivo — due carte che rappresentano due persone con espressione del volto e postura del corpo differente. Lo studente dovrà immaginare la conversazione che si svilupperà tra i due soggetti, i cui contenuti devono essere coerenti con le emozioni manifestate nelle immagini proposte).

Le carte delle emozioni

Si consiglia di predisporre un mazzo di 20 (ma anche 30 o 40) carte formato A4 (oppure ottenendo due carte da un cartoncino formato A4), realizzate incollando su un cartoncino rigido immagini ritagliate da riviste in cui compaiono in primo piano volti con espressioni differenti, ognuno dei quali esprime uno specifico stato emotivo (oltre alle 6 emozioni primarie individuare anche emozioni secondarie come vergogna, gelosia, frustrazione, impotenza, esclusione, timidezza). Si possono, oltre ai volti, incollare sui cartoncini anche immagini di corpi che tengono una specifica postura, evocativa di uno stato emotivo (corpo in posizione di combattimento, corpo con le braccia allargate pronto ad accogliere, corpo con le braccia serrate sul petto, corpo in posizione di difesa con le mani davanti al viso per proteggersi). Una volta preparato il mazzo con tutte le carte, nelle diverse attività gli studenti pescheranno una carta con la relativa espressione emotiva o postura del corpo e l'emozione da essa evocata rappresenterà lo stimolo intorno al quale sviluppare il proprio esercizio di espressività.

BIBLIOGRAFIA

Goleman D. (2011), *Intelligenza emotiva,* Milano, BUR.
Pellai A. (2009), *Ricciocapriccio e Bettaperfetta,* Trento, Erickson.
Pellai A. (2010), *Scarpe verdi di invidia. Una storia per dare un calcio al bullismo,* Trento, Erickson.
Pellai A. (2012), *Il mio cuore è un purè di fragole,* Trento, Erickson.
Pellai A. (2013), *Le parole non dette. Come genitori e insegnanti possono aiutare i bambini a prevenire l'abuso sessuale,* Trento, Erickson.
Pellai A. (2016), *Voglio essere il numero 2,* Trento, Erickson.
Pellai A. (2017), *Io dopo di te,* Trento, Erickson.
Pellai A. (2018), *Una calamita di mamma,* Trento, Erickson.

SVILUPPARE LE RELAZIONI NEL GRUPPO CLASSE E MOTIVARE GLI ALUNNI

di Desirèe Rossi

IDEE 11-20

INTRODUZIONE

La repentina chiusura della scuola dovuta all'emergenza Covid-19 ha rappresentato per ogni insegnante e per la propria idea di insegnamento/apprendimento un momento critico. Un forte scossone, senza eguali, che ha generato grande attivazione nel mondo scolastico perché da un giorno all'altro è venuto a mancare «il terreno fertile» entro il quale si compie l'esperienza didattica: la presenza, il contatto, la relazione, le emozioni e le motivazioni che accompagnano insegnanti e alunni e li portano a condividere lo stesso percorso di costruzione delle competenze. È stata percepita subito da tutti coloro che lavorano nella scuola — insegnanti, educatori ma anche dirigenti — una lampante carenza nei «mezzi acerbi» della didattica a distanza: relazione e motivazione, elementi certi e a volte dati per scontati nell'incontro in presenza, sono diventati con improvvisa chiarezza un tesoro prezioso da cercare e da preservare con tutti i mezzi disponibili.

Usando un confronto, potremmo paragonare l'aspetto relazionale dell'apprendimento al carburante di un'auto che le permette di muoversi, la componente motivazionale al giro di chiave che l'accende e, in modo estrinseco e intrinseco, anche a seconda dell'età degli alunni, il team insegnanti agli autisti della macchina: coloro che con il movimento d'accensione danno il via al motore. È stato subito chiaro perché bisognava investire nella relazione e cercare di mantenere la motivazione nei confronti dell'azione didattica-educativa: senza carburante e movimento di accensione, gli insegnanti avrebbero potuto solo spingere la macchina a forza, ma questo non avrebbe permesso loro e agli alunni di andare lontano.

Con inventiva, bisogno di condivisione e desiderio di collaborare, in taluni casi anche con un supporto da parte dei dirigenti, molti di noi hanno «reagito allo scossone» e si sono sforzati di trovare e acquisire nuove modalità, attività e strumenti per salvare la relazione e trasformare quella che era stata proposta come didattica a distanza in «didattica della vicinanza» (Iosa, 2020). Questa reazione è avvenuta per evitare ai nostri alunni la percezione del vuoto a favore, invece, di una nuova alleanza educativa, in cui continuare a stare in contatto e a perseguire i fini dell'apprendimento, paradossalmente per certi versi ancora più forte perché accomunata dalla particolare situazione di riduzione del contatto sociale e dal particolare vissuto emotivo-affettivo del momento. Il cambiamento delle modalità e dei mezzi di fare scuola non poteva prescindere dal rapporto di fiducia e di collegamento fra alunni e insegnanti e anche dall'importantissimo ruolo delle relazioni tra pari nel percorso di crescita.

È emerso chiaramente che la chiusura, le limitazioni del confinamento e l'impossibilità di accedere a una comunità di apprendimento che cerca di dare a tutti la possibilità di imparare a seconda dei propri bisogni, oltre a determinare condizioni di disuguaglianza nella fruizione delle proposte di apprendimento per chi è in condizione di svantaggio, hanno avuto verso alunni e alunne un forte impatto sulla percezione dell'evento vissuto e, di conseguenza, sulle emozioni che tracciano memorie e che determinano o meno la motivazione a investire energie nella scuola. La motivazione dei nostri alunni è determinante per tener testa alle frustrazioni, distrazioni, sollecitazioni anche contradditorie che le sfide propongono, soprattutto in un momento di forte cambiamento come quello che abbiamo vissuto e che vivremo con il ritorno in classe. Possiamo chiedere resilienza ai nostri alunni se creiamo un contesto relazionale dove possono sperimentare vissuti positivi, se generiamo motivazione intrinseca e aumentiamo la loro autostima, elementi necessari per accettare le sfide dell'apprendere in un contesto cambiato nella forma.

Proprio da questi elementi di base della didattica molti insegnanti hanno deciso di ripartire, sia a distanza per il periodo di chiusura scolastica, sia in una progettualità futura e maggiormente organizzata che prevede/auspica un ritorno in presenza, desiderato e necessario quanto «il carburante per permettere alla macchina di percorrere un lungo viaggio». Si riparte da qui, dalla «metamorfosi», da ciò che di positivo ha messo in luce il cambiamento e da quel forte investimento nel cercare nuove strade o riscoprire le vecchie che hanno subito aggiustamenti, a volte percorse per tentativi ed errori (in emergenza succede anche questo), anche con inaspettate sorprese positive, a volte maggiormente condivise, metabolizzate e organizzate. Si vuole considerare il momento critico come una fase di passaggio capace di generare opportunità per la scuola, per la didattica e per mantenere vivo il collegamento con gli alunni. Condividere buone prassi che hanno nutrito la relazione quotidiana con la classe è l'obiettivo delle dieci idee che seguono, perché come educatori, oltre che insegnanti, non ci si può permettere di lasciare indietro nessuno e ogni via di senso che può portare allo sviluppo educativo, sociale e culturale, oltre che disciplinare, va tentata.

IDEA 11

USARE ESPERIENZE VISSUTE PER RIPARTIRE INSIEME

Il tempo dell'accoglienza e della costituzione di un gruppo rappresentano un tempo privilegiato, e non mi riferisco solo all'inserimento delle prime classi, ma di ogni gruppo che si ritrova dopo il tempo dell'estate e che ha bisogno di ritessere i fili delle proprie relazioni in base ai cambiamenti avvenuti, in modo che ognuno trovi il proprio posto e un ruolo che lo valorizzi nella classe, un assestamento importante per creare un clima positivo di collaborazione e di benessere per alunni e insegnanti. L'accoglienza riveste un significato importante nell'avvio scolastico, ma non si esaurisce nel primo periodo: personalmente penso che gli strumenti dell'accoglienza vadano usati nel corso di tutto l'anno (Rossi e Marinelli, 2018).

Il tempo dedicato alla relazione, investito nella costruzione di rituali aggreganti, in momenti di esperienze significative a volte nate dall'ascolto delle idee degli alunni, è tornato utilissimo nel momento di chiusura della scuola, quando la necessità di ricostruire le relazioni perse per mancanza di contatto, soprattutto nei bambini e bambine con meno mezzi per restare agganciati, è stato il punto di partenza per coinvolgerli, l'elemento motivazionale per tentare, con impegno delle famiglie e desiderio dei degli alunni, di essere presenti nella distanza. Ecco perché a settembre, nel momento in cui la scuola riaprirà, riprendere esperienze didattiche e di relazione fatte nell'anno precedente in presenza e nella didattica a distanza, e utilizzarle come input per rilanciare nuove attività può essere un modo per riagganciare gli alunni rispetto a un vissuto interrotto.

Nel caso di una prima classe, le energie vanno investite nelle relazioni all'interno e tra i gruppi classe, dove appartenenza e identità costituiscono quella base sicura sulla quale edificare gli apprendimenti e poter affrontare l'incertezza di una scuola in presenza ancora fragile, sia per le regole di distanziamento che per un possibile ritorno dell'emergenza sanitaria.

SUBITO IN PRATICA

Nella didattica a distanza è stata esperienza positiva e coinvolgente, per far percepire il senso di continuità, riprendere e trasformare in nuovi input storie iniziate e che costituivano lo sfondo integratore delle attività della classe, usare personaggi conosciuti dai bambini e che si sono fatti tramite di messaggi importanti di tipo affettivo ed emotivo, ma anche di contenuto disciplinare: strumenti conosciuti per veicolare il nuovo. È stato motivante ristabilire rituali, cambiati nelle modalità di interazione, ma rimasti gli stessi negli intenti: un esempio è il saluto iniziale quotidiano che i bambini facevano a scuola prima di entrare in classe e che è tornato negli incontri in piccolo gruppo in videochiamata, con il divertente momento d'accordo sulla modalità e su come sincronizzare i tempi per effettuarlo insieme.

Per contestualizzare le esperienze di apprendimento, si è pensato di proporre video in cui erano presenti le immagini dei luoghi vissuti dai bambini in presenza (ad esempio l'aula, lo spazio palestra, i luoghi dedicati allo scambio comunicativo come l'agorà): è stato un rientro simbolico, un ritornare insieme nei luoghi che hanno ospitato voci, idee, pensieri e azioni dei bambini in relazione. Spezzoni di esperienze significative vissute in presenza sono stati riproposti attraverso immagini e video per lanciare nuovi input interdisciplinari: un compito di realtà particolarmente riuscito, capace di attivare altre competenze, come la semina che dall'orto di scuola si è trasportata a casa anche con materiali di riciclo, un'uscita sul territorio, un'occasione di festa (i nostri primi 100 giorni di scuola) o una giornata a tema, ecc. Per i bambini «rivedersi» insieme ha permesso di rinsaldare la relazione anche a distanza.

Nel momento di riapertura della scuola e quindi in presenza, è importante ristabilire il legame con le esperienze passate, ovviamente con mezzi e linguaggi diversi, adatti all'età e ai percorsi effettuati. La riapertura della scuola e la possibilità di ritrovarsi devono essere occasione per nutrire le relazioni, offrendo momenti di attività cooperativa (ognuno ha ruoli e compiti ben definiti e lavora per comporre un elaborato comune) (La Prova, 2015), proposte di gioco di conoscenza veicolate attraverso canali disciplinari e poi attività dove i protagonisti sono gli alunni e la loro conoscenza reciproca, momenti di riflessione sulle emozioni con rielaborazione ed espressione dei vissuti personali.

ATTENZIONE

Nella fase di rientro, ogni insegnante può farsi prendere dal timore di ciò che non è stato fatto del programma e dalla rincorsa al recupero contenutistico, soprattutto nel confronto con colleghi e/o sollecitato dai genitori. Le esperienze significative lasciano tracce profonde nell'acquisizione di abilità e competenze, soprattutto considerando il periodo post-DaD, dove in alcuni casi l'insegnamento si è trasformato in trasmissione dei contenuti tramite il canale digitale. Gli alunni hanno bisogno di recuperare anche il tempo della relazione, della motivazione, dell'esserci quotidiano: è un tempo lento che riconosce e non fagocita (Zavalloni, 2012).

IDEA 12

CONNETTERE TRA LORO GLI ALUNNI

L'opportunità che la scuola dà agli alunni e alle alunne come comunità d'apprendimento è quella di imparare tra pari grazie all'interazione che si stabilisce fra persone con differenziati bisogni ed eterogenee potenzialità. Una produttiva interazione tra pari necessita di «un team di registi» in grado di connettere, di unire gli attori e metterli in dialogo e in relazione (Novara e Passerini, 2015).

Accanto al lavoro di costruzione del rapporto di fiducia con i propri alunni, l'insegnante attiva modalità di operare capaci di costruire un clima di classe caldo e positivo e in grado di stimolare gli alunni ad apprendere gli uni dagli altri.

Nella didattica a distanza, questo aspetto è stato di gran lunga veicolato dai mezzi tecnologici e condizionato alle possibilità date dall'età degli alunni e delle alunne, per questo l'intervento e gli input forniti dagli insegnanti sono stati determinanti nel costruire la relazione tra pari. La DaD ha portato alla luce alcune potenzialità del digitale, ma anche la consapevolezza che i mezzi da soli non bastano, hanno bisogno della progettazione e degli intenti dell'umano.

Una delle prime domande che si sono posti gli insegnanti, dopo essere riusciti a raggiungere i propri alunni, è stata quella di come fare a tenerli collegati tra loro.

Nel tentativo di connettere, l'idea è quella progettare e mettere in atto occasioni/esperienze/modalità di interazione dove, attraverso un appuntamento stabile nel tempo, che indica una presenza reciproca, gli alunni si sentano coinvolti e motivati a partecipare a un'interazione significativa con altri.

Se utilizzate bene, queste occasioni danno agli alunni la percezione di sentirsi attesi e accolti, di volersi attivare per comunicare con l'altro come esigenza e non come dovere scolastico, perché l'incontro porta a vissuti affettivi ed emotivi di benessere, elementi importanti nel mantenimento di un sereno clima di classe e di un'energia da dedicare all'apprendimento, anche tra pari.

SUBITO IN PRATICA

Sappiamo bene che non è bastato attivare Classroom, chat, forum, piattaforme digitali o organizzare incontri in Meet per favorire l'interazione tra alunni. La presenza dell'insegnante è determinante nell'obiettivo di connessione: la conoscenza degli alunni permette di attivare le loro aree d'interesse e inclinazioni, stimolare risposte che tornano all'insegnante in forme molteplici perché arrivano appunto da diversi poli e, anche se poco amalgamate, con alcuni riaggiustamenti possono costituire messaggi e nuovi input per il lavoro e il pensiero dei compagni. In questo sta il lavoro di mediatore e organizzatore di esperienze di connessione tra pari.
Durante la DaD abbiamo sperimentato con efficacia la realizzazione di un «video-diario di bordo» inviato settimanalmente in un giorno fisso. Nel video venivano restituiti in modo organizzato i materiali prodotti dagli alunni e inviati dalle famiglie (audio, foto, video, testi). I diversi materiali, caratterizzati da momenti di vita scolastica condotti in casa su input degli insegnanti, manufatti realizzati coi propri familiari, saluti ai docenti e ai compagni, o semplici esperienze in cui i bambini e le bambine mostravano agli altri ciò che facevano o quello che sentivano, sono stati ordinati e inseriti all'interno di cornici tematiche e didattiche. Nel tempo, oltre a riceverne sempre più in termini di quantità e ricchezza, abbiamo notato che i bambini hanno trovato in questo format un modo per esprimersi e, allo stesso tempo, un'occasione per comunicare con i compagni. Il «video-diario di bordo», che ha assunto anche un nome significativo rispetto al vissuto di classe, veniva atteso dagli alunni e ogni volta gli interventi sono stati spunto per agganciare altri compagni e favorire il desiderio di connettersi in una relazione a distanza ma con una speciale vicinanza data dall'interesse di far conoscere agli altri il proprio vissuto.
Queste forme di restituzioni, che ovviamente possono essere usate anche in presenza e cambiare nelle modalità, in base all'età e alle competenze (rubriche tematiche, report, giornalini di classe, momenti di incontro e di attività in piccolo gruppo con focus specifici, o di comunicazione tra i diversi plessi di un istituto, momenti di comunicazione e dialogo attivati dalla lettura di un libro, un articolo o la visione di un film, creazione di ebook...), dove ognuno trova lo spazio per inserire ciò che di personale può dare al gruppo, si basano sul meccanismo di rielaborazione di quanto prodotto dai bambini e di restituzione in una forma coerente e ordinata, e rappresentano motivazioni a rimanere collegati attivando proprio il desiderio di partecipazione e di costruzione cooperativa.

ATTENZIONE

Il bisogno di restare connessi è comune anche, e soprattutto, a tutti gli alunni e alunne con BES. Nella didattica a distanza, a volte, la necessità di differenziare e individualizzare la didattica ha fatto cadere alcuni insegnanti nell'errore di creare dei «contesti di apprendimento individualizzati» e che poco tenevano conto dell'importantissima interazione tra pari. Ecco che sarà proprio tra i compiti del team insegnanti quello di creare i contesti adeguati, nella presenza e allo stesso modo nella distanza, con la creazione di piccoli gruppi eterogenei per competenze dove l'idea di base è quella di un sostegno e aiuto tra pari.

IDEA 13

ASCOLTARE E FAR DIALOGARE I VISSUTI PER FARE RETE

La particolare situazione di passaggio, nella didattica a distanza, da una scuola che possiede un ambiente definito e con una propria identità a quello delle mura domestiche, ha coinvolto con maggior intensità nella relazione educativa didattica le famiglie, con le loro peculiari caratteristiche, e ha stabilito tavolta intrecci di alleanza più solidi, altre volte incomprensione e confusione dei ruoli e, quindi, relazioni più fragili e/o conflittuali. A tali tipi di relazioni sono corrisposti dei vissuti emotivi negli alunni che a volte sono andati nella direzione della motivazione a proseguire, a impegnarsi, a rimanere collegati, altre invece nella perdita di interesse e quindi nell'abbandono di investimento energetico verso le attività di apprendimento.

Nella fascia d'età più bassa, la partecipazione e il sostegno delle famiglie e di coloro che si sono presi cura degli alunni anche a livello concreto come supporto è stata determinante nel mantenimento dell'attività scolastica, ma anche per i ragazzini il supporto materiale e psicologico delle famiglie è stato importante. È innegabile che i doppi ruoli (genitore/nonno, zio/zia e insegnante) e la necessità di lavorare solo con le risorse presenti all'interno delle mura domestiche hanno aumentato la conflittualità tra i suoi membri. Come insegnanti abbiamo avuto necessità di non far cadere nel vuoto le emozioni dei bambini, favorire la loro espressione, ascoltarli con cura perché spesso determinate da vissuti familiari e di contesto (la paura del contagio per i propri cari, l'affaticamento del lavoro che ha cambiato tempi e ritmi, il nervosismo generato dalla quarantena forzata, ecc.) e metterli in dialogo con quanto espresso anche dalle famiglie, attraverso la possibilità di intervenire, usando gli strumenti della flessibilità e dell'attenzione rispetto a quanto stava accadendo, attivando una comunicazione periodica, sincera e caratterizzata da un fitto scambio, ma rispettoso anche degli impegni e difficoltà personali. L'idea è dunque quella di conservare questo prezioso lavoro di ascolto, comunicazione e alleanza con alunni e famiglie, risorsa essenziale a livello motivazionale anche nel ritorno in presenza.

SUBITO IN PRATICA

Alla riapertura delle scuole a settembre sarà importante offrire occasioni di incontro e dialogo con le famiglie, organizzando momenti di assemblea comune per affrontare i temi della didattica e della riorganizzazione scolastica e tranquillizzare i genitori sul tema sicurezza senza rinunciare allo stesso tempo a un ritorno in presenza efficace e che tragga beneficio dalla relazione tra pari.
È importante che i genitori possano mandare i bambini a scuola con tranquillità, e questo può essere favorito tramite una comunicazione chiara e semplice relativa ai cambiamenti avvenuti all'interno della scuola e alle scelte educative e didattiche prese.
Per comprendere quanto sia importante una comunicazione essenziale, a volte sostenuta anche dall'intervento di mediatori culturali e linguistici che collaborano con le scuole, basti pensare alle numerose famiglie di origine straniera che non capiscono bene la lingua.
Gli insegnanti possono offrire anche momenti e spazi di incontro individuale dove è più semplice far emergere vissuti emotivi e percezioni di alunni e famiglie, così da accompagnare con maggior consapevolezza il tipo di interventi proposti alla classe. Non tutti i genitori hanno dimestichezza con la tecnologia, non sempre arrivano con chiarezza le informazioni relative alle risorse scolastiche e alla possibilità di accedervi (ad esempio, uso di tablet e computer in comodato d'uso) o quali sono le richieste che arrivano dagli insegnanti. Ecco perché potrebbe essere importante che ogni plesso scolastico organizzi momenti formativi per genitori relativi all'utilizzo base degli strumenti digitali (magari in piccoli gruppi, ma insieme agli alunni).
È essenziale dare alle famiglie maggiori strumenti possibili per dialogare con «il mondo scuola» e con gli altri genitori. In alcuni momenti, come quello della pandemia da Covid-19, può accadere che le famiglie «svantaggiate» si sentano maggiormente isolate: la scuola può tentare di costruire una rete di relazioni e dialogo proponendo dei laboratori tematici condotti direttamente dal team insegnanti o da esperti esterni su tematiche di interesse. Trovare uno spazio dove confrontarsi nel rispetto reciproco aiuta a tessere relazioni di supporto che diventano fondamentali nei momenti di difficoltà.

SPUNTI DI RIFLESSIONE

In presenza o a distanza con il rientro a scuola sarà necessario trovare modalità, tempi e spazi per l'ascolto e l'elaborazione dei vissuti emotivi dei bambini (tema che verrà ampiamente trattato in seguito), ma anche quelli delle loro famiglie. Nella distanza spesso queste informazioni sono passate tramite telefono, mail e comunicazioni scritte con una frequenza maggiore rispetto a quanto avvenuto in precedenza.
A questi messaggi, feedback ricevuti e racconti di vissuti di vita domestica gli insegnanti hanno cercato di dare risposta e considerazione tramite comunicazione empatica, rispetto di tempi diversi, flessibilità e riadattamento nelle proposte, perché a un certo punto ci si è resi conto che, senza l'appoggio delle famiglie, ben pochi passi potevano essere fatti.
L'alleanza educativa stabilitasi nel triangolo alunno, famiglia e scuola è una risorsa preziosa, sulla quale abbiamo investito e dobbiamo investire maggiori energie proprio per lavorare insieme in corresponsabilità educativa e didattica e mandare messaggi univoci ad alunni e alunni capaci di offrire benessere e sicurezza emotiva nell'affrontare le sfide dell'apprendimento.

ATTENZIONE

Nella DaD la relazione con bambini e famiglie è stata vissuta con maggiore intensità e attivazione; un'attenzione particolare va posta nel «non invadere i campi» privati delle relazioni famigliari. È importante comunicare con chiarezza quali sono le esigenze scolastiche, i tempi e le modalità di lavoro e cosa ci si aspetta dalle famiglie. In funzione del benessere delle relazioni è bene comunicare con esse, ma non essere troppo presenti e sapersi ritirare al momento giusto, per non trasformare il lavoro di collaborazione in una presenza opprimente.

IDEA 14

L'AMBIENTE E I MATERIALI SONO MAESTRI

L'ambiente riveste un ruolo fondamentale nell'apprendimento, ma allo stesso tempo è veicolo di significati relazionali. Mi ritrovo pienamente nell'idea montessoriana secondo la quale «l'ambiente è maestro». Lo spazio comunica. Cosa? La presenza di chi lo ha organizzato e l'idea di relazione e cura che l'insegnante ha nei confronti dei propri alunni. L'ambiente diventa input didattico: i materiali in esso contenuti offrono situazioni differenziate per sperimentare, confrontarsi con piccole sfide e apprendere.

Un'adeguata predisposizione dell'ambiente, con proposte che tengono conto di canoni importanti come ordine, senso estetico e predisposizione di materiali chiari e ben tenuti, è un'attenzione che dobbiamo ai nostri alunni per far sperimentare nelle aule benessere capace di dare energia e motivazione per l'apprendimento. L'ambiente è caratterizzato da un diffuso potere educativo, dove trovano spazio i rituali di lavoro e quelli più liberi e meno strutturati (INDIRE, 2012). Nella didattica a distanza, la richiesta immediata di sostituire gli ambienti scolastici con ambienti di incontro virtuali è stato un forte limite per gli insegnanti che non hanno avuto il tempo di organizzare ambienti adeguati. Nella distanza si è verificata una sovrapposizione fra ambienti privati della casa e ambienti scolastici di apprendimento, con una condivisione/confusione fra scuola, famiglia e talvolta anche lavoro dei genitori. Alunni e insegnanti hanno provato in queste situazioni emozioni negative come ansia, irritabilità e confusione.

L'idea è quindi quella di riappropriarsi dell'ambiente della scuola definendolo con un carattere chiaro, e che si cerchino con sforzo creativo, auspicando il rientro in presenza e tenendo conto delle linee guida sanitarie, soluzioni per caratterizzare gli ambienti dell'aula ai fini del benessere e dell'apprendimento.

Allo stesso tempo il medesimo lavoro dovrà essere fatto per la predisposizione e organizzazione dei materiali, che vanno adattati agli obiettivi didattici e educativi, e non il contrario.

SUBITO IN PRATICA

Se si dovesse tornare a lavorare attraverso la didattica a distanza, è fondamentale prediligere messaggi chiari e semplici, ambienti virtuali (ad esempio Classroom, piattaforme, ecc.) e materiali ordinati e facilmente accessibili, incontri e feedback organizzati in orari e con una durata che tengano conto dell'età, dei meccanismi e dei processi di apprendimento. Abbiamo chiesto ai nostri alunni resilienza e alle famiglie un atto di fiducia nel seguirci: sembra giusto corrispondere con spirito di iniziativa, creatività e flessibilità nel proporre ambienti capaci di stimolare e allo stesso tempo di comunicare cura educativa.
È fondamentale inoltre che l'insegnante prepari i materiali per le sue lezioni arricchendoli con immagini, mappe concettuali, esercitazioni: così facendo comunica il suo interesse e il suo impegno nel concorrere attivamente al successo nell'apprendimento dei suoi alunni. È innegabile che parte degli strumenti digitali entrerà a far parte anche della didattica in presenza, viste le numerose opportunità offerte. Al rientro a scuola andrà fatto un lavoro di accompagnamento sull'utilizzo di tali strumenti, usati con continuità a casa per lasciare spazio a scuola alla didattica attiva esperienziale, modello peraltro adottato con la metodologia della classe capovolta (Maglioni e Biscaro, 2014)

SPUNTI DI RIFLESSIONE

La fase di preparazione del rientro a scuola prevede un forte investimento nella progettazione di spazi e materiali che si intende proporre e sulle modalità del loro utilizzo. Possono essere quindi efficaci un confronto con colleghi di altre scuole che hanno già attivato queste forme di pensiero e una collaborazione con enti e associazioni del territorio per trovare soluzioni e spazi didattici plausibili. Partendo dal tipo di didattica che ogni insegnante intende adottare, è necessario pensare anche a spazi diversi da quelli usuali, come gli spazi aperti e gli spazi antropici del territorio, e a come potrebbe concretizzarsi l'attività con il proprio gruppo classe in tali luoghi.
Tenendo conto del problema della sicurezza, non possiamo rinunciare all'ambiente come tramite di apprendimento, quindi non possiamo permettere che le aule diventino spazi asettici o confusi, ma in base al proprio contesto e agli ambienti messi a disposizione, vanno trovate soluzioni che favoriscano il benessere e quindi l'apprendimento degli alunni.

ATTENZIONE

Come insegnanti dobbiamo porre attenzione a non spegnere la motivazione dei nostri alunni facendo «troppo», per quanto riguarda sia la strutturazione dell'ambiente che la proposta di stimoli e materiali. Consideriamo importante utilizzare gli strumenti digitali anche in presenza, visto che ce ne siamo maggiormente appropriati nella didattica a distanza, ma teniamo in considerazione che i nostri alunni non sono «recipienti da riempire» in preda agli entusiasmi di ripartenza. In classe o a casa, forniamo i mezzi necessari (usando anche il digitale) per dare l'input e per l'approfondimento, privilegiando la via dialogica e le modalità che la supportano, rispetto alla sovrapposizione di piattaforme, siti di giochi o link per accedere a video che hanno in molti casi il risultato di far perdere l'attenzione e l'orientamento.

IDEA 15

PROPORRE ESPERIENZE ATTIVE

Nel passaggio dalla didattica in presenza alla didattica a distanza c'è stato un iniziale fraintendimento: che l'utilizzo dei mezzi tecnologici imponesse una passivizzazione delle esperienze e una estensione prevalente del modello di lezione frontale «distribuita» attraverso il digitale. Invece, proprio nel tempo dell'isolamento da contatto sociale e del cambio delle abitudini di vita, il bisogno era diverso e la trasmissione di contenuti o la compilazione di schede attività ha determinato — in alcuni studenti della primaria, ma in modo più diffuso nei ragazzi più grandi — un veloce affaticamento e una diffusa demotivazione a investire energie nella scuola.

Nella distanza, come nella presenza, il bisogno dei nostri alunni è quello di essere resi parte attiva nella costruzione del proprio processo di apprendimento, nell'acquisizione delle competenze e nei momenti d'incontro, scambio e confronto con l'insegnante e con i compagni. Con maggior inventiva il digitale va considerato un mezzo attraverso il quale lanciare proposte e idee di attività, non il tramite delle conoscenze. Alcuni insegnanti sono andati alla ricerca delle «strade attive» anche a distanza, e sono proprio i risultati di queste esperienze, in termini di coinvolgimento e motivazione, che indicano le vie da percorrere. L'idea proposta per il rientro a scuola è dunque quella di lavorare attraverso didattiche attive, in modo da riaccendere la motivazione degli alunni, sia di quelli più piccoli che dei ragazzi più grandi (Petter, 1997).

SUBITO IN PRATICA

Chi l'ha detto che attraverso il computer non si possano compiere o proporre esperienze di didattica attiva? Conoscere, pensare, fare, verificare, disfare, confrontarsi, cambiare modo, proporre e organizzare nuove azioni, e quindi nuove soluzioni, e riverificare, sono azioni possibili anche a distanza, benché innegabilmente con fatica maggiore, tempi diversi, numerosi adattamenti e più risorse insegnanti. Si possono costruire unità

di apprendimento partendo da esperienze semplici e accessibili a tutti (Lorenzoni, 2017) e che in ognuno evocano risposte diverse, ma che destano curiosità: osservare la forma delle nuvole o il movimento e la forma della luna, sperimentare una ricetta in cucina con misurazioni degli ingredienti e calcolo della spesa, condurre un esperimento di scienze o prendersi cura di un piccolo bruco e osservare le diverse fasi di cambiamento oltre alle caratteristiche degli esseri viventi, impegnarsi in un compito con un ruolo ben preciso per realizzare una storia illustrata, o una rappresentazione teatrale di una storia, ecc. Il fare motiva di gran lunga di più rispetto all'ascoltare, perché coinvolge integralmente: costruire forme geometriche con strisce di carta, effettuare una caccia al tesoro con gli oggetti detti dall'insegnante in lingua straniera, effettuare l'analisi grammaticale tagliando le parti della frase e inserendole nella scatolina giusta, ecc.
La didattica attiva motiva gli alunni perché crea connessione tra la loro realtà esperienziale e il contenuto che si vuole insegnare. Per i ragazzi più grandi e con qualche autonomia e competenza digitale in più, l'insegnante sperimenta per primo e seleziona gli strumenti tecnologici più adatti per il contenuto e le competenze che vuole sviluppare: può registrare tutorial, attivare dibattiti e discussioni attraverso incontri in videoconferenza, può fornire supporto e aiuto in tempo reale e permettere ai propri alunni di organizzarsi e lavorare in piccolo gruppo, per poi ritrovarsi con tutti in un confronto finale. Se gli alunni possono svolgere esperienze didattiche a distanza, in presenza le numerose difficoltà diminuiscono e la relazione diretta favorisce la messa in pratica di compiti di realtà, esperienze di problem solving, piccoli laboratori tematici, attività in piccolo gruppo e *cooperative learning*.

ATTENZIONE

Anche in queste occasioni di apprendimento, la relazione e la presenza sono importanti, quindi se gli input sono tutorial o video è preferibile siano le voci degli insegnanti a intervenire. A distanza, ancor più che in presenza e in modo maggiore nelle fasce d'età più basse, il numero limitato favorisce la riuscita dell'attività, il conivolgimento attivo e la partecipazione. MInori sono le competenze in interazione e più ridotto dovrà essere il numero di partecipanti, prevendendo la copresenza di due o più insegnanti.

IDEA 16

ACCENDERE NEGLI ALUNNI LA SCINTILLA DELLA CREATIVITÀ

Il titolo di questa idea rappresenta l'emblema del lavoro dell'insegnante. Il brusco distacco dal mondo scolastico e l'isolamento in casa, accompagnato da sentimenti di ansia e incertezza, hanno diminuito, soprattutto in una prima fase di caos, le occasioni dei docenti per «accendere scintille», ossia per stimolare con curiosità il desiderio di conoscere dei propri alunni.

La percezione è stata quella di un diritto professionale negato. È seguita una fase di ricerca bulimica di mezzi per arrivare agli studenti e «compiere nuovamente la magia», con il superamento delle distanze fisiche e l'arrivo della scuola nelle case, con la possibilità di colmare il vuoto e la noia vissuta da alcuni bambini e ragazzi con l'interesse e la voglia di rimanere «accesi». Con gradualità, anche attraverso la didattica a distanza, gli insegnanti si sono riappropriati della loro «missione». Come? Innanzitutto rendendo le proposte di apprendimento piacevoli e stimolanti, generando curiosità e stupore, scegliendo nuclei tematici significativi e interessanti per i propri alunni e modalità adeguate per poterli attivare. Un lavoro cambiato nella forma, ma che nella sostanza, non ha nulla di diverso rispetto a quanto fatto a scuola.

L'idea è quindi, sia in presenza, che a distanza, di continuare ad accendere scintille e desiderio di conoscere, sperimentare, discutere, vagliare, confrontarsi e costruire con senso critico idee e pensieri. Per «accendere micce», l'insegnante deve accendersi di passione per quello che fa e per come lo fa. Sono d'accordo con chi sostiene che un docente può guidare ogni alunno anche in capo al mondo, rispetto alla sua zona di sviluppo prossimale, se c'è convinzione di quel viaggio.

SUBITO IN PRATICA

La passione e l'entusiasmo sono risorse intrinseche che si ricaricano nella relazione con i propri alunni e ritornano a loro attraverso messaggi veicolati dai diversi linguaggi. Grande attenzione va posta nel dare rinforzi

positivi e di accettazione attraverso lo sguardo e i gesti del corpo che comunicano con immediatezza. Nel tentativo di proporre esperienze piacevoli, possono essere utilizzare modalità ludiche come approccio ai contenuti didattici disciplinari (un gioco motorio come Twister, guidato nelle posizioni da coordinare per attivarsi sul funzionamento di un reticolo; la trasformazione di un gioco classico come il memory, per riflettere su suoni complessi e difficoltà ortografiche; mappe della propria casa o della scuola in cui vanno definiti i passi da seguire per arrivare a un obiettivo o per effettuare uno spostamento in una specie di caccia al tesoro tra pirati, una gara a quiz per smascherare le fake news, ecc.).
Infatti non va dimenticato quanto ci può essere d'aiuto in tutte le fasce d'età anche l'utilizzo di giochi e attività ludiche che hanno il duplice obiettivo di presentare, approfondire i contenuti e, allo stesso tempo, unire gli alunni in relazione, soprattutto quando i giochi sono di squadra (De Santis, 2016). Per stimolare gli alunni vanno posti compiti adeguatamente sfidanti (né troppo semplici, ma nemmeno troppo complessi) e situazioni di input impressionistiche, cioè con lo scopo di catturare, affascinare e ammaliare i partecipanti a tal punto da attivarsi nel desiderio di comprendere, padroneggiare e acquisire abilità e competenze.

SPUNTI DI RIFLESSIONE

L'insegnante è colui che genera nei propri alunni la produzione di domande e non pretende risposte, che necessitano dei tempi della conoscenza, della ricerca comune e del confronto. Ecco che qui ogni insegnante ha un ruolo determinante nella scelta delle esperienze, dei materiali, delle metodologie e del tipo di contenuti da proporre per arrivare ai propri alunni, sia nella didattica in presenza che a distanza, perché ogni insegnante conosce i propri studenti e sa che per generare motivazione può far leva sugli interessi che caratterizzano la classe.

ATTENZIONE

Nel desiderio di attivare quella tensione cognitiva che genera desiderio di conoscere e urgenza nel voler sapere, dobbiamo essere consapevoli che va usato il corretto equilibrio tra fornire stimoli adeguati e attesa. Spinti dalla volontà di accendere scintille, ci si deve frenare dall'entusiasmo di offrire tutti gli strumenti subito, affinché gli alunni siano stimolati a cercarli anche in autonomia: è una sorta di attivazione «goccia a goccia», che interrompe la catena dell'immediatezza soggetta al facile spegnimento dell'investimento energetico, e attiva invece il circuito positivo di una costruzione guidata, lenta ma solida, della competenza.

IDEA 17

COLLABORARE IN TEAM

L'idea di collaborazione e supporto tra insegnanti e altre figure è strettamente correlata con il punto precedente, perché uno stimolo didattico risulta tanto meglio riuscito quanto riesce a dare spunti per attività a livello interdisciplinare, esperienze in cui gli alunni ritrovano, attorno a un contenuto pregnante di significato, i collegamenti tra tutte le discipline e percepiscono il dialogo dei saperi.

La didattica a distanza ha messo a dura prova le risorse professionali e personali di ogni insegnante perché è stata una situazione che ha richiesto di mettere in campo competenze diverse rispetto alle usuali, situazione cui pochi erano preparati e alla quale ognuno ha dovuto rispondere con immediatezza. Abbiamo però imparato a lavorare maggiormente in team, perché quello che arrivava alle famiglie e agli alunni doveva essere il più possibile univoco e chiaro, uniformato a scelte collettive e direzioni pedagogiche e didattiche condivise. In alcuni casi, all'interno di questo team, è stata importante anche la presenza dei dirigenti che, nonostante il quotidiano cambiare delle condizioni, hanno saputo supportare gli insegnanti definendo le priorità pedagogiche e attivarsi concretamente per ridurre il gap tra chi possedeva i mezzi e chi la tecnologia la doveva a tutti costi trovare. Lavorare in team ha permesso di ricavare una fonte di supporto e rassicurazione, inoltre l'intervento e la compartecipazione di figure professionali diverse, come gli assistenti educatori, che hanno fornito risorse non sempre pienamente utilizzate ma molto importanti e presenti nella scuola, hanno reso la rete più fitta e sono stati occasione di collegamento con territorio e famiglia (Cramerotti, 2020).

SUBITO IN PRATICA

Con l'idea di coinvolgere e motivare gli alunni alla partecipazione alle attività proposte, risulta efficace scegliere uno sfondo integratore forte, come ad esempio una storia, un'esperienza significativa o un personaggio

e costruire, su quella base, tanti collegamenti interdisciplinari e approfondimenti. In questo modo gli alunni percepiscono l'effetto di una costruzione e un arricchimento graduale di conoscenze e competenze come qualcosa di unitario ed evitano la frammentazione degli apprendimenti, tanto pericolosa perché non restituisce il senso di ciò che si sta facendo.
Lavorare in team, oltre a offrire l'opportunità dell'interdisciplinarietà, è occasione «per contaminarsi» nell'uso di metodologie, strumenti e pratiche diverse; abbiamo sperimentato un vero e proprio apprendimento tra colleghi che, nella didattica a distanza, hanno dovuto utilizzare applicativi, piattaforme e strumenti tecnologici diversi per poi definire quelli più adatti rispetto alle proposte che si facevano. Il lavoro di team risulta efficace anche per una suddivisione dei compiti e delle attività da svolgere, elemento da non dare per scontato nemmeno nel rientro a scuola, dove saranno molteplici gli aspetti da tenere sotto controllo.
Anche nella preparazione dei materiali (audio/video), o negli incontri in videochiamata in piccolo gruppo, trovare diverse persone che collaborano e condividono modalità di lavoro e si mettono in gioco in prima persona, anche se quella affrontata non è la loro disciplina, comunica agli alunni un senso «protettivo» di unione nel voler andare avanti con determinazione, attività ed esperienze fondamentali per la scuola e per la vita. In una situazione di team compatto, l'effetto *modeling* è attivo in una visione globale dell'apprendimento, che è anche quella più efficace.

ATTENZIONE

L'aspetto della collaborazione implica anche la disponibilità a mettersi in discussione e a rivedere modelli e pratiche didattiche individuali consolidate nel tempo e a cui si rinuncia con fatica.
Lavorare in team è supportante, efficace, necessario in momenti di particolare difficoltà dove le condizioni cambiano, come quello vissuto, ma non si può negare che in certi momenti sia anche faticoso: il ruolo che ognuno occupa all'interno del gruppo non è sempre chiaro, il confronto di idee spesso non è facile, specialmente quando si toccano nodi tematici, vanno prese decisioni univoche e le idee d'azione sono diverse. Talvolta si arriva a discutere anche animatamente (segno che il contenuto di discussione è ritenuto importante), ma fa parte della nostra professionalità saper superare questi momenti «di crisi» e non fermarci sulle nostre posizioni, cercando invece un punto di contatto, che va sempre trovato

nelle soluzioni di mediazione. È bene ricordare che spesso chiediamo ai nostri alunni di collaborare negli stessi sforzi, con attività in coppia, in piccolo gruppo o in modo più strutturato con il *cooperative learning* e con la consapevolezza che possiedono abilità sociali meno raffinate e ancora in costruzione per affrontare la mediazione e il lavoro di team.

IDEA 18

VALORIZZARE E DIFFERENZIARE

Per ogni persona è importante sentirsi valorizzata in ciò che fa, soprattutto se la sua azione è accompagnata da impegno e attivazione; il fattore di valorizzazione motiva ad accogliere le sfide nonostante le difficoltà e a permanere nella fatica in vista del raggiungimento di un obiettivo finale. Lo stesso vale per gli studenti, che investono gran parte delle loro energie nell'attività scolastica e nello studio.
Nel periodo di DaD, i ragazzi hanno percepito una caduta di attenzione da parte degli insegnanti rispetto alla loro considerazione e valorizzazione come singoli, soprattutto in un primo periodo di generale confusione. Ecco che anche in situazione di complessità l'insegnante ha il compito di rendere la scuola un luogo (in presenza e a distanza) di crescita, d'incontro e di autorealizzazione, un luogo dove poter esplorare le proprie potenzialità. Interdipendente all'idea di valorizzare le potenzialità individuali e trasformarle in valore aggiunto per la classe, è l'idea di riconoscere le differenze e individualizzare la didattica in base ai bisogni di apprendimento di ogni singolo alunno. È stato chiaro, fin da subito, che la didattica a distanza ha allargato la forbice delle disuguaglianze determinate da contesti socioeconomici e culturali svantaggiati o da situazioni di BES. A questo si è cercato di porre rimedio attraverso l'individualizzazione e differenziazione degli interventi, per colmare sia concretamente che attraverso gli strumenti della didattica le iniquità presenti. Con il rientro a settembre, sarà essenziale intervenire attraverso progettualità che tengano conto dei bisogni motivazionali e di apprendimento di tutti.

SUBITO IN PRATICA

Come valorizzare nella pratica ogni nostro studente? Non ci sono ricette segrete, è più un *modus operandi,* un vestito indossato dall'insegnante che impara a conoscere le potenzialità e a rispettare i bisogni di conoscenza e le difficoltà di ognuno. I dialoghi e le comunicazioni (verbali e non verbali) sono veicoli immediati della considerazione che abbiamo di loro, quindi prestare attenzione alle parole usate, allo sguardo, ai cenni di accoglienza che possiamo esprimere con il viso e con il nostro corpo è essenziale da considerare in presenza e nelle occasioni di contatto a distanza.

Quando ci si trova in presenza, le parole possono essere arricchite di emozioni e di passione e veicolare significati di accoglienza e inclusione. È sicuramente utile evitare di esagerare nell'esaltare le competenze e stare attenti anche a non mortificare rispetto a prestazioni scadenti: orientare gli alunni a capire perché non sono riusciti in quanto chiesto e suggerire strategie di lavoro è sicuramente più efficace, poiché mette in risalto l'impegno e l'esercizio come elementi per la riuscita.

Le parole degli insegnanti hanno un effetto potente nella determinazione dell'autostima e del senso di autoefficacia degli alunni: calibriamole attentamente e pesiamole con la bilancia della conoscenza empatica prima di pronunciarle, così da prevederne in linea di massima gli effetti, ovviamente in modo differenziato da alunno a alunno. Per i più piccoli, ad esempio, può essere importante sentirsi chiamare per nome dalla maestra nel video che ha preparato come input di attività per la classe, o notare con piacere che, anche a distanza, la classe si ricorda del compleanno e vuol fare loro gli auguri attraverso un incontro organizzato in videochiamata.

Per rispettare il bisogno di autorealizzazione dei ragazzi più grandi, invece, talvolta meno comunicativi nella relazione con l'adulto, e maggiormente ermetici nell'esprimere emozioni e senso di autoefficacia personale, oltre ad attivare momenti di ascolto attivo, l'insegnante deve sapersi mettere dal loro punto di vista, per vedere ciò che accade con i loro occhi e saper intervenire sui loro pensieri disfunzionali. Occasioni e strumenti di maggior conoscenza, che potrebbero essere riattivate all'apertura della scuola, sono rappresentate dai questionari di autostima e motivazione all'apprendimento (ad esempio: *TMA – Valutazione multidimensionale dell'autostima*, o *Amos 8-15 – Abilità e motivazione allo studio*, con l'attivazione di sedute in cui si parla in piccolo gruppo del senso e del significato di alcune domande poste, e di come si percepiscono gli alunni nella scuola).

Abbiamo ricordato che un'esperienza di apprendimento è davvero motivante se è adeguatamente sfidante, ed è in questo avverbio che sta il senso della differenziazione didattica, soprattutto nei casi di alunni con BES.

SPUNTI DI RIFLESSIONE

Nella progettazione delle attività è necessario partire e far leva sulle potenzialità dei bambini e ragazzi in difficoltà, frazionare la fatica, utilizzare tutti gli strumenti di facilitazione e individualizzazione affinché ognuno possa trovare un ruolo e una funzione nel gruppo. Gli alunni in difficoltà non hanno bisogno di essere staccati dalle relazioni di classe, ma di parteciparvi con strumenti propri; spesso nella didattica a distanza (ma probabilmente precedentemente anche in quella in presenza), alcuni insegnanti hanno confuso l'intervento di supporto individuale con l'individualizzazione degli apprendimenti, ottenendo allontanamento più che vicinanza relazionale. È buona cosa che tutti i docenti programmino per gli alunni individualizzando e che si occupino, turnando, dei bisogni specifici dei loro studenti in un contesto di eterogeneità delle competenze, dove le relazioni tra pari possono trasformarsi in relazioni d'aiuto.

ATTENZIONE

Alla riapertura sarà necessario recuperare abilità che, per alcuni, si sono perse nella didattica a distanza: mi riferisco soprattutto ad autonomie e modalità di lavoro costituite da passaggi e processi multipli. Nel ritorno ai rituali comportamentali e scolastici, sarà importante trovare il giusto equilibrio tra aiuto e necessità di riuscire a fare da soli.

IDEA 19

DARE E CONSIDERARE I FEEDBACK

Quando ci si trova in presenza, si danno feedback immediati agli alunni rispetto a come hanno partecipato alle attività, a quanto hanno recepito rispetto alla consegna e a come sono riusciti a elaborare lo stimolo nell'esecuzione degli elaborati.
Questi feedback sono importanti fonti di motivazione a perseverare nel compito, a comprendere se si sono prese le giuste strade per raggiungere i risultati, o a cambiare direzione se le vie sono impraticabili. Come per l'idea precedente, ci sono messaggi verbali e messaggi non verbali che mandiamo agli studenti. Le restituzioni inviate attraverso i feedback dipendono dall'idea che un insegnante ha di valutazione (sommativa o formativa) e soprattutto di cosa vuole valutare (il prodotto o il processo). Chi adotta la valutazione come uno strumento per monitorare il proprio lavoro e riaggiustarlo se necessario, tenendo presenti i progressi e i bisogni degli alunni/e con cui si trova a lavorare — e allo stesso tempo come insieme di strumenti che consentano agli studenti di prendere consapevolezza dei progressi fatti e di partecipare al proprio processo di apprendimento — si è trovato nella didattica a distanza con pochi strumenti, scarni e ambivalenti: compartecipazione di supporto, osservazione dei processi e delle energie spese, situazione di autonomia o dipendenza, autocorrezione sono irrealizzabili nella distanza. Non mi soffermo sul tema della valutazione, che verrà trattato nel dettaglio in seguito, ma l'aver sperimentato i limiti di una valutazione ridotta nelle potenzialità, nonostante i tentativi di attivare delle buone prassi di feedback e restituzione sistematica, rinforza la necessità, al momento della ripartenza, di strumenti di valutazione e monitoraggio capaci di motivare gli alunni.

SUBITO IN PRATICA

Nella didattica a distanza i feedback formativi (non valutativi) forniti dagli insegnanti sono stati necessari per mantenere l'interesse nei confronti delle attività e del percorso didattico proposto (Cerini, 2020). Le caratteristiche degli interventi di rimando nella DaD sono state:

- immediatezza (non si può lasciar passare troppo tempo onde evitare la caduta di interesse rispetto a ciò che comunico);
- continuità rispetto alle modalità usate in classe (se uso gli smile in classe, non utilizzerò altri descrittori che risultano poco comprensibili);
- il rinforzo e la sospensione del giudizio;
- l'orientamento a un cambiamento autonomo e la non correzione;
- il focus orientato all'impegno e a fattori modificabili tramite un'azione diretta come garanzia di successo nel raggiungimento degli obiettivi prefissati;
- una comunicazione calda e ricca di relazione per il feedback, che ha rappresentato un'occasione di contatto, caratterizzata dalla rielaborazione delle esperienze personali trasmesse e da un arricchimento attraverso la stimolazione di domande.

Nel caso di alunni più grandi, i forum e le chat rese disponibili da Classroom o da piattaforme affini, hanno consentito agli insegnanti di dare rimandi più veloci e meno mediati dalla presenza dei genitori. Con il ritorno in classe, gli allievi avranno un grande bisogno di ricevere supporto e sostegno per passare da un controllo esterno degli apprendimenti, effettuato dai «non addetti al mestiere» (la famiglia), a un'autonoma capacità di monitorare i propri processi e di darne riscontro tramite autovalutazione. Un grande passo avanti che si può effettuare in tutti i gradi scolastici, seppur con modalità diverse, è il lavoro di rivalutazione dell'errore, che da evento da demonizzare perché vissuto in maniera negativa, va accolto e trasformato in risorsa conoscitiva. Si parte proprio da ciò che non ha funzionato per capire l'intoppo nel processo, comunicando agli alunni e dimostrando che l'errore è esperienza comune anche a docenti e adulti, e possibilità di crescita personale. Si tratta di un allenamento che richiede esempio, tempo, valorizzazione di momenti critici come esperienze importanti per maturare e dalle quali imparare, sperimentazioni attive dalle quali può scaturire un confronto costruttivo e motivante.

ATTENZIONE

L'insegnante che motiva i propri alunni coglie le diverse occasioni che si presentano nella vita scolastica per coltivare autostima, autoefficacia e fiducia. Esistono tuttavia alcuni bias mentali che devono essere monitorati e considerati come minacce per il proprio lavoro: i pregiudizi d'intelligenza (basati magari su alcune prestazioni iniziali), i pregiudizi di contesto (appartenenza a classi socioeconomiche svantaggiate), l'attribuzione di capacità diverse nelle aree disciplinari in base all'identità di genere. Gli stereotipi elencati influiscono sull'espressione di feedback e vanno a incidere sui processi motivazionali: non va dimenticato che l'insegnante è un modello, anche di pensiero. In quanto modello per i propri alunni, anch'egli deve saper leggere i feedback che arrivano dalla classe, dalle famiglie e dal contesto e rimodulare la propria azione professionale sulla base di considerazioni positive ed elementi di criticità pervenuti.

IDEA 20

COINVOLGERE E FARSI COINVOLGERE

Nella relazione educativa scolastica, spesso diventa difficile definire la direzione del dare e quella del ricevere, perché non è univoca: gli insegnanti motivano gli alunni e si motivano attraverso gli alunni, ecco perché la chiusura della scuola è stato un evento così pesante per i docenti, che hanno subito avvertito una mancanza e si sono spesso attivati con energie inaspettate nella ricerca del contatto con i loro alunni. Quello che si è voluto subito comunicare è stato: «Ci sono comunque, per te e per i tuoi compagni e, anche nell'assenza di modalità consuete di lavorare, troverò il modo per arrivare fino a te!».

Abbiamo cercato di andare oltre l'assenza dei volti e l'invisibilità nascosta dietro gli schermi, abbiamo cercato di coinvolgere gli alunni, anche in modi che professionalmente non avremmo mai pensato di utilizzare (ad esempio esporsi in video, realizzare le lezioni in audio, comparire in videochiamata, ecc.); anche in questo caso, non c'è stata direzionalità chiara e coinvolgerli ha significato farci coinvolgere. Sfruttando però ciò che di buono c'è in ogni esperienza, dobbiamo cogliere la speciale alleanza educativa instaurata, evento e opportunità unica (Lucangeli, 2020): la condivisione dei vissuti ha infatti permesso, anche con i ragazzi più grandi, d'instaurare una relazione densa di significato e fiducia, dove l'incontro non è stabilito dall'orario scolastico, ma atteso con impazienza. L'idea è di continuare a coltivare con cura i semi delle intense relazioni instaurate anche al rientro a scuola, perché uno strumento così prezioso per la crescita personale di alunni e insegnanti non può che essere valorizzato.

SUBITO IN PRATICA

Superare i limiti della distanza vuol dire fare a volte cose che non si è abituati a fare per lavoro, anche quando in classe si è sempre lavorato con passione ed entusiasmo. I contatti in videochiamata anche da cellulare con bambini che non avevano altre risorse, l'attivazione di mediatori cul-

turali e linguistici per la comunicazione con le famiglie, l'utilizzo di tempi diversi da quelli scolastici per stare al computer, la ricerca di risorse accessibili con i soli mezzi presenti nelle case dei diversi alunni sono stati elementi che hanno favorito una relazione intensa. Ad esempio, cercare il momento giusto per fare l'intervento educativo/didattico in videochiamata, a volte in modo individualizzato perché i mezzi sono disponibili solo in quel momento e poi passano al resto della famiglia, ha richiesto di adattare in modo flessibile i materiali proposti e gli interventi. Spesso gran parte del tempo dedicato al contatto con gli alunni è stato dedicato all'ascolto attivo più che ai contenuti disciplinari.
Ritualizziamo il tempo dell'ascolto attivo, rendiamolo una esperienza quotidiana che comunica agli alunni interesse nei loro confronti e, sulla base di quanto narrato, allestiamo momenti di attività laboratoriale. Possiamo creare delle cassette di posta di classe dove ogni ragazzo scrive quanto pensa o sostituirle con dei «muri di riflessione virtuali». Per i più piccoli, il coinvolgimento può avvenire anche attraverso laboratori grafico-pittorici stimolati dalla musica o momenti di attività motoria dove si pone l'attenzione al corpo e ai suoi bisogni. Coinvolgere e farsi coinvolgere vuole anche dire rilevare eventuali difficoltà e progettare in team, e indipendentemente dalla materia insegnata, percorsi di potenziamento e supporto alla costruzione degli apprendimenti, sfruttando la didattica ludica.

ATTENZIONE

Farsi coinvolgere nelle relazioni con i propri alunni non significa però farsi travolgere: dalle numerose richieste dei genitori, dai problemi vissuti e riportati dalle famiglie, dalla condizione di malessere percepita, dalle preoccupazioni rispetto alle quali si rimane impotenti. L'insegnante ha anche bisogno di definire dei confini, per il proprio e altrui benessere, confini di tempi e spazi da dedicare alla scuola, e allo stesso tempo da dedicare a se stesso in un rapporto funzionale di benessere e non di oppressione.

BIBLIOGRAFIA

Bracken B. (2001), TMA – *Valutazione multidimensionale dell'autostima*, Trento, Erickson.

Cerini G. (2020), *Valutare nella didattica a distanza*, https://www.giuntiscuola.it/lavitascolastica/magazine/articoli/2020-03-27-valutare-nella-didattica-a-distanza/.

Cornoldi C., De Beni R., Zamperlin C. e Meneghetti C. (2005), *Test AMOS 8-15 – Abilità e motivazione allo studio: prove di valutazione per ragazzi dagli 8 ai 15 anni*, Trento, Erickson.

Cramerotti S. (2020), *Come attuare la collaborazione tra docenti nella didattica a distanza. Il valore della co-progettazione all'interno dei team di docenti per fare scuola online*, https://www.erickson.it/it/mondo-erickson/articoli/collaborazione-docenti-didattica-distanza/.

De Santis M. (2016), *Il laboratorio per una didattica ludica della formazione*, Roma, Aracne.

INDIRE (2012), *Quando lo spazio insegna*, http://www.indire.it/quandolospazioinsegna/eventi/2012/abcd/.

Iosa R. (2020), *Buona settimana slow, amata scuola della vicinanza*, https://www.erickson.it/it/mondo-erickson/articoli/settimana-slow-scuola-vicinanza/.

La Prova A. (2015), *Apprendimento cooperativo in pratica. Proposte operative per attività di gruppo in classe*, Trento, Erickson.

Lucangeli D. (2020), *«È arrivato il momento di ristabilire un'alleanza educativa tra alunni e insegnanti»*, https://www.erickson.it/it/mondo-erickson/articoli/alleanza-educativa-alunni-insegnanti/.

Maglioni M. e Biscaro F. (2014), *La classe capovolta. Innovare la didattica con la flipped classroom*, Trento, Erickson.

Novara D. e Passerini E. (2015), *Con gli altri imparo. Far funzionare la classe come gruppo di apprendimento*, Trento, Erickson.

Petter G. (1997), *La valigetta delle sorprese. Saggio sulla motivazione ad apprendere*, Verona, Emi.

Rossi D. e Marinelli A. (2018), *La valigetta per ripartire... in prima. Percorsi interdisciplinari di accoglienza e sviluppo delle abilità sociali*, Trento, Erickson.

Rossi D. e Marinelli A. (2019), *La valigetta per ripartire... alla grande. Percorsi interdisciplinari di accoglienza e sviluppo delle abilità sociali*, Trento, Erickson.

Zavalloni G. (2012), *La pedagogia della lumaca*, Verona, Emi.

COINVOLGERE LE FAMIGLIE

di Gianluca Daffi

IDEE 21-30

INTRODUZIONE

Perché è importante coinvolgere le famiglie nel processo di formazione dei figli promosso dalla scuola? Angelo Rovetta (2002), nel testo dal titolo *Famiglia chiama scuola: la comunicazione tra istituzioni, figli & studenti, genitori & docenti,* sostiene che «è nel fare insieme che gli adulti trovano le possibilità di arricchirsi, di conoscersi e di apprezzarsi reciprocamente», in particolare nell'ambito scolastico, all'interno del quale «è doveroso riconoscere il sapere esponenziale e professionale di cui i genitori sono portatori e metterli nella condizione di utilizzare le loro culture per raggiungere insieme obiettivi pragmatici, operativi».
Da sempre si discute circa l'importanza di creare un legame con le famiglie che vada oltre il semplice comunicare i risultati scolastici dei figli o richiederne l'intervento in caso di difficoltà di gestione. La particolare organizzazione dell'anno scolastico 2019/20, dovuta alla necessità di far fronte alla pandemia da COVID-19, ha spinto diversi istituti a richiedere una immediata e solerte attivazione dei genitori al fine di garantire una forma di continuità rispetto al percorso formativo intrapreso dagli alunni. La scuola, pur consapevole delle differenze esistenti all'interno dei vari contesti familiari, ha richiesto ai genitori di diventare parte attiva nel processo di riorganizzazione delle modalità di erogazione del servizio. A ogni nucleo familiare è stato chiesto di fare in modo che fossero garantite le condizioni per accedere alle lezioni e prendervi parte attivamente. Ma non solo.
La didattica a distanza, di cui molto si è detto sia nel bene che nel male, ha certamente avuto una ricaduta anche sulle modalità di relazione tra scuola e famiglia: i docenti hanno avuto la possibilità di entrare nelle case dei loro alunni, così come i genitori di mettere piede nelle aule scolastiche e, elemento non da poco, di vivere, benché solo parzialmente, la didattica. Mai era accaduto qualcosa di simile.
La DaD ha prodotto una vera e propria rivoluzione, non solo nelle modalità di realizzazione del piano dell'offerta formativa, ma soprattutto negli stili relazionali e nella riorganizzazione del ruolo rivestito da tutti

gli agenti educativi in campo (basti pensare alla complessa riprogrammazione delle funzioni svolte dagli insegnanti di disciplina, insegnanti di sostegno, educatori, e, per l'appunto, genitori).
Le famiglie si sono trovate catapultate da una condizione di fruitori di un servizio, di cui spesso conoscevano «poco e male» processi e contenuti, a soggetti attivi e direttamente coinvolti nell'erogazione dei contenuti scolastici.
Come è possibile fare in modo che questa esperienza non si limiti a un puro supporto tecnico, ma diventi l'occasione per favorire una partecipazione sistematica, attiva e consapevole al processo di crescita formativa che, pur impostato nelle sue fasi iniziali dalla scuola, possa proseguire ben oltre le mura dell'istituto scolastico?
In un testo degli anni Sessanta, dal titolo *Conflitti e tensioni nel rapporto scuola famiglia,* Vincenzo Cesareo (1968) liquidava la questione della partecipazione attiva dei genitori alla vita scolastica con queste parole: «I genitori all'interno della scuola non occupano una posizione stabilita, non svolgono nemmeno un ruolo determinato, poiché il ruolo altro non è che l'aspetto dinamico della posizione, e cioè ciò che l'occupante una determinata posizione sociale deve essere o fare per il fatto di occupare quella posizione». Purtroppo, fino a poco prima dell'avvento della DaD, questa descrizione calzava a pennello per descrivere l'atteggiamento di molti genitori, interessati sì ai figli, ma incapaci di cogliere le proposte di collaborazione avanzate dalla scuola, vuoi per l'incapacità della famiglia di individuare con chiarezza quali ruoli poter ricoprire, vuoi per il riserbo delle istituzioni scolastiche nel richiedere a tutti, nessuno escluso, una partecipazione realmente attiva.

IDEA 21

FORMARE LE FAMIGLIE ALL'UTILIZZO DEL REGISTRO ELETTRONICO

In parecchi istituti scolastici il registro elettronico viene utilizzato principalmente dai docenti in sostituzione del registro cartaceo ma, purtroppo, senza valorizzare tutte le funzionalità presenti all'interno dei vari software che elargiscono questo servizio.
I registri elettronici posseggono aree specifiche dedicate alla comunicazione scuola-famiglia e famiglia-scuola: l'area nella quale vengono caricate le circolari, l'area per lo scambio di materiali in formato pdf, l'area destinata a svolgere il ruolo di «bacheca» elettronica.
Lo scarso impiego di tali funzioni dipende spesso dal fatto che i genitori non ne conoscono l'esistenza e/o non sono abituati/formati a utilizzarle. Una buona prassi potrebbe essere quella di fornire a tutte le famiglie, all'inizio dell'anno scolastico, una guida, cartacea o on line, che illustri le principali potenzialità del registro elettronico adottato dalla scuola, specificando non solo in che modo il genitore può accedere a tutte le aree attive per visualizzare in tempo reale avvisi e circolari, ma anche come caricare materiali, accedere a eventuali bacheche, entrare in contatto con i docenti e la dirigenza.
Lo scopo è favorire nel genitore il passaggio da utente passivo a utente attivo, da semplice fruitore di una comunicazione digitale ad attore che partecipa a un nuovo contesto di relazione/interazione anche a distanza.

ATTENZIONE

Di solito i registri elettronici mettono periodicamente a disposizione dei videotutorial realizzati dalla società che offre il servizio on line e finalizzati alla formazione dei docenti. Si tratta di filmati di pochi minuti che, in maniera chiara e semplice, forniscono le informazioni di base per diventare immediatamente operativi nell'uso di una o più funzioni presenti all'interno del software. È possibile condividere questi stessi tutorial con i genitori, spedendo un invito direttamente all'indirizzo email fornito dalla famiglia alla scuola al momento dell'iscrizione. Alcuni tutorial si trovano anche on line, nei siti delle aziende produttrici del servizio.

SPUNTI DI RIFLESSIONE

Da qualche anno, all'interno di ogni scuola, è presente la figura dell'*animatore digitale:* si tratta di una figura di sistema, il cui compito è promuovere e coordinare la diffusione dell'innovazione a scuola. L'animatore digitale dell'istituto potrebbe creare e diffondere brevi video tutorial coerenti con le scelte effettuate da parte dell'istituto stesso rispetto al coinvolgimento dei genitori, oppure, più semplicemente, recuperare i link ai videotutorial resi disponibili dalle aziende che forniscono il servizio e inviare gli stessi ai rappresentanti di classe, per favorirne la diffusione a tutti i genitori.

IDEA 22

CREARE E CONDIVIDERE UNA NETIQUETTE PER L'USO DEI GRUPPI WHATSAPP DI GENITORI

Anche se le «chat genitori» non sono molto apprezzate dalla scuola, è inutile illudersi che questo strumento possa essere abolito da circolari che invitano i rappresentanti di classe a disincentivarne la creazione o a limitarne l'utilizzo. La scuola di oggi è chiamata a confrontarsi con queste nuove modalità di dialogo tra genitori; perché quindi, invece di subirne gli effetti, non decidere di guidarne l'utilizzo?
Ci sono istituti nei quali sono stati promossi corsi di formazione all'uso delle nuove tecnologie anche per i genitori: in queste realtà, non solo è consigliato l'utilizzo dei gruppi WhatsApp, ma si invitano le famiglie a discutere, creare e condividere specifiche regole di comportamento da adottare all'interno delle chat di classe.
Assai utili sono la formazione dei rappresentanti di classe e la loro ufficiale investitura nel ruolo di amministratori e moderatori dei gruppi.

ATTENZIONE

L'amministratore di un gruppo WhatsApp ha una serie di responsabilità, anche nei confronti di terzi, legate a ciò che viene pubblicato all'intero del gruppo e da come tali informazioni vengono utilizzate da parte degli utenti; è quindi opportuno sia creare delle linee guida che tutti dovranno rispettare, sia invitare i rappresentanti stessi a prestare attenzione a ciò che ogni genitore della classe condividerà attraverso questo strumento.
La scuola dovrebbe proporre ai rappresentanti un modello di «netiquette» per l'utilizzo dei social composto da poche e semplici regole.

SUBITO IN PRATICA

Ecco alcune semplici regole di comportamento per favorire la partecipazione dei genitori alla chat della classe:

- trattare solo temi riguardanti la scuola;

- non utilizzare la chat per esprimere giudizi o valutazioni sull'operato degli insegnanti;
- mantenere un linguaggio corretto e rispettoso;
- non avviare discussioni riguardanti problemi o difficoltà di singoli bambini;
- evitare messaggi eccessivamente lunghi a articolati, che possano diventare il pretesto per discussioni;
- cercare di essere propositivi e non di far emergere solo le eventuali criticità;
- utilizzare la chat in orari stabiliti, ad esempio dalle 9.00 alle 19.00;
- non utilizzare la chat per comunicare con il rappresentante di classe se la domanda/ comunicazione non riguarda l'intero gruppo;
- non utilizzare la chat per comunicare con singoli genitori relativamente a questioni che potrebbero non costituire un tema di interesse comune;
- non diffondere all'esterno del gruppo i contenuti condivisi all'interno dello stesso;
- segnalare al rappresentante di classe, amministratore del gruppo, eventuali comportamenti scorretti.

IDEA 23

ORGANIZZARE RIUNIONI DI CLASSE E INCONTRI CON GENITORI ON LINE

Le riunioni di classe e gli incontri formativi organizzati dalle scuole per i genitori sono eventi importanti; tuttavia l'organizzazione della vita familiare odierna non permette sempre a madri e padri di prendervi parte. Un'ottima soluzione è quella di rendere queste proposte fruibili a distanza, grazie all'utilizzo di piattaforme digitali: tali servizi garantiscono la possibilità di creare stanze virtuali all'interno delle quali ospitare un numero elevato di partecipanti.

L'accesso alla stanza virtuale può essere controllato da chi avvia la riunione, ammettendo solo coloro la cui identità è certa. Il conduttore ha la possibilità di condividere con i partecipanti lo schermo del suo PC, come se lo stesse proiettando con un videoproiettore; è inoltre possibile interagire con i membri del gruppo sia tramite microfono e webcam, sia scrivendo in chat.

Molte piattaforme consentono di registrare e salvare l'incontro, e questa è una funzione importante sia per archiviare una documentazione che tenga traccia dell'evento, sia per rendere eventualmente disponibile la riunione anche a chi non ha potuto prendervi parte in diretta. Oltre a salvare il video dell'incontro, è quasi sempre possibile tenere traccia anche degli interventi scritti nella chat.

SUBITO IN PRATICA

Organizzare un incontro on line è davvero molto semplice, ecco come procedere.

1. Scegliere una piattaforma on line di appoggio: ne esistono parecchie che offrono i propri servizi gratuitamente, se il gruppo dei partecipanti risulta contenuto (ad esempio fino a 50 soggetti). Ci sono poi piattaforme che, con un abbonamento mensile di pochi euro, garantiscono l'accesso a 250/300 partecipanti e oltre.
2. Creare una mailing list con gli indirizzi email dei genitori della classe o dell'istituto.

3. Spedire l'invito ai genitori riportante il titolo della serata o dell'incontro, un programma o l'ordine del giorno e il link di accesso alla stanza virtuale.
4. Ricordare agli invitati di collegarsi almeno quindici minuti prima dell'inizio dell'evento per dare il tempo a chi organizza di verificare le credenziali e accettarne formalmente la richiesta di partecipazione.

IDEA 24

RIVALUTARE IL RUOLO DEL RAPPRESENTANTE DI CLASSE

Il rappresentante di classe ha il compito di fare da tramite tra i genitori e l'istituzione scolastica; per svolgere appieno questo ruolo, il rappresentante dovrebbe essere formato attraverso un breve percorso dedicato alle principali informazioni relative sia alla sua funzione che all'organizzazione della scuola.
Una buona prassi è quella che prevede la costruzione e diffusione di vademecum per i rappresentanti o l'organizzazione di un corso di formazione dedicato da svolgersi nei primi mesi dell'anno scolastico, immediatamente dopo la loro elezione.
Di fondamentale importanza è specificare quali sono i compiti del rappresentante di classe, quali i diritti e i doveri, così come ciò che non è tenuto a fare o le questioni che non gli competono.

ATTENZIONE

I rappresentanti di classe possono formulare proposte al Collegio dei docenti riguardo all'azione educativa e didattica, alle iniziative di sperimentazione, alle attività volte a favorire il rapporto tra scuola e famiglia. I rappresentanti di classe non hanno il compito di occuparsi di singoli casi portati alla loro attenzione da un nucleo familiare, esprimere opinioni riguardo alla didattica e al metodo di insegnamento adottato dai docenti, promuovere iniziative senza averne prima discusso con il Dirigente scolastico e averne ricevuto formale approvazione. A loro discrezione, possono farsi promotori di raccolte fondi finalizzate ad acquistare materiale o sostenere iniziative a beneficio della classe/istituto.
I genitori che si offrono per ricoprire questo importante ruolo dovrebbero essere formalmente presentati dal Dirigente scolastico, o da un suo rappresentante, al resto dei genitori degli alunni della classe, durante un incontro nel corso del quale offrire ai neoeletti la possibilità di farsi conoscere, raccogliere i contatti telefonici e/o telematici, promuovere eventuali occasioni future di confronto.

Il rappresentante potrebbe raccogliere interessi e bisogni formativi delle famiglie e farsi promotore, insieme ai docenti, di incontri dedicati ai genitori, così come dare avvio formale a strumenti di comunicazione e confronto (ad esempio le chat di classe), di cui si farà amministratore e garante nei confronti dell'istituzione scolastica.

IDEA 25

CHIEDERE AI GENITORI DI PARTECIPARE ALL'ALLESTIMENTO DI UNA AUDIOBIBLIOTECA

Dar vita a una audioblblioteca è un'attività divertente e che richiede un minimo sforzo. A seconda del ciclo scolastico, l'insegnante dovrà selezionare dei testi di narrativa di lunghezza e complessità adeguate da sottoporre alla valutazione del gruppo classe. Ogni alunno potrà scegliere, all'interno dell'elenco fornito dal docente, un testo da leggere insieme ai propri genitori ad alta voce, registrando su un file questa sorta di «interpretazione». La registrazione dovrà poi essere inviata all'insegnante che, dopo averla controllata, la caricherà insieme ad altre in uno spazio on line, rendendola quindi disponibile a tutti gli alunni della classe. Il nome del file dovrebbe riportare il titolo del libro, il nome dell'autore e l'indicazione della famiglia di lettori che ha interpretato il testo (es. «Testo tratto da *Una zuppa di sasso*, di Anais Vaugelade, letto dalla famiglia Bianchi»).

ATTENZIONE

È sempre bene ricordare che la legge non consente di leggere e registrare intere opere letterarie, ma soltanto parti di esse. Come regolarsi, quindi, con i diritti d'autore? Sul sito della Società Italiana Autori e Editori (SIAE) sono riportate indicazioni per chi intenda leggere in pubblico o riprodurre su CD o altro supporto opere letterarie protette dalla legge. Le indicazioni fornite sono le seguenti: «Non è considerata pubblica la recitazione di opere letterarie effettuata, senza scopo di lucro, all'interno di musei, archivi e biblioteche pubblici ai fini esclusivi di promozione culturale e di valorizzazione delle opere stesse individuati in base a protocolli di intesa tra la SIAE e il Ministero dei Beni e delle Attività Culturali e del Turismo.
In ottemperanza al dettato normativo SIAE e MiBACT, con il coinvolgimento di tutte le associazioni interessate, hanno siglato il protocollo che definisce le condizioni di applicazione della norma.[1] Per poter beneficiare

[1] https://www.siae.it/sites/default/files/OLAFLett_Istruzioni_Requisitiapplicabilita.pdf.

della norma in parola, è stato predisposto il modello di autocertificazione da compilare a firma del responsabile del museo, archivio o biblioteca pubblici e da inviare tramite posta elettronica certificata all'Ufficio Siae territorialmente competente». Sottolineiamo che il protocollo citato intende per «pubblici» esclusivamente i musei, archivi e biblioteche appartenenti a Stato, Regioni, Province, Comuni, loro Istituti scolastici e Istituzioni educative, tuttavia, onde evitare comunque di incappare in spiacevoli inconvenienti, si consiglia sempre di contattare l'ufficio SIAE più vicino al proprio istituto (www.siae.it).

IDEA 26

COSTRUIRE UNA DOCUFICTION SULLA PROFESSIONE DEI GENITORI

Una classica strategia per coinvolgere i genitori all'interno della vita scolastica è quella di invitarli a raccontare alla classe del figlio uno o più aspetti della propria professione, magari con qualche ancoraggio con gli argomenti didattici trattati in classe. Mamma o papà, in accordo con gli insegnanti, si presentano in classe e raccontano la loro giornata «professionale» tipica: che cosa vuol dire fare il meccanico, la dottoressa, lo psicologo o l'addetto al controllo qualità di una grande azienda.
Le nuove tecnologie ci mettono a disposizione una serie di rinnovate opportunità per realizzare questa rodata attività. Un suggerimento potrebbe essere quello di chiedere ai genitori di costruire con i figli una sorta di docufiction che, in pochi minuti, possa illustrare una giornata lavorativa-tipo. Il video realizzato potrebbe essere proiettato prima dell'incontro con il genitore stesso e servire da spunto per raccogliere alcune domande da rivolgere in occasione della visita.
Qualora fosse possibile, sarebbe anche estremamente interessante riprendere i luoghi all'interno dei quali mamma o papà operano ed eventuali strumenti o attrezzature di lavoro, magari illustrandone il funzionamento e la specifica utilità all'interno di un particolare ambito professionale.
I video possono essere realizzati tramite un qualsiasi smartphone ed elaborati attraverso app o programmi gratuiti di editing. In rete si trovano parecchie risorse liberamente accessibili, la cui modalità di utilizzo è abbastanza intuitiva anche per i genitori meno abili dal punto di vista tecnologico.

SUBITO IN PRATICA

Uno strumento interessante per favorire la realizzazione di una docufiction è lo *storyboard*. Lo *storyboard* consiste nel disegnare, come se fossero parte di un fumetto, tutte le scene che intendiamo poi realizzare e riprendere. Il primo suggerimento del docente potrebbe proprio essere quello di coinvolgere l'intero nucleo familiare nella stesura di questo breve fumetto sulla giornata lavorativa tipo di mamma o papà. Genitore e bambino, partendo dal fumetto, potranno poi decidere quali scene riprodurre, quale copione stendere e come riprendere il tutto.

ATTENZIONE

È sempre bene indicare agli studenti il formato file finale in cui salvare il video, dal momento che non tutti i videoproiettori riproducono con facilità qualsiasi estensione video; sarà quindi necessario fornire indicazioni chiare, onde evitare poi imprevisti nella riproduzione diretta a tutta la classe.

IDEA 27

UTILIZZARE BACHECHE VIRTUALI PER MOSTRARE LA DISTRIBUZIONE DEI COMPITI ASSEGNATI

La questione dei compiti da svolgere a casa è sempre molto dibattuta; i genitori di bambini che frequentano la scuola primaria talvolta faticano a supportare i loro figli nella pianificazione delle diverse attività, mentre nel caso di ragazzi che frequentano la secondaria è sempre più complesso rendersi conto di quante e quali attività vengano assegnate dai docenti, e neppure in quali poterli aiutare o supervisionare.
On line è possibile recuperare diversi strumenti gratuiti che permettono agli insegnanti di costruire una sorta di «muro virtuale», condivisibile sia tra colleghi che con alunni e genitori, sul quale affiggere diverse tipologie di comunicazione: ad esempio l'elenco dei compiti assegnati, magari organizzati visivamente non solo in base al giorno di assegnazione o di consegna, ma in maniera tale da suggerire al genitore come un compito dovrebbe essere svolto e secondo quale ordine.
La bacheca dovrebbe essere aggiornata ogni settimana, garantendo comunque una certa flessibilità di gestione.

SPUNTI DI RIFLESSIONE

Anche per l'insegnante è importante conoscere quali sono i compiti assegnati alla classe dai colleghi; spesso, infatti, in mancanza di informazioni adeguatamente condivise tra i docenti, si possono creare sovrapposizioni complesse da gestire sia da parte degli alunni che dei genitori. Il «muro virtuale» è anche uno strumento di verifica e confronto tra colleghi.

SUBITO IN PRATICA

Il più noto servizio per creare bacheche virtuali è sicuramente Padlet: esso permette di creare dei «post-it» e dà la possibilità a chi visualizza la bacheca di inserire commenti e fare richieste. Si consiglia di spuntare sempre l'opzione «modera post», così da evitare che gli interventi dei visitatori vengano pubblicati automaticamente senza alcuna supervisione da parte dei creatori del Padlet stesso. Riprendendo l'esempio della bacheca, potremmo dire che ogni post inserito all'interno della stessa richiede l'approvazione degli insegnanti.

IDEA 28

INCORAGGIARE LA COSTITUZIONE DI UN COMITATO GENITORI

La normativa attuale riconosce la possibilità, per i genitori, di costituirsi in un comitato, una associazione di fatto che ha il compito di radunare tutti coloro che intendano fornire un supporto per migliorare la qualità del servizio scolastico.
La scuola trae enorme beneficio dall'attività di un comitato scolastico consapevole del proprio ambito di azione e finalizzato a sostenere il Piano per l'Offerta Formativa.
Capita spesso che i rappresentanti dei genitori di classi appartenenti allo stesso istituto abbiano scarse possibilità di confronto formale e, pertanto, mostrino ridotte capacità di organizzarsi in maniera efficace per avviare iniziative significative. Nel caso poi di tensioni o anche solo di banali preoccupazioni legate alla gestione ordinaria della vita scolastica, il rischio è che le discussioni si sviluppino in zone ufficiose, ad esempio fuori dal cancello dell'istituto, assumendo forme inadeguate e promuovendo iniziative non sempre costruttive.
Dare spazio ai genitori nella forma di un comitato riduce il rischio di veder nascere aggregazioni improprie e non sempre animate da un autentico spirito di collaborazione. Il comitato favorisce uno scambio corretto di informazioni e garantisce il giusto equilibrio tra diritti e doveri dei genitori stessi; inoltre, essendo la voce di un gruppo organizzato, difficilmente corre il pericolo di diventare la cassa di risonanza di singoli malumori legati a preoccupazioni personali.

SPUNTI DI RIFLESSIONE

È importante ricordare che i genitori, anche se associati, non possono certo sostituirsi agli enti locali o alle amministrazioni comunali; non dovrebbe quindi essere un loro compito promuovere raccolte fondi per la messa a norma di un istituto, oppure per acquistare materiali che possano garantire la sicurezza igienico sanitaria sia dei figli che del personale docente. Potrebbero però collaborare con la scuola per promuovere azioni di sensibilizzazione rivolte agli enti locali o alle amministrazioni, forti del numero di aderenti al comitato e della possibilità di promuovere raccolte di firme e/o petizioni.

SUBITO IN PRATICA

Per dar vita a un comitato genitori sono sufficienti due documenti: l'atto costitutivo e lo statuto. La scuola può fornire dei modelli ai genitori interessati ad attivare un comitato o lasciare che gli stessi diano forma originale agli atti costitutivi/statuti. In ogni caso, si suggerisce di ricordare loro l'importanza di inviare lo statuto in copia sia al Consiglio di istituto che al Dirigente scolastico. A questi due soggetti non spetta il compito di approvarlo ma, nell'ottica della collaborazione, sarà bene lo possano visionare.
I genitori dovrebbero aver chiari gli obiettivi principali del comitato stesso, che andrebbero illustrati in maniera semplice e comprensibile a tutti nel paragrafo dello statuto dedicato alle «finalità». Si tratta del cuore dell'azione associativa, e per questo si consiglia alla scuola di guidare le famiglie nella scelta di forme snelle di atti costitutivi e statuti che possano riportare sempre al centro dell'attenzione la natura collaborativa del comitato. Vale in questo caso il detto «la forma è sostanza».

IDEA 29

PROGRAMMARE PERCORSI FORMATIVI PER GENITORI, INSEGNANTI, EDUCATORI PER CONDIVIDERE METODOLOGIE DI INTERVENTO COMUNI

Quante volte ci siamo detti che le strategie di gestione degli alunni non funzionano se non sono condivise con i genitori? Questo è ovviamente vero, anche se è estremamente difficile condividere strategie senza promuovere momenti di incontro tra tutti coloro che entrano in relazione con gli alunni.
La tendenza è quella di organizzare percorsi di aggiornamento per gli insegnanti e incontri informativi per i genitori, magari anche distribuiti in più momenti e strutturati in cicli.
Per le altre figure presenti all'interno della scuola che comunque, in maniera più o meno incisiva, entrano in contatto con genitori e alunni (assistenti *ad personam*, educatori, collaboratori scolastici, personale di segreteria, ecc.) le occasioni di formazione «specifiche» sulle strategie relazionali sono molto ridotte.
Nel migliore dei casi, le figure precedentemente citate vengono invitate a partecipare ai percorsi pensati per i docenti o alle serate genitori, senza però considerare il loro ruolo o programmare e strutturare momenti di incontro e confronto che facciano emergere una reale possibilità di «presa in carico condivisa».

SUBITO IN PRATICA

Nel programmare i percorsi di aggiornamento da realizzare durante l'anno scolastico, il referente per la formazione potrebbe chiedere al formatore individuato, a colui che dovrà gestire gli incontri per gli insegnanti, di strutturare la sua offerta formativa in modo tale da prevedere anche momenti di condivisione tra docenti, genitori, educatori, ecc. Il percorso formativo dovrà tener conto sia di momenti dedicati alle singole figure educative, sia di incontri iniziali e/o finali durante i quali non solo aver modo di attingere alle stesse informazioni, ma anche avere l'opportunità di riflettere su come una medesima strategia possa essere applicata in maniera coerente in base alla funzione ricoperta.

Se, ad esempio, il corso riguardasse la gestione dei conflitti, potrebbe essere interessante ricevere dal formatore una proposta che preveda una parte iniziale rivolta a tutti gli agenti educativi, cui potrebbero seguire incontri specifici dedicati alle modalità di gestione dei conflitti in classe, in famiglia, nel rapporto a due con l'educatore, ecc. Il percorso potrebbe infine concludersi con un incontro, rivolto nuovamente a tutti, durante il quale offrire la possibilità alle differenti figure educative di confrontarsi, mettere in comune quanto appreso e formalizzare l'adozione di una modalità condivisa nella gestione dei conflitti.

SPUNTI DI RIFLESSIONE

Per individuare i fabbisogni formativi, potrebbe essere utile costruire un questionario da sottoporre a tutti i soggetti presenti nell'istituzione scolastica; è importante non limitarsi solamente ad accogliere quanto emerso nel corso del Collegio docenti, perché rappresentativo, per l'appunto, solo di questi ultimi. Sarà invece molto importante che le proposte formative non siano calate dall'alto, ma siano l'effettiva risposta alle reali necessità presenti in uno o più gruppi di soggetti: genitori, insegnanti, educatori, assistenti, operatori scolastici, ecc. Ogni gruppo, attraverso un proprio portavoce, potrebbe avanzare più di una proposta.
I suggerimenti raccolti potrebbero essere sottoposti al voto di tutti coloro che intendano partecipare ai percorsi formativi e, in seguito, si potrebbe decidere come procedere in termini di tematiche e priorità. Questo processo, sebbene apparentemente più macchinoso, avrebbe come risultato un maggiore coinvolgimento di tutti i soggetti già nella fase organizzativa, incrementando la probabilità di adesione al percorso formativo stesso

IDEA 30

PROMUOVERE IL SENSO DI APPARTENENZA

Non basta che i genitori degli alunni di una stessa classe si frequentino tra loro per sentirsi comunità, così come non è sufficiente mantenere buoni rapporti con gli insegnanti per far emergere il senso di appartenenza all'istituzione scolastica.
Essere comunità educante presuppone un legame tra più persone che condividano uno stesso obiettivo e operino insieme per raggiungerlo. In questo caso, ovviamente, l'obiettivo comune dovrà essere quello di promuovere la qualità del servizio scolastico sia in termini di ricchezza e varietà dell'offerta formativa, sia in termini di relazioni tra genitori, insegnanti, educatori, operatori scolastici, ecc.

SUBITO IN PRATICA

Per promuovere il senso di appartenenza è necessario:

- coinvolgere i genitori nella progettazione di feste e manifestazioni promosse dalla scuola;
- richiedere la cooperazione dei genitori per la realizzazione di progetti formativi (progetti di educazione alla salute, educazione ambientale, educazione civica...);
- proporre ai genitori di promuovere attività sportive, musicali e ricreative da realizzarsi all'interno dell'istituto, ma in orario extrascolastico;
- richiedere la cooperazione dei genitori in occasione di attività e/o campus di orientamento scolastico;
- incoraggiare la costituzione di un comitato genitori;
- promuovere incontri formativi «allargati»;
- favorire la possibilità di utilizzare gli spazi della scuola per realizzare iniziative che possano facilitare l'incontro e il confronto tra diversi agenti educativi;
- collaborare con le realtà associative presenti nel quartiere.

SPUNTI DI RIFLESSIONE

Il senso di appartenenza a una comunità nasce soprattutto dalla condivisione di valori. Dare vita a progetti scolastici che possano chiaramente mettere in evidenza quali sono i principali orientamenti contenuti nel Piano dell'Offerta Formativa potrebbe rappresentare un'occasione importante per coinvolgere i genitori e farli sentire davvero parte attiva nel percorso di crescita culturale dei loro figli. Esistono numerose iniziative sociali a cui gli istituti possono aderire: campagne di adozione a distanza, raccolta fondi a sostegno della ricerca, progetti di informazione e sensibilizzazione su tematiche di interesse collettivo.
Organizzare iniziative di questo tipo, dando loro visibilità, potrebbe aiutare i genitori che condividono questi valori a sentirsi parte di un gruppo e a farsi promotori di attività analoghe.

BIBLIOGRAFIA

Cesareo V. (1968), *Conflitti e tensioni nel rapporto scuola famiglia*, Milano, Vita e Pensiero.

Daffi G. (2009), *Missione compiti. Manuale di sopravvivenza per i genitori*, Trento, Erickson.

Daffi G. (2015), *Diario START. Il diario intelligente per organizzare e gestire meglio i compiti a casa, la preparazione dei materiali e gli impegni scolastici*, Trento, Erickson.

Rovetta A. (2002), *Famiglia chiama scuola: la comunicazione tra istituzioni, figli & studenti, genitori & docenti*, Milano, Edizioni Università Cattolica.

INSEGNARE ITALIANO A DISTANZA E IN PRESENZA

di Anna Rita Vizzari

IDEE 31-40

INTRODUZIONE

In questa sezione vengono presentate idee didattiche ricche di tabelle, schemi, mappe, infografiche: modalità visive che non è scontato usare nell'insegnamento di discipline come l'italiano.
Questo perché, grazie a diversi percorsi di formazione, il mio approccio, da lineare e tradizionale quale inizialmente era, è diventato ipertestuale, reticolare, cross-mediale, portandomi a sviluppare competenze digitali diverse da quelle richieste per l'uso di programmi di videoscrittura/presentazione/calcolo.
Perché stendere ex novo programmazioni, relazioni, verifiche, quando si possono creare dei «template», dei modelli vuoti che si possono reimpiegare, con adattamenti, a situazioni successive e diverse? Perché non produrre e condividere (nell'ottica dell'intelligenza collettiva e connettiva, nonché del risparmio del tempo proprio e altrui), prima con i colleghi di scuola e poi nel web, dei template sia didattici che burocratici, in cui mappe e tabelle diventano efficaci rispetto a un corrispondente testuale, narrativo o descrittivo?
La componente visuale e quella classificatoria (di mappe e tabelle) sono essenziali quanto quella testuale, anche quando si insegnano Grammatica e Letteratura. Vedrete nelle prossime pagine come è possibile associare a contenuti «tradizionali» degli elementi o dei template nati in altri contesti: da realtà differenti, infatti, si possono «rubare» degli spunti e dei modelli utili per l'insegnamento delle proprie materie.
Basti pensare alla grammatica valenziale che si ispira alla Chimica: sulla base di questo collegamento, si può realizzare con gli alunni la tavola periodica degli elementi della frase e quella delle proposizioni.[1]
L'emulazione creativa ha un altissimo potenziale: snaturare un modello, usandolo per scopi differenti da quelli per cui è nato, può produrre risultati estremamente interessanti.

[1] Si veda a questo proposito Vizzari, 2019.

Un altro aspetto che permea le idee didattiche di questa sezione è l'approccio ispirato alla *didattica per scenari:*[2] in estrema sintesi, un contesto di insegnamento/apprendimento mirato a far acquisire agli alunni competenze mediante compiti autentici accompagnati da meta-riflessione e dal feedback dei pari.

---

[2] Per approfondimenti, si veda: innovazione.indire.it/avanguardieeducative/didattica-scenari.

IDEA 31

VIDEOGIOCO E METACOGNIZIONE: CHE GIOCATORE SEI?

I ragazzi e le ragazze trascorrono qualche ora al giorno cimentandosi in videogiochi, magari collaborativamente, con gli amici a distanza, e spesso anche le discussioni fra loro vertono su questo argomento. Tale passione si può trasformare anche in un'opportunità didattica.
La Tassonomia di Bartle[3] sui tipi di giocatore, del 1996, resta ancora attuale (non soltanto per i giocatori, bensì anche come approccio alla vita) e fornisce uno strumento e un'occasione per auto-classificarsi secondo uno schema, meta-riflettere, conoscere meglio se stessi e rappresentarsi verso l'esterno.

SUBITO IN PRATICA

L'insegnante mostrerà ai ragazzi (alla LIM o in remoto) uno schema visuale, ispirato alla tassonomia di Bartle, come rappresentato in figura 4.1, illustrandone l'articolazione e i contenuti.
L'intersezione fra la linea verticale (avente agli opposti AZIONE e INTERAZIONE) e la linea orizzontale (avente agli opposti PERSONE e AMBIENTE) ripartisce lo schema in 4 parti, ciascuna delle quali rappresenta una tipologia dominante nel/nella giocatore/giocatrice.
A quel punto i ragazzi e le ragazze rifletteranno e si confronteranno, in un dibattito moderato dall'insegnante (o da uno/a studente/studentessa).
Potranno quindi auto-rappresentarsi rivelando la tipologia (o le tipologie) di giocatore a cui ritengono di appartenere e citando degli esempi concreti, di esperienze effettuate nel corso del gioco e non solo, rispondendo a domande come:

- Ti identifichi in una sola tipologia di giocatore o ritieni di possedere le caratteristiche di più tipologie? Quale o quali?
- Quali elementi ti motivano e quali obiettivi persegui durante il gioco?
- Racconta a mo' d'esempio un'esperienza significativa in merito.

[3] Si veda http://mud.co.uk/richard/hcds.htm.

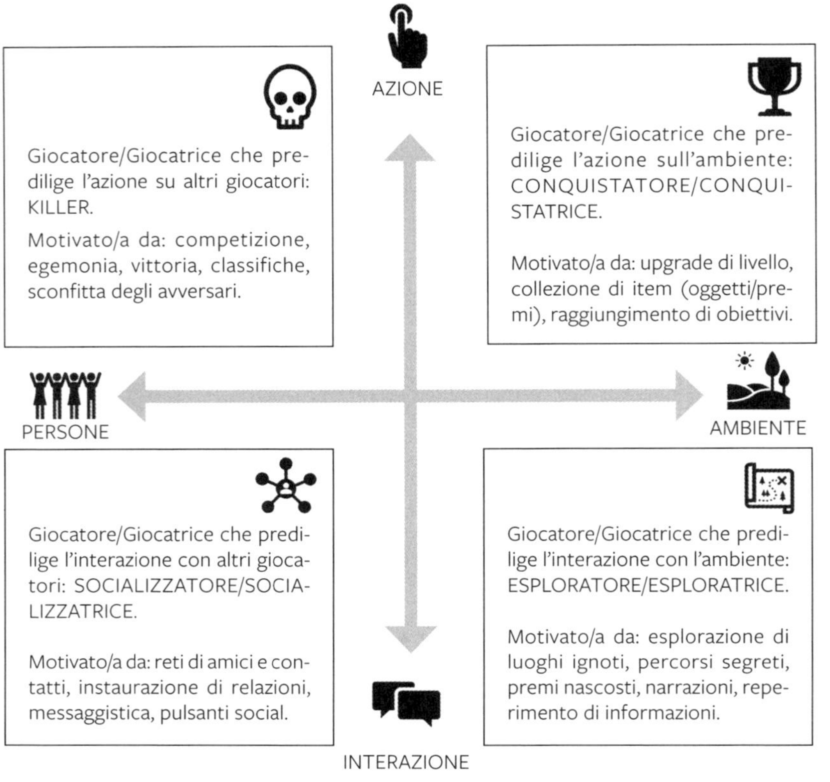

Fig. 4.1 Schema visuale ispirato alla tassonomia di Bartle.

L'auto-rappresentazione può essere realizzata in modo digitale o analogico e costituita da:

- un post-it in una bacheca collaborativa
- un testo descrittivo soggettivo
- un breve video.

IDEA 32

SMART DIGITAL STORYTELLING: DALLE ICONE ALLA NARRAZIONE E VICEVERSA

Lo *storytelling* è il procedimento del narrare una storia con obiettivi precisi: divertire, convincere, comunicare, documentare, ecc.
Una versione agile dello *storytelling* — che si può effettuare sia in cartaceo che in digitale — è la narrazione mediante le icone, ossia immagini estremamente sobrie e simboliche.
Pensiamo alla sottostante sequenza di icone:

A quale titolo letterario rimanda? Si tratta di una possibile simbolizzazione del romanzo *Uno, nessuno e centomila* di Pirandello.
Nel remake del 2018 del film *Fahrenheit 451*, vediamo che i libri vengono rimpiazzati con narrazioni per icone. Dei grandi classici (dalla *Bibbia* a *Moby Dick*) viene proposta la scarnificazione mediante una sequenza di icone. Va da sé che, nel clima distopico che caratterizza *Fahrenheit 451*, la narrazione per icone è qualcosa di negativo.
Ma si può trasformare invece in qualcosa di positivo? Come e perché?

SUBITO IN PRATICA

Intanto, vanno distinte due modalità di lavoro: una, che procederà dalle icone al testo, e un'altra, che seguirà il senso inverso, ovvero dal testo alle icone. In ambedue le situazioni sarà importante l'invio di feedback (anche fra pari).

Dalle icone al testo

Si suggerisce di proporre l'esempio di «Shortology», un'agenzia che propone la versione iconica, iper-sintetica ed efficace di libri, film, concetti

e situazioni in generale. Nel sito è presente anche una interessantissima «Story machine», ossia una slot machine che, azionata, mostra una combinazione casuale di 4 icone dalla quale si può partire per inventare una storia.
Si può creare la versione analogica collaborativa della «Story machine», predisponendo un mazzo di carte al quale ogni alunno contribuisce con 5 carte: su ciascuna di esse verrà raffigurata un'icona semplice (un personaggio, un oggetto, un luogo, ecc.). In seguito, si pescheranno dal mazzo 4 carte e gli alunni scriveranno un racconto (la cui lunghezza verrà concordata) che contenga quegli elementi in quella stessa sequenza. Più stravagante sarà l'accostamento di icone, più interessante sarà il risultato. Con questa attività gli alunni narreranno (in modo più o meno complesso) partendo dal simbolo e scateneranno la creatività.

Dal testo alle icone

La procedura inversa consiste invece nel partire dalla storia vista (un film) o letta (un testo narrativo) per poi scarnificarla mediante una sequenza di icone (il cui numero orientativo verrà concordato in classe). Con questa attività gli alunni svilupperanno la capacità di sintetizzare in modo efficace e, spesso, anche di sviluppare l'umorismo, il quale avrà un immediato riscontro nella successiva fase di condivisione, metacognizione e feedback reciproco.

CONSIGLIO SOS

Le icone possono essere prese, nel rispetto dei termini di utilizzo, da siti come thenounproject.com, dove con l'account gratuito le immagini vanno scaricate con i credits incorporati. In alternativa, si può ricorrere agli emoji presenti nelle applicazioni di messaggistica.

IDEA 33

VIDEOTUTORIAL: LA VERSIONE GEEK DEL TESTO REGOLATIVO

I testi pratici sono importanti in quanto possono avere delle conseguenze nella vita lavorativa e non (pensiamo ai concorsi, ai contratti, ecc.): per questo è molto importante che ci concentriamo quando li leggiamo e che stiamo attenti quando li scriviamo.
Fra i testi pratici rientra il testo regolativo, che esplicita come fare (o come non fare) qualcosa: fornisce prescrizioni/indicazioni/divieti o illustra una procedura. In genere si articola in:

- un incipit con informazioni generali;
- la sequenza delle azioni da svolgere (o delle azioni proibite);
- eventuali illustrazioni esplicative.

Il tutorial è un tipo di testo regolativo che accompagna passo passo un utente in una determinata procedura; un sottotipo particolare di tutorial è il *walkthrough*, ossia la spiegazione delle procedure con cui finire un videogioco. La versione *geek* è il videotutorial, realizzata con il supporto del digitale. *Geek,* nel gergo del web, è una persona che sta attaccata alla tastiera come un geco alla parete.
I *gamer* condividono su Youtube i propri *walkthrough* in versione video; i ragazzi e le ragazze amano seguire i *gamer-yotuber,* che costituiscono per loro dei modelli. E se valorizzassimo questa attitudine?

SPUNTI DI RIFLESSIONE

Chiedere agli studenti quali sono gli Youtuber più in auge del momento, cercarne i canali Youtube e vederne qualche video.
Che cosa funziona? Che cosa è educativo e fornisce un modello? Che cosa può fornire spunti per attività didattiche?

Un *walkthrough* può essere realizzato in diverse modalità:

- testuale in forma di elenco/tabella;

- testuale in forma narrativa (con indicatori temporali per marcare la sequenzialità delle azioni: dapprima, innanzitutto, successivamente, infine, ecc.);
- testuale con apparato illustrativo e didascalie;
- tramite *slideshow* con *screenshot* (ossia «fotografie» dello schermo») e didascalia con indicazioni testuali;
- tramite videotutorial con indicazioni audio o testuali: in questo caso si può fare *screencasting*, ossia la registrazione dal proprio schermo.

Le *screenshot* si realizzano premendo, sulla tastiera, il tasto «Stamp» (in alcune tastiere «Prt Scr» o «Print Scrn»).

SUBITO IN PRATICA

Per fare *screencasting* si può usare una web-app gratuita, *Screencastomatic*, cliccando su «Start recording for free» → «Launch Free Recorder».

IDEA 34

CAMPI DI CALCIO PER SCHIERAMENTI LETTERARI

Le infografiche sono rappresentazioni visuali di dati e/o concetti: nella vita di tutti i giorni fruiamo di svariate infografiche senza neppure farci caso, tanto sono naturalizzate, basti pensare a certi pannelli esplicativi con molte icone e poco testo. Precursori delle infografiche erano le cosiddette «tavole illustrative» che corredavano i libri di testo.
Si fa un'infografica perché la rappresentazione visiva è più immediata, anche se alcune sono di difficile consultazione, ad esempio se sono esageratamente estese in verticale (e vanno «scrollate», ossia fatte scorrere in verticale), se contengono caratteri illeggibili (font arzigogolati, poco contrasto con lo sfondo...) o immagini inutili. Spesso le infografiche usano metafore apparentemente scollegate: quella del gioco dell'oca per una linea del tempo, quella della metropolitana per collegare concetti.

SUBITO IN PRATICA

In questa attività si propone di usare la metafora del campo di calcio (con annesse panchine e spalti) per visualizzare gli «schieramenti letterari»: squadre avversarie, tifoserie e perfino spettatori neutrali/indifferenti...
In Letteratura (italiana e non) si studiano diversi schieramenti:

- Epica: *Iliade* (schieramento Achei contro Troiani), *Eneide* (la Guerra Latina);
- Letteratura: *Orlando Furioso* (schieramento Cristiani contro Saraceni), *La Gerusalemme liberata* (sempre schieramento Cristiani contro Saraceni).
- Antologia: *Il Signore degli Anelli* (schieramento Uomini, Elfi e Nani contro Sauron, Saruman e dintorni).

Si cerca o si realizza un template come quello proposto nell'immagine in figura 4.2. Quindi gli alunni, sulla base delle letture sia della trama complessiva sia dei singoli brani di un determinato testo, inseriranno sul template delle icone che simboleggiano i singoli personaggi, accompagnati da una breve didascalia.

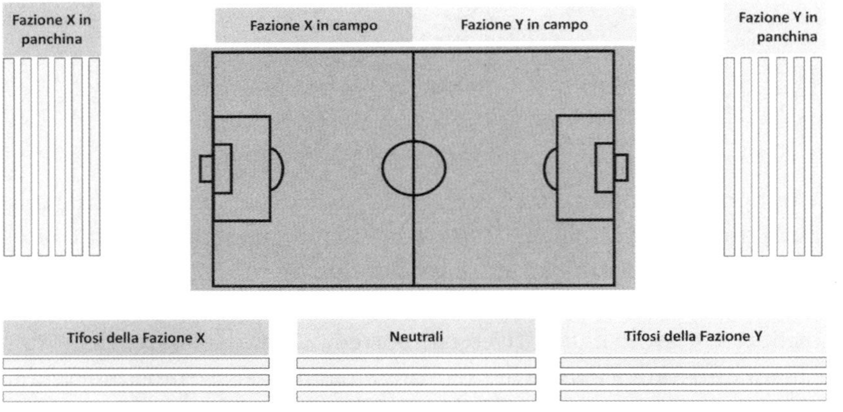

Fig. 4.2 Esempio di template per visualizzare uno «schieramento letterario».

ATTENZIONE

Quando si usano dei template, bisogna sempre porre attenzione ai Copyright: template di campi di calcio che non presentano problemi di questo tipo si possono trovare su Wikimedia Commons.
Quando si cercano immagini nel web, inoltre, bisogna sempre ricordarsi di controllarne i termini di utilizzo.

IDEA 35

ANALISI LOGICA: DESCRIVERE E CLASSIFICARE OGGETTI

Con questa attività verranno potenziate contestualmente la capacità di descrivere oggetti e la riflessione linguistica. Per realizzarla, ci si ispirerà, da un lato, alle vecchie istantanee e, dall'altro, ai «meme», ossia a quelle immagini virali nel web, accompagnate da un breve testo incisivo (si veda un esempio stilizzato nell'immagine accanto).

Didascalia

SUBITO IN PRATICA

Scelta una categoria tematica — in questo caso, capi d'abbigliamento — si raccoglieranno immagini (da riviste o fotografie scattate a casa, o in aula, salvaguardando la privacy) e ogni studente scriverà, accanto a ognuna di esse, una didascalia contenente:

- il nome descrittivo del capo d'abbigliamento;
- la classificazione del complemento o dei complementi che indicano le specificità del capo (alcuni capi d'abbigliamento possono avere descrizioni con più complementi; ad esempio: «Giacca / con collo / alla coreana»).

Nella tabella sottostante (che si può proporre agli studenti per una visione sinottica, con possibilità di integrazione con altri complementi come quello di prezzo), vediamo alcuni complementi in cui è possibile imbattersi quando si descrivono capi d'abbigliamento.

Elemento della frase	**Che cosa indica nel caso dell'abbigliamento**	**Esempi**
Complemento di fine	L'uso per cui è stato concepito l'oggetto.	Costume da bagno, scarpe da ballo, pantaloni da lavoro.
Complemento di qualità	La caratteristica che lo contraddistingue.	Camicia a quadri, gonna a pieghe, cappotto di pregio.

Complemento di materia	Il materiale (tessuto, ad esempio) con cui è realizzato.	Giubbotto in ecopelle, maglietta di cotone, impermeabile in nylon.
Complemento di unione	L'elemento a cui è unito.	Scarpe con i lacci, felpa con il cappuccio, giubbotto con le borchie.
Complemento di modo	Il modo o la foggia in cui è realizzato.	Pantaloni alla zuava, camicia alla marinara, cappotto a trench.
Attributo	Una caratteristica cromatica o relativa alle dimensioni o al tatto.	Giacca corta, jeans neri, maglione ruvido.

SPUNTI DI RIFLESSIONE

Alcuni sintagmi saranno al limite e forniranno un'opportunità per argomentare la propria teoria.
Si pensi al sintagma «scarpa col tacco»: «col tacco» che complemento è? Un complemento di unione, perché indica un qualcosa che si accompagna alla scarpa? O un complemento di qualità, perché indica qualcosa che fa parte della stessa scarpa e la caratterizza?
Le stesse grammatiche, per i complementi *borderline*, propongono classificazioni differenti. Qui conta non tanto la classificazione quanto l'argomentazione che la accompagnerà: si tratta davvero di «riflessione sulla lingua».

IDEA 36

SMONTARE E RIMONTARE UN SONETTO IN MODO «POCO» POETICO

La metrica non è così difficile come sembra e spesso i ragazzi e le ragazze che amano il rap sono già capaci di leggere ritmicamente le canzoni e quindi, per esteso, i testi poetici.
Si può iniziare proponendo alla classe un sonetto in forma di prosa, a mo' di rompicapo.[4]
Gli alunni rimuginano, contano le sillabe... e alla fine si approda alla ripartizione in endecasillabi, con individuazione delle parole-rima e della vocale tonica in ciascuna di esse.

ATTENZIONE

Bisognerà saper classificare le parole sulla base della posizione dell'accento:

- *sdrucciole,* se l'accento è sulla terzultima sillaba
- *piane* (la norma), se l'accento è sulla penultima sillaba
- *tronche,* se l'accento è sull'ultima sillaba.

L'operazione di cui sopra servirà per capire i versi sulla base delle parole-rima (ossia delle parole finali di ogni verso):

- se è *sdrucciola,* l'endecasillabo ha 12 sillabe
- se è *piana,* l'endecasillabo ha le canoniche 11 sillabe
- se è *tronca,* l'endecasillabo ha 10 sillabe.

[4] L'ispirazione viene dal volume *Introduzione alla letteratura* di F. Brioschi, M. Fusillo e C. Di Girolamo (2012), Roma, Carocci, nel quale gli autori si divertono a mascherare alcuni endecasillabi all'interno di un testo in prosa, invitando i lettori a riflettere sulla metrica: «Un verso, d'altra parte, può passare inosservato se compare in prosa, fuori dal suo contesto naturale; per esempio, nessun lettore forse si sarà accorto che in questo momento ha sotto gli occhi degli endecasillabi» (p. 84).

SUBITO IN PRATICA

Si passa quindi alla parte creativa. Il sonetto non è improvvisazione ma metodo e il metodo consiste anche nell'inquadrare matematicamente i versi, suddividendoli in sillabe. Può aiutare l'esempio proposto in tabella 4.1, su cui si può lavorare in digitale o in cartaceo (con matita, perché tutto sia reversibile).

Qui gli alunni comporranno il proprio sonetto secondo le indicazioni date dall'insegnante, per le quali si forniscono sotto degli spunti:

- che abbia un dato schema di rima (ad es. ABAB / ABAB / CDE / CDE);
- che abbia una rima tra parole non piane (quindi tronche o sdrucciole);
- che abbia una rima imperfetta (assonanza, consonanza), se trattata in classe;
- che contenga — oltre alle rime — qualche altra figura di suono fra quelle trattate in classe (onomatopea, allitterazione, ecc.);
- che contenga una figura di significato fra quelle trattate in classe (metafora, sineddoche, ecc.);
- che contenga una figura di costruzione fra quelle trattate in classe (anafora, epifora, ecc.);
- che contenga una figura di pensiero fra quelle trattate in classe (ironia, iperbole, ecc.).

I lavori realizzati dalla classe verranno raccolti in una silloge, cartacea o digitale (ad esempio in versione *booklet*).

CONSIGLIO SOS

Nel web ci sono interessanti strumenti che permettono di reperire rime quando manca l'ispirazione: basta cercare «rimario» per ritrovare, in cima alla ricerca, diverse risorse utili.

TABELLA 4.1

«Smontare» un sonetto: schema per suddividere i versi in sillabe.

Strofa	Verso	Sillaba											
		1	2	3	4	5	6	7	8	9	10	11	12
1ª Quartina	1												
	2												
	3												
	4												
2ª Quartina	5												
	6												
	7												
	8												
1ª Terzina	9												
	10												
	11												
2ª Terzina	12												
	13												
	14												

IDEA 37

UN PERCORSO DI ESCAPE BOX

Da qualche anno nel mondo dello svago imperversano le *Escape room*, che vengono utilizzate sempre più nella didattica, perché attivano competenze disciplinari e anche trasversali (si pensi a *soft skills* quali: *team working*, problem solving, saper comunicare, resistenza allo stress).
Le *escape* sono degli ambienti, virtuali o reali, da cui il giocatore deve evadere (fisicamente o idealmente), risolvendo enigmi e trovando elementi che lo aiutino a fuggire. Ne esistono diversi formati:

- *Escape game* in versione «punta e clicca», per computer e in versione app;
- *Escape room* live, ambienti dal vivo;
- *Escape box*, la versione smart delle *Escape room*, costituite da una serie di contenitori da aprire;
- *Escape boardgame*, ossia giochi da tavolo;
- *Escape book*, ovvero libri con percorso di fuga.

L'uso didattico delle escape spazia dalla fruizione (con meta-riflessione e condivisione di sensazioni ma anche finalizzata alla produzione di recensioni o *walktrough*) alla progettazione-creazione.
Modalità e strumenti dipenderanno anche dall'impostazione che avrà la scuola del futuro dopo l'emergenza coronavirus:

- la modalità può essere individuale o collaborativa o mista;
- lo strumento può essere analogico o digitale o misto.

SUBITO IN PRATICA

Dopo aver fatto cimentare gli alunni in uno dei tanti *Escape game* on line, li si invita a realizzare il proprio *Escape box*, che deve essere articolato in:

- un elemento da aprire (un contenitore che si possa chiudere con un lucchetto virtuale o reale);
- un elemento con cui aprire (una chiave, un codice, una password, uno strumento);

- un enigma che fornisca un indizio;
- qualche distrattore, che «confonda le acque» e faccia perdere tempo ai giocatori.

Con gli alunni si può realizzare un percorso di *Escape box* partendo dal lavoro individuale, per poi approdare al lavoro di gruppo. Un esempio di attività mista sia riguardo alla modalità che riguardo agli strumenti è il seguente:

- si divide la classe in piccoli gruppi;
- ogni studente realizza il proprio *Escape box* utilizzando oggetti portati da casa e aumentandolo con QR-code che conduce a risorse on line;
- ogni studente mostra e spiega il proprio *Escape box* ai compagni di gruppo;
- all'interno di ogni gruppo, si raccordano tutti gli *Escape box* realizzati, con un filo conduttore e in modo che ciascuno fornisca un elemento per la «chiave finale».

SPUNTI DI RIFLESSIONE

Si possono realizzare dei percorsi *Escape* in digitale, ricorrendo a strumenti come webware che forniscono template appositi (come Genially), o webware/software che permettono di proteggere contenuti/pagine con password. Fra queste: piattaforme per realizzare siti web (Wordpress o Wix), bacheche collaborative (Padlet) o anche software di scrittura (Word e analoghi). In questi casi, gli alunni svilupperanno anche competenze tecniche più specifiche.

IDEA 38

DIAGRAMMI DI VENN PER COMPARARE CORRENTI E MOVIMENTI LETTERARI

In Italiano si impara a sintetizzare, analizzare, comparare; in particolare, per quest'ultima attività, serve avere una visione d'insieme. In Letteratura, ad esempio, bisogna essere capaci di cogliere analogie e differenze fra diverse correnti letterarie: in tal senso, è interessante usare i diagrammi di Venn.

SUBITO IN PRATICA

Si presenteranno alla classe i diagrammi di Venn, mostrando come 3 circonferenze (ciascuna delle quali relativa a un movimento letterario) si intersechino fra loro dando luogo a porzioni in cui vanno inscritte le caratteristiche delle correnti letterarie relative alla circonferenza di appartenenza. Si può usare il template riprodotto in figura 4.3, adattabile anche a differenti contenuti.

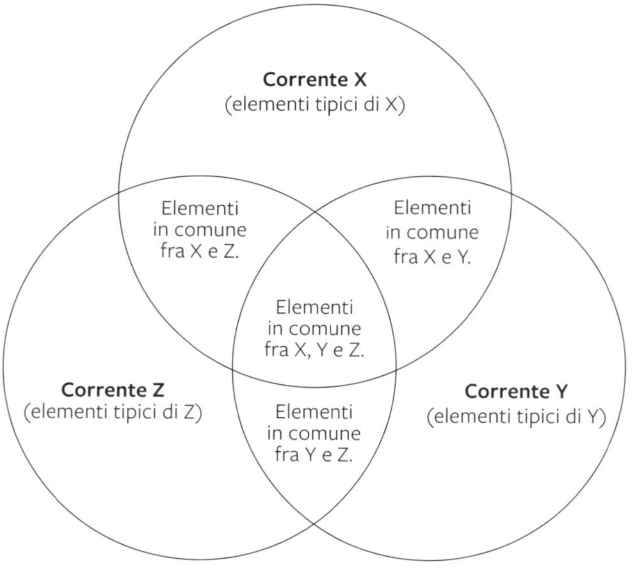

Fig. 4.3 Template per analizzare le correnti letterarie con un diagramma di Venn.

Nell'ambito della Letteratura italiana, si possono effettuare analisi comparative fra:

- Romanticismo, Scapigliatura e Verismo
- Scapigliatura, Verismo e Decadentismo
- Decadentismo, Futurismo e Crepuscolarismo
- Ermetismo, Neorealismo, Neo-Avanguardia.

Si possono inoltre fare anche comparazioni fra correnti letterarie lontane nel tempo, per vedere come certi elementi/caratteristiche ritornino ciclicamente.
Riguardo a modalità e strumenti, il lavoro può essere svolto individualmente o in gruppo, in digitale o in cartaceo.

SPUNTI DI RIFLESSIONE

Su carta, i diagrammi di Venn si possono realizzare con compassi (se disponibili) oppure con oggetti circolari.
In digitale, si può ricorrere agli strumenti grafici dei programmi di scrittura oppure a webware appositi (come Canva).

IDEA 39

IMPARARE AD ARGOMENTARE CON LE CHAT

Fra le idee delle Avanguardie Educative dell'INDIRE, quella del *debate* (argomentare e dibattere) si rivela particolarmente complessa e interessante se un alunno o un gruppo deve argomentare una posizione differente (addirittura opposta) rispetto alla propria.

Quante volte, nella vita di tutti i giorni, abbiamo rapidi scambi — tramite messaggistica o chat — su tematiche serie e impegnative (politica, religione, scelte di vita, ecc.) e dobbiamo sforzarci di individuare la formula più sintetica per esprimere un concetto complesso?

La sintesi non è meno importante dell'analisi: spesso dobbiamo convincere qualcuno della bontà della nostra idea avendo pochi minuti a disposizione. In quest'ottica è stato concepito l'*elevator pitch:* ossia un discorso veloce, di poche parole (5 minuti al massimo), con il quale bisogna convincere il proprio interlocutore a finanziare una propria idea o un proprio progetto.

Una versione agile e stringata del *debate* è quella appunto che si può realizzare tramite una finta chat o messaggistica.

ATTENZIONE

Quando si deve essere molto sintetici (ad esempio, per scarsità di tempo o di spazio in cui scrivere o di caratteri a disposizione) conviene sostituire le proposizioni con i complementi corrispondenti: qui si rivelano utili a livello pratico le competenze grammaticali.

SUBITO IN PRATICA

La letteratura fornisce moltissimi esempi di *debate* ante litteram: si pensi, per citarne uno, al *Dialogo sopra i due massimi sistemi del mondo,* il trattato che Galileo Galilei scrisse fra il 1624 e il 1630, che dà voce, appunto in forma dialogica, alla confutazione del sistema tolemaico-aristotelico in favore del sistema copernicano.

Nella nostra idea, ogni alunno oppure ogni coppia argomenta due posizioni contrapposte (riguardo a una tematica concordata in classe), impersonando due personaggi fittizi che interagiscono in una chat. Nell'esempio rappresentato in figura 4.4, un carnivoro contesta un vegetariano che dovrà poi, a sua volta, smontare la tesi del carnivoro.[5]

Fig. 4.4 Esempio di chat in cui due alunni argomentano due posizioni contrapposte.

CONSIGLIO SOS

Esistono diversi generatori di finte chat. Un webware con cui realizzare dibattiti via messaggistica è ios7text.com.
In alternativa, si possono usare programmi di scrittura con inserimento delle nuvolette.

[5] Precisazione: l'autrice è vegetariana e nella finta chat ha scritto alcune delle frasi che spesso le sono state rivolte...

IDEA 40

VISUAL CURRICULUM PER FAVORIRE L'AUTORAPPRESENTAZIONE E LA METACOGNIZIONE

Nella scuola secondaria di primo grado è importante che ciascuno degli alunni acquisisca o rafforzi la consapevolezza della propria persona a tutto tondo, soprattutto in vista della scelta degli studi da svolgere dopo (scuola superiore, università) e di un inserimento nel mondo del lavoro. Per gli studenti questo è un concetto astratto e lontano, per i genitori no. Infatti, dai colloqui con le famiglie scaturisce che esse individuano, nelle attività scolastiche, quelle con un'utilità a lungo termine, relativa a un inserimento nel mondo del lavoro. Spesso, le aziende chiedono ai candidati non più il curriculum vitae europeo bensì qualcosa di più originale e dinamico.
Esistono dei webware che realizzano dei visual curriculum on line, ai cui template ci si può ispirare anche per la realizzazione di visual curricula analogici.

CONSIGLIO SOS

I *webware* con cui realizzare visual curriculum sono tanti (Canva, Genially, Prezi, ecc.), ma si può adattare all'uso anche un programma come Power Point.

SUBITO IN PRATICA

In classe si può cercare su internet qualche curriculum visuale e analizzarlo considerando:

- in quali parti è articolato;
- quali sono i punti di forza (come: chiarezza, leggibilità) e di debolezza (come: prolissità, scarsa rappresentatività).

Alla luce dell'analisi effettuata, gli studenti dovranno individuare le aree tematiche in cui articolare il proprio *visual curriculum*, ad esempio:

- gli studi effettuati (su questo punto i ragazzi avranno ancora poco da dire);

- le attività scolastiche extracurricolari (come FabLab o laboratori di produzione video);
- le lingue conosciute (quindi, in genere, quelle studiate a scuola);
- gli sport praticati;
- altre esperienze (ad esempio, aiuto in famiglia) e viaggi.

Se realizzato in digitale, si può arricchire il curriculum rendendolo cross-mediale, con l'inserimento di altre risorse come, ad esempio, un brevissimo video e l'*embed* (incorporamento) di lavori svolti (una sorta di portfolio). Devono essere contenuti brevi e significativi: i ragazzi dovranno essere in grado di dire molto senza tediare il potenziale datore di lavoro.

ATTENZIONE

Molto importante è la scelta o la creazione di un template. Si può individuare una metafora, come quella della linea del tempo o della scrivania sulla quale si trovano i post-it con le diverse sezioni del curriculum.

BIBLIOGRAFIA

AA.VV. (2011), *Principi di comunicazione visiva e multimediale: fare didattica con le immagini,* Roma, Carocci.

Anichini (2010), *Il testo digitale,* Milano, Apogeo.

Ardissino E. (2011), *Leggere poesia: 50 proposte didattiche per la scuola primaria,* Trento, Erickson.

Beltrami G. (2017), *Lego® serious play® pensare con le mani: Valore per le persone, valore per le organizzazioni,* Milano, FrancoAngeli.

Biondi G., Borri S. e Tosi L. (2016), *Dall'aula all'ambiente di apprendimento,* Firenze, Altralinea.

Borri S. (2018), *The Classroomhas Broken. Changing School Architecture in Europe and Across the World,* Firenze, INDIRE.

Brioschi F., Fusillo M. e Di Girolamo C. (2012), *Introduzione alla letteratura,* Roma, Carocci.

Cairo (2013), *L'arte funzionale. Infografica e visualizzazione delle informazioni,* Torino, Pearson.

Carminati C. (2011), *Perlaparola: Bambini e ragazzi nelle stanze della poesia,* Modena, Equilibri.

Dal Maso C. (2018), *Racconti da museo: Storytelling d'autore per il museo 4.0,* Bari, Edipuglia.

Ferretti N. (2004), *La parola nascosta. Percorsi didattici nella poesia,* Roma, Carocci.

Guastavigna M. (2007), *Graficamente. Modelli e tecniche per rappresentare, apprendere, elaborare,* Roma, Carocci.

Hamer-Morton J. (2018), *Escape Room Puzzles,* London, Carlton Books.

INDIRE, Lorenzoni F. e Tosi L. (2019), *Fare didattica in spazi flessibili: Progettare, organizzare e utilizzare gli ambienti di apprendimento a scuola,* Firenze, Giunti.

Johnson H.E. (2017), *Breaking into breakout boxes: Escape rooms in education,* Wroclaw, Amazon.

Lo Duca M.G. (2004), *Esperimenti grammaticali. Riflessioni e proposte sull'insegnamento della grammatica dell'italiano,* Roma, Carocci.

Maestri A., Polsinelli P. e Sassoon J. (2015), *Giochi da prendere sul serio: Gamification, storytelling e game design per progetti innovativi,* Milano, FrancoAngeli.

Maglioni A. e Panzarasa N. (2005), *Le parole dentro di noi. Proposte di grammatica per la scuola primaria,* Roma, Carocci.

Pireddu M. (2018), *Social learning: Le forme comunicative dell'apprendimento,* Milano, Guerini Scientifica.

Petrucco C. e De Rossi M. (2009), *Narrare con il digital storytelling a scuola e nelle organizzazioni,* Roma, Carocci.

Pontis M. (2015), *Autismo e bisogni educativi speciali: Approcci proattivi basati sull'evidenza per un'inclusione efficace,* Milano, FrancoAngeli.

Pozzo G. e Pieri M. P. (2008), *Educare alla lettura: Processi, strategie, pratiche in L1 e L2/LS,* Roma, Carocci.

Serianni L. (2010), *L'ora d'italiano. Scuola e materie umanistiche*, Bari, Laterza.

Tanoni I. (2003), *Videogiocando s'impara. Dal divertimento puro all'insegnamento-apprendimento,* Trento, Erickson.

Vizzari A.R. (2008), *Impariamo l'analisi logica. Attività per esplorare la struttura della frase e i complementi. Kit. Con CD-ROM,* Trento, Erickson.

Vizzari A.R. (2012), *Esercitarsi con l'analisi logica. Schede operative sui complementi e la struttura della frase,* Trento, Erickson.

Vizzari A.R. (2018), *Escape Room nella Didattica,* «Bricks» anno 8, n. 5.

Vizzari A.R. (2019), *Tablet delle regole di italiano,* Trento, Erickson.

Vizzari A.R. (2019), *Rappresentazioni visuali di sintassi del periodo.* In Ricerca e Sviluppo Erickson, *Insegnare domani nella scuola secondaria – Prova orale: progettare e condurre una lezione,* Trento, Erickson.

Vizzari A.R. (2020), *La casa nel bosco. Esplora, risolvi e impara la grammatica* (*escape book*), Trento, Erickson.

Vizzari A.R. e Farmeschi N. (2016), *Astuccio delle regole di italiano,* Trento, Erickson.

INSEGNARE MATEMATICA A DISTANZA E IN PRESENZA

di Valeria Razzini

IDEE 41-50

INTRODUZIONE

L'anno che è appena passato è stato un anno incredibile per la scuola italiana e, ovviamente, non solo. Improvvisamente tutti ci siamo ritrovati rinchiusi nelle nostre case — chi prima e chi poi — nel tentare, con il semplice ritiro sociale, di contribuire a una sfida contro il tempo, perché il tempo era direttamente collegato alla perdita di vite. Insegnanti e alunni si sono salutati convinti di festeggiare il Carnevale per poi essere catapultati in una condizione emergenziale mai conosciuta prima: sconvolgente. Sì, sconvolgente è il termine più corretto, molti all'inizio non volevano neppure crederci, ma gli insegnanti si sa, per vocazione, sono pronti a tutto! Dopo un primo stordimento generale, perciò, ci si è rimboccati le maniche nel tentare di mantenere vivo il contatto con i nostri alunni, conciliando per quanto ci era possibile l'uso delle tecnologie con il sentimento che speravamo arrivasse al di là dello schermo. Personalmente, vivendo in una zona estremamente colpita dall'emergenza sanitaria, ho sentito due immediati bisogni:

- supportare i miei studenti e le loro famiglie proponendo loro attività didattiche che intrattenessero ma non comportassero la necessità di uscire di casa;
- fare il più possibile rete con gli altri insegnanti, cercando di condividere buone prassi.

Da questo approccio sono nati:

- attività didattiche convolgenti e — spero — efficaci, idee per fare matematica a costo quasi zero, praticabili a distanza e in presenza;
- un mio arricchimento nelle *digital skills;*
- in ultimo, ma non per importanza, una pagina Facebook dal titolo «Matematica in gioco», che nel giro di poco più di quattro mesi ha raggiunto i 10.000 follower.

Insomma: la quarantena per me ha rappresentato una vera rivoluzione, una situazione di crisi che, come dice il termine stesso, è stata «un momento di riflessione, di valutazione, di discernimento, presupposto necessario per un miglioramento».

In questo contributo voglio quindi condividere una piccola parte di queste mie idee, che sono certa che a settembre non abbandonerò, una selezione degli strumenti per me indispensabili per una didattica della matematica che definirei «matematica resiliente».[1]

[1] Se siete interessati ad approfondimenti (ad esempio su come insegnare matematica tramite la musica, oppure su come fare matematica outdoor), potete visitare il blog: www.matematicaingioco.wordpress.com.

IDEA 41

GIOCARE CON GLI ORIGAMI PER IMPARARE LA MATEMATICA

Giocare con gli origami è l'idea matematica più sorprendente che si possa mettere in pratica sia alla scuola primaria che alla secondaria: gli origami si prestano a offrire soluzioni per la geometria piana e a realizzare costruzioni dal grande effetto per la geometria solida, permettono di esplorare forme e strutture, e sono la migliore introduzione alla geometria dello spazio. Perfetti per la didattica sia in presenza che a distanza — perché non necessitano di materiale particolare e attivano subito gli studenti, coinvolgendo positivamente anche le loro famiglie — possono essere introdotti da brevi tutorial da registrare in differita o da proiettare con la LIM in classe. Inoltre stimolano intuizione e creatività: attitudini che di certo sono essenziali per l'apprendimento della matematica. Proviamo, ad esempio, ad aprire un qualsiasi origami, anche il più semplice: ci troveremo davanti una complessa struttura geometrica, fatta di linee, triangoli e poligoni da analizzare. Quali angoli osserviamo? Come si ottengono tali angoli e forme? Siamo stati noi stessi a tracciarli costruendo l'origami? Piegare e dispiegare un origami rivela infiniti problemi matematici.
Per lo studio della geometria, in particolare, gli origami sono estremamente utili: pensiamo a quanto è efficace definire una retta come una piega sulla carta o il punto come un incrocio di due pieghe. Si comunica non solo l'idea ragionevolmente esatta, ma si fornisce agli studenti anche un valido strumento operativo che coincide con la definizione data. La forza degli origami è che consentono di dimostrare in modo semplice proprietà anche molto complesse: basti pensare al concetto di angolo (Perona, Pellizzari e Lucangeli, 2018). Attraverso gli origami modulari è poi possibile ottenere modelli tridimensionali di solidi geometrici. Ma le potenzialità di questo strumento non si fermano alla geometria. È possibile infatti utilizzare le pieghe della carta per spiegare e visualizzare concetti algebrici, quali le potenze e le loro somme o i prodotti notevoli. Nell'ambito dell'analisi matematica, piegare la carta ci può aiutare a spiegare i limiti e le serie e ci aiuta anche nei settori matematici più

astratti come la logica: con la carta si può infatti introdurre il principio di induzione, o alcuni concetti della logica delle proposizioni. Aprendo un origami spesso poi comparirà un piano cartesiano, oppure potremo costruire un albero di Pitagora! Gli origami sono uno strumento dunque adatto a una didattica inclusiva e innovativa che riprende i concetti del *learn by doing* e del *visual learning*. Sono adatti a tutti gli stili di apprendimento, e non escludono, anzi valorizzano, lo stile cinestetico-tattile. Non a caso il legame tra origami e matematica è indagato in molte università prestigiose, come l'Università di Padova e l'Università di Phoenix.

SUBITO IN PRATICA

Costruendo un origami insieme agli alunni, possiamo:

- scoprire semplici tecniche di calcolo mentale (non è forse vero che dividendo un numero per due, e poi ancora per due, lo avrò diviso in quattro? O che se lo dividiamo in due, e poi ogni parte, in tre lo abbiamo diviso per sei?);
- scoprire, colorando le parti uguali in cui è diviso, frazioni complementari poi, piegandolo nuovamente, frazioni equivalenti e, osservando più origami identici, anche le frazioni apparenti;
- sviluppare il senso del numero (costruendo i famosi «diagrammi rettangolo» che aiutano la percezione di struttura; si veda Baccaglini Frank, Bartolini Bussi e Ramploud, 2013);
- lavorare sulla simmetria notando e individuando gli assi.

SPUNTI DI RIFLESSIONE

Piccola scoperta nella scoperta, per esplorare la simmetria e non solo a scuola, è l'universo del *Paper cutting*, arte «cugina» degli origami, ovvero arte del ritaglio della carta, nata in Cina nel IV secolo D.C. ed estremamente affascinante, che permette di scoprire la simmetria assiale semplicemente con carta e forbici. Inoltre, conoscete «Inferno e paradiso»? Quel bellissimo origami che facevamo da bambini, nel quale inserendo le dita con rapidi movimenti ponevamo al nostro interlocutore 4 alternative a seconda del suo «Stop»? Oltre agli innumerevoli approfondimenti geometrici che possiamo trarre dalla sua costruzione, possiamo creare velocemente versioni matematiche scrivendo sotto alle «alette» formule geometriche o fatti aritmetici di cui richiamare a memoria il risultato.

IDEA 42

FARE DIDATTICA CON IL *DIGITAL STORYTELLING*

Il *digital storytelling* è la narrazione realizzata con strumenti digitali e consiste nell'organizzare contenuti selezionati dal web in un sistema coerente, retto da una struttura narrativa, in modo da ottenere un racconto costituito da molteplici elementi di vario formato (video, audio, immagini, testi, mappe, ecc.). L'emergenza sanitaria ci ha costretti a familiarizzare con questa pratica, usando filmati, grafici, diagrammi, mappe, animazioni digitali e svariati materiali online: strumenti potentemente utili a rinnovare le metodologie didattiche, ma che prima faticavamo a introdurre efficacemente all'interno della scuola. Molti docenti si sono reinventati e si sono lanciati con entusiasmo in questa nuova avventura, ma per lavorare con il *digital storytelling* nella didattica non ci si può improvvisare, dunque può essere utile seguire un processo che preveda:

- l'individuazione di un obiettivo di riferimento della disciplina;
- l'individuazione dell'argomento da affrontare;
- la stesura di uno *script;*
- la creazione di uno *storyboard* e di un tessuto narrativo.

Sì, perché la narrazione è la protagonista di questa metodologia che, se ben usata, può rivelarsi un vero e proprio valore aggiunto per le lezioni di matematica, sia a distanza che in presenza.
Ma cosa rende così efficace il *digital storytelling* nella didattica della matematica? Innanzitutto, due sue caratteristiche:

- la narrazione, che inserisce concetti matematici in uno sfondo che li rende ricchi di senso e di significato;
- la visualizzazione, che facilita nel fruitore dei nostri contenuti la massima immersione nel racconto e favorisce l'immaginazione.

Ma partiamo da quest'ultima: più volte è stato detto dell'importanza della memoria visuo-spaziale nell'apprendimento della matematica, ma poche volte è stato ricordato quanto ingaggiarla possa favorie l'allenamento e l'immaginazione durante la risoluzione dei problemi matematici. Ma la narrazione? La narrazione in matematica è fondamentale, le restituisce un contatto con la realtà, dà all'alunno una spiegazione di quello che sta facendo e una motivazione per attivarsi, senza contare che anch'essa favorisce l'immaginazione. Del resto, numerosi studi di neuroscienze, come quelli di Roger Shank (1990) e di Renate e Geoffrey Caine (1994), confermano l'importanza delle modalità narrative nel processo d'apprendimento, e Gardner (2009), nel suo *Sapere per comprendere,* sostiene che gli approcci narrativi nella didattica favoriscono l'utilizzo integrato di varie dimensioni dell'intelligenza.

Insomma, sono svariati i motivi che ci ricordano che il *digital storytelling* è prezioso in matematica. E lo è in entrambe le sue forme: la prima, più adatta alla scuola secondaria, prevede il suo utilizzo come strumento con cui rendere gli studenti non solo fruitori ma artefici di prodotti multimediali; la seconda — che si addice sia alla scuola primaria che a quella secondaria — comporta la realizzazione, da parte dell'insegnante, di presentazioni filmate, cartoons, fumetti per i propri alunni, al fine di spiegare o approfondire un determinato argomento di matematica.

SPUNTI DI RIFLESSIONE

Supponiamo che un docente abbia preparato un video per i suoi alunni, di 15 minuti circa, da mostrare loro alla lavagna multimediale l'indomani, ma che quel giorno molti siano assenti: quel video, tramite registro elettronico, potrebbe essere messo immediatamente a disposizione di chi è a casa, magari con un breve audiocommento del docente e qualche esercizio di potenziamento (anche gli stessi assegnati alla classe). In questo modo, senza particolari sforzi aggiuntivi, si lavora in modo inclusivo ma trasversale, facendo rete e non spezzando completamente quel saldo ponte tra scuola e casa che si è formato nei mesi dell'emergenza sanitaria.

SUBITO IN PRATICA

I tools di digital storytelling possono essere divisi in tre categorie:

- tools per la creazione di presentazioni con slides
- tools per la creazione di filmati/cartoons
- tools per la creazione di fumetti.

Ecco di seguito un esempio di tool per ognuna di queste tre categorie, adatti sia alla scuola primaria che alla secondaria, e per entrambi gli indirizzi citati (studente come fruitore o studente come creatore attivo).

- *Genial.ly* è uno strumento gratuito molto ricco e versatile per creare presentazioni, video e giochi interattivi; grazie all'enorme scelta di grafiche e template preimpostati, è di facile utilizzo e si può proporre come strumento attivo per gli studenti. È molto utile anche per creare presentazioni interattive;
- *Renderforest* assomiglia molto a Powtoon, ma è molto meno conosciuto e molto più semplice da usare; anch'esso grauito, permette di creare video velocemente e di solito viene molto apprezzato dagli studenti per la possibilità di creare slides con grafica 3D;
- *Make Bìelieve Comix* è un'applicazione molto semplice e a tratti limitata, ma per questo adatta anche agli alunni della primaria, per la trasformazione di semplici problemi matematici in strisce di fumetti, creata da una collaborazione tra Bil Zimmerman e Tom Bloomm; i fumetti possono anche essere immediatamente salvati su USB o stampati.

IDEA 43

SCOVARE LA MATEMATICA NELL'ARTE

La matematica e l'arte hanno una lunga, storica relazione: gli artisti infatti utilizzavano la matematica già nel IV secolo A.C., quando lo scultore greco Policleto scrisse la sua *Canon*, la prescrizione di proporzioni in base al rapporto 1: $\sqrt{2}$ per l'ideale nudo maschile. Numerose e note, poi, sono le pubblicazioni sull'uso del rapporto aureo in arte antica e in architettura, la più importante quella di Luca Pacioli, autore dell'influente trattato *De Divina proportione* (1509), illustrato con xilografie di Leonardo da Vinci, sull'uso del rapporto aureo in arte. In particolare, Leonardo si servì del rapporto aureo per la realizzazione dei suoi tre capolavori: la Gioconda, l'Ultima cena e l'Uomo di Vitruvio.
Partendo da questo punto fermo — il rapporto aureo — quali sono gli spunti che possiamo trarre dall'arte per la didattica della matematica? Sarebbe il caso di descrivere il rapporto tra arte e didattica della matematica come un rapporto a due direzioni: dall'arte alla matematica e dalla matematica all'arte. In entrambi i casi, lo scambio tra le due discipline è plurimo e multifunzionale, poiché:

- favorisce l'interesse degli studenti verso la matematica, aiutandoli a comprenderne la bellezza e il rapporto stretto con l'estetica della realtà che ci circonda;
- abbassa le difese degli studenti, soprattutto quelli con difficoltà di apprendimento o disturbi specifici, che hanno uno stile di apprendimento principalmente visivo, non verbale o cinestetico-tattile, e hanno problemi con la lezione tradizionale.
- rende le lezioni a distanza facilmente gestibili, sfruttando canali come quello visivo non verbale e cinestetico, decisamente efficaci nella modalità DaD.

SUBITO IN PRATICA

Per proporre agli alunni attività concrete, partiamo dalla prima direzione di questo rapporto: dall'arte alla matematica.
Dall'osservazione di quadri e dalla copiatura di opere o oggetti dal vero si può partire per lo studio della prospettiva, ma anche delle proporzioni. Se voglio copiare sul mio quaderno un oggetto più piccolo ma perfettamente proporzionato all'originale, ad esempio, devo innanzitutto capire quale rapporto lega la larghezza dell'oggetto alla sua altezza, e creare un rapporto uguale nel mio disegno, ma più piccolo: fare questa operazione non significa forse fare uguaglianze o equazioni?
Osservando, ad esempio, opere d'arte dei protagonisti della Bauhaus, posso studiare le proprietà delle rette parallele e, con squadra e righello, imparare a disegnare rette perpendicolari; partendo da molte altre opere di arte contemporanea, posso studiare e creare angoli formati da rette tagliate da una trasversale.
E che dire dell'arte islamica, che sfrutta le simmetrie e le tassellature (punto di partenza per studiare poligoni regolari e isometrie), o dell'arte sacra occidentale, dalla quale si può partire per lo studio dei solidi platonici e anche dei solidi archimedei (pensiamo alla basilica di San Marco a Venezia)? Senza contare l'arte orientale per lo studio delle circonferenze (*mandala* ed *enso*) e dei frattali.
Per quanto riguarda invece la seconda direzione — dalla matematica all'arte — essa è la più trascurata eppure la più rivoluzionaria, perché permette appunto di fare arte e immagine partendo dalla matematica, ma in che modo? Ad esempio, rendendo piena una pagina vuota grazie a delle tassellazioni, oppure creando disegni intorno a delle noiose operazioni in colonna, oppure trasformando un numero decimale in un'opera di arte contemporanea, oppure ancora creando fiori sovrapponendo più circonferenze con l'uso del compasso.

CONSIGLIO SOS

Un'idea eccellente, che piace sempre agli studenti, è la creazione di mandala con l'uso di compasso, righello e goniometro da 360°. I mandala sono un ottimo modo per studiare: simmetria, circonferenza, raggio, diametro, angoli, apertura del compasso, ecc.

IDEA 44

PROBLEMI PER IMMAGINI, IMMAGINI PER PROBLEMI

In una ricerca di qualche anno fa, Di Martino e Zan (2005) hanno chiesto a più di 1800 allievi (dalla prima classe di scuola primaria all'ultima della secondaria di II grado) di raccontare la propria storia con la matematica, attraverso un tema autobiografico rigorosamente anonimo. Tra i risultati sostanziali emersi da questa ricerca, colpisce una prevalenza di racconti negativi di emozioni quali ansia e paura: la matematica è descritta come una disciplina di calcoli, regole e formule da ricordare. In didattica, questa visione della matematica è definita *procedurale,* proprio per l'enfasi posta sulle procedure, una visione che porterà gli allievi a cercare di memorizzare piuttosto che comprendere. Quali, dunque, potrebbero essere le soluzioni da mettere in pratica per fare in modo che l'apprendimento della matematica risulti meno frustrante e più attrattivo?
Ad esempio:

- proponendo agli alunni problemi sotto forma di immagini, come fumetti da completare (nei quali essi possono avere un ruolo attivo e anche divertirsi);
- abituandoli, fin dalle prime classi di primaria, a vedere i numeri come somme o prodotti di altri numeri (anche detti *number bonds*);
- lavorando concretamente con oggetti nelle prime classi di scuola primaria;
- rappresentando problemi con la *tecnica delle barre,* liberamente ispirata al «Metodo Singapore».

La tecnica delle barre può essere definita come una rappresentazione pittorica di un problema sotto forma — appunto — di barre (nelle quali dapprima la lunghezza è contrassegnata da caselle affinché i bambini possano percepire chiaramente la quantità), che ci aiuta a visualizzare, a comprendere come si rapportano tra loro le quantità e come si deve agire affinché il problema possa essere risolto e calcolato.

Si presta benissimo ad essere usata fin dalla classe prima di scuola primaria, dove le barre saranno formate da tanti quadratini quanti ne indica ogni dato del problema, per poi passare alle classi successive con barre meno «trasparenti» e di lunghezza simbolica. Con la tecnica delle barre, si possono risolvere all'inizio semplici problemi con storie di addizione e sottrazione (sia come parte/tutto che come differenza) e poi, perfettamente in continuità con il programma della scuola secondaria, si passa alla rappresentazione grafica di storie di moltiplicazione, divisione e problemi con le frazioni.
Con le barre si possono rappresentare quindi comparazioni, proporzioni, frazioni, percentuali ma anche addizioni e sottrazioni, e moltiplicazioni e divisioni. Si differenzia dal «Metodo Singapore» perché, in classi prima e seconda di scuola primaria, con questa tecnica si tende a far rappresentare con una seconda barra parallela alla prima il risultato (qualora si tratti di addizione o moltiplicazione), oppure il secondo dato (qualora si tratti di sottrazione o divisione), e quindi non solo con «storie di differenza».
Quali sono i vantaggi della tecnica delle barre?

- Sono sufficienti anche poche parole per spiegare allo studente il concetto espresso.
- La comunicazione del processo logico non passa tramite il linguaggio verbale.
- Si possono trattare argomenti complessi che con il procedimento classico sembrerebbero irraggiungibili.
- I simboli sono un veicolo, non la destinazione (trovo la giusta operazione).
- Il problema diventa risolvibile da tutti, qualsiasi sia lo stile di apprendimento, e non è più inaccessibile per coloro che usano in via preferenziale il canale visivo non verbale, come i bambini stranieri o con Disturbo Specifico di Apprendimento.

A dire il vero, potrebbe sparire anche completamente la spiegazione verbale dell'insegnante: basterebbe un problema visivo con fumetti e, accanto ad esso, la spiegazione espressa in poche parole, se vogliamo che l'apprendimento non passi attraverso il linguaggio verbale ma solo attraverso il linguaggio matematico, semplificato della rappresentazione grafica. Come abbiamo detto, il legame tra la tecnica delle barre e il Metodo Singapore è molto stretto. Quest'ultimo, elaborato appunto dal governo di Singapore per realizzare un efficace programma di didattica e pedagogia della matematica, individuava tre errori fondamentali e ricorrenti nell'insegnamento tradizionale di questa disciplina:

- *pensare alla matematica come computazione*, cioè il calcolare come virtuosismo, anche con grandi numeri, senza uno scopo preciso;
- *pensare all'insegnamento della matematica come «procedurale»*, ovvero far imparare agli studenti delle procedure («Per dividere una frazione per un'altra devi prendere il numeratore... e poi il denominatore... e poi questo e questo e questo...»);
- *insistere nella memorizzazione*, come ad esempio imparare le formule senza averne necessariamente capito il senso.

SUBITO IN PRATICA

Si può affrontare con la classe il concetto di *number bonds*.
Si tratta della rappresentazione grafica, solitamente raffigurata con tre cerchi tra loro collegati (sopra i fattori, sotto il prodotto), che mostra il «legame» che c'è tra i fattori di operazioni molto semplici, quelle che normalmente chiamiamo «fatti aritmetici».
Perché non proporre ai nostri studenti la creazione di *number bonds* «creativi», partendo da situazioni che richiamino le forme presenti nella realtà?
Ecco un esempio: Chiediamo agli alunni di completare le immagini della figura 5.1 mettendo nel fiore vuoto il numero mancante; questo stesso esercizio possiamo proporlo sia per l'addizione (nel vaso la somma, nei fiori gli addendi) che per la moltiplicazione (nel vaso il prodotto nei fiori i fattori).

Fig. 5.1 Number bonds.

IDEA 45

COSTRUIRE NOTEBOOK INTERATTIVI

Secondo Daniel Pennac, «ogni studente suona il suo strumento: la cosa più difficile è conoscere bene i nostri musicisti, e trovare l'armonia, perché una buona classe non è un reggimento che marcia al passo, ma è un'orchestra che prova la stessa sinfonia» (Pennac, 2008).
Cosa ci dice questa frase? Innanzitutto che la classe è un gruppo eterogeneo di persone, ognuna con le proprie caratteristiche e le proprie predisposizioni, e, secondariamente, ci ricorda che è dovere degli insegnanti riconoscere i punti di forza di ognuno e valorizzarli. Se vogliamo passare a un piano un po' più tecnico, potremmo dire che in ogni classe ci sono stili di apprendimento e stili cognitivi diversi e sta a noi adeguare la nostra didattica a questa molteplicità, diversificando il più possibile le proposte.
Ma soffermiamoci sullo *stile di apprendimento:* esso è l'approccio all'apprendere caratteristico di una persona, il suo modo tipico e stabile di percepire, elaborare e immagazzinare informazioni (Mariani, 2000).
Mariani ci ricorda che, in base ai quattro canali sensoriali in cui l'informazione può essere percepita, possiamo rappresentare altrettanti stili di apprendimento: individuato qual è il canale preferenziale per ognuno dei nostri allievi, potremo distinguere il loro stile di apprendimento tra:

- *visivo-non verbale* (colui che privilegia imparare con l'uso di foto, mappe, immagini);
  - *visivo-verbale* (colui che impara prendendo e rileggendo i propri appunti, creando e rileggendo riassunti);
  - *uditivo* (che impara molto dall'ascolto in classe, dai lavori di gruppo o a coppie, ascoltando registrazioni e audiolibri);
- *cinestetico* (che ama imparare facendo, quindi con esperienze concrete, attività che comportino uso del corpo e delle mani).

Volendo essere massimamente inclusivi, quindi, dobbiamo tenere presente che gli alunni tra i più fragili processano molto bene le informazioni che passano dai canali visivo-non verbale e cinestetico, anzi, in questi ambiti la letteratura ci dice che gli studenti con DSA hanno grandi potenzialità che, se ben allenate, possono dare grandi risultati. È importante poi insegnare ai nostri alunni, fin dalla prima infanzia, a prendere appunti e sintetizzare in modo efficace: un modo facile per farlo è abituarli a tenere un quadernetto (notebook) alternativo al quaderno di matematica, su cui registrare la sintesi di ognuno degli argomenti importanti trattati nel corso dell'anno. Quali devono essere le caratteristiche di questo quaderno?

- La copertina deve essere uguale per tutti.
- La prima pagina invece deve essere il più possibile personalizzata (collage, tassellature, autoritratti, disegno della mia famiglia, disegno delle mie passioni, disegno della mia classe, scrittura del mio nome in modo creativo, ecc.);
- Le pagine devono essere numerate dall'alunno;
- Qualcuna delle pagine finali deve essere dedicata all'indice, che verrà ovviamente aggiornato di mano in mano;
- Infine — cosa più importante — riassunti, mappe, schemi di sintesi di ogni argomento dovranno/potranno essere rappresentati anche con fogli ripieghevoli, linguette, biglietti, alette incollate e apribili, quando l'alunno voglia richiamare a memoria i concetti.

SUBITO IN PRATICA

Creare un notebook interattivo di geometria con i propri alunni è molto semplice: le forme geometriche piane saranno rappresentate ritagliando del cartoncino colorato, si possono realizzare anche scomponibili e ricomponibili, attaccando una piccola busta. Se si vuole inserire anche le forme geometriche solide, si può far ritagliare su carta spessa il loro sviluppo e, ponendo la colla solo sulla base, gli alunni potranno montarle e smontarle ogni volta che vorranno.

ATTENZIONE

Quando si lavora con i notebook interattivi (così come succede con i lapbook), dovendo invitare gli alunni a usare le forbici, converrà posizionare un contenitore di medie dimensioni su ogni banco, affinché non debbano continuamente alzarsi e per evitare che i ritagli di carta cadano in terra.

IDEA 46

ROMPICAPI E LUDOMATEMATICA

L'Enciclopedia Treccani definisce la *ludolinguistica* «quella parte della linguistica che si occupa dei giochi con le parole in chiaro, intesi in particolare come strumento di apprendimento o studio della lingua madre o di una lingua seconda; in senso concreto, l'attività consistente nell'inventare o risolvere giochi con le parole». Insomma: giochi di lingua per imparare la lingua.

E la *ludomatematica*? Del termine non v'è traccia in nessun dizionario, se non in blog e pubblicazioni, ma sempre come puro termine di fantasia: come mai? Forse perché culturalmente siamo sempre stati portati a vedere la matematica come qualcosa di serio, qualcosa con cui, insomma, non si può giocare. Può sembrare strano, infatti, parlare di aspetto ludico della matematica, eppure è lo stesso David Hilbert — uno dei padri della metamatematica — a definirla «un gioco che segue semplici regole, che riguardano segni privi di senso tracciati sulla carta»; ma anche il giovane matematico Jacob Lurie, docente ad Harvard, si esprime in questo senso: «la matematica è un enorme campo giochi, riempito di tutti i possibili giocattoli con cui la mente umana può giocare. Il manuale di istruzioni di alcuni di questi giocattoli è molto complicato» (Lurie, 2014).

Non possiamo poi non citare la *Teoria dei giochi*, alla quale aveva dato grande contributo John Nash, il quale, insieme ad altri, aveva provato a definire in termini matematici il modo in cui si comportano gli individui quando si trovano in una situazione che può portare alla vincita di qualcosa. La teoria si applica quindi a un'infinità di scenari più o meno complessi, da una partita a scacchi a come si regolamenta un mercato per gli scambi economici. Semplificando: si applicano le regole della matematica per descrivere e, in certa misura, prevedere l'andamento di un gioco o di uno scenario reale. Non dimentichiamo infine Vygotskij, per il quale il gioco non solo ha valore sul piano emotivo e cognitivo, in quanto attivatore della zona di sviluppo prossimale, ma favorisce lo sviluppo sociale dell'allievo (Chiappetta Caiola, 2012).

Ma allora? Se tutti, sia pedagogisti che matematici, sono d'accordo nell'affermare l'importanza del gioco strategico in matematica, come mai giochi di logica come Sudoku, Crucipuzzle, Crucipixel, Crucinumero, Quadrati magici, Enigmi numerici, Stringhe, Sommiramidi, Magnifici 9 non sono protagonisti nelle ore di matetica, quantomeno come «defaticamento» dopo calcoli complessi e problemi articolati? Perché lo stile cognitivo, normalmente favorito a scuola, è quello convergente, a discapito di quello divergente? Come noi insegnanti ci adattiamo agli stili di apprendimento, così dobbiamo adattarci anche a tutti gli stili cognitivi, favorendo anche divergenza e intuizione: la logica racchiude, peraltro, le predisposizioni di entrambi gli stili, in quanto massima espressione della razionalità che lascia spazio all'estro. I giochi di logica, inoltre, aumentano anche la concentrazione e danno spazio, al tempo stesso, alla concretezza e all'immaginazione: entrambe doti delle menti matematiche.

SPUNTI DI RIFLESSIONE

Molto utili, per la didattica della matematica, sono i giochi illustrati, quali, ad esempio: Unisci i puntini, Trova le differenze, Tangram, Shape puzzle, Solvemoji (enigmi per immagini). Essi hanno il grande valore di essere massimamente inclusivi perché attivano anche gli studenti più insicuri, che normalmente di fronte a giochi più strutturati e schematici (come il Sudoku) indietreggiano. Il Tangram poi è particolarmente interessante, perché permette di lavorare sulle forme geometriche, l'equiestensione, ma anche sul numero e sulle frazioni (es. «Quale frazione dell'intero rappresenta un triangolo piccolo?»).
Insomma, dobbiamo metterci in testa che la matematica, quando ci si gioca, diventa ancora di più una cosa seria!

SUBITO IN PRATICA

Volete avvicinarvi all'affascinante mondo dei quadrati magici per poi proporli ai vostri alunni? Allora potete prendere spunto da uno di questi siti:

- https://www.math.it/giochi/magici/quadrati_magici.htm (adatto per la scuola secondaria);
- https://www.lapappadolce.net/quadrati-magici-compila-conoscendo-il-numero-magico/ (adatto alla scuola primaria).

IDEA 47
MATEMATICA CINESTETICA E MULTISENSORIALE

Questa idea vuole essere un breve viaggio attraverso un nuovo, e purtroppo poco praticato, approccio all'insegnamento della matematica: quello che parte innanzitutto dalla didattica attraverso la corporeità, per abbracciare poi tutte le proposte di apprendimento che coinvolgano non solo il canale visivo ma tutti i canali sensoriali, soprattutto quello acustico e quello tattile.
La proposta prende spunto dal lavoro di Benvenuti e Grimaldi (2003), che analizza il rapporto tra didattica della matematica e approccio cinestetico-tattile. Nella scuola italiana, l'insegnamento delle discipline matematiche avviene certamente con sussidi e artefatti, ma molto poco tramite la corporeità. L'esperienza corporea e manipolativa, invece, dovrebbe precedere tutte le altre e non essere un espediente a cui aggrapparsi o a cui ricorrere come ripiego, quando tutte le alternative sono risultate fallimentari.
La separazione tra educazione motoria e matematica — precisano Benvenuti e Grimaldi — avviene senza cattive intenzioni e — aggiungiamo noi — è senz'altro più netta alla scuola secondaria che non alla primaria. Alla primaria capita spesso, infatti, che vengano proposti esercizi in palestra, con il doppio fine di allenare le competenze sportive e quelle logico-matematiche, ma ciò che farebbe davvero la differenza sarebbe inserire non solo la matematica in palestra, ma anche la motricità nelle ore di matematica. Ancora meglio, se quello che l'insegnante propone nelle ore di matematica è un apprendimento che punta anche all'incontro con i concetti, tramite esercizi o giochi dinamici e stimoli uditivi e tattili.
Samantha Bruno — una psicologa che si occupa di apprendimento con alunni con difficoltà sensoriali e Disturbi Specifici di Apprendimento e che collabora con il blog di Daniele Cassioli, noto atleta paralimpico — propone questo tipo di didattica come chiave per superare le barriere fisiche e psicologiche di accesso alla matematica che incontrano i bambini con bisogni educativi speciali. La chiama

«apprendimento cinestetico». Facciamo nostra questa definizione e, ispirandoci agli studi di Luigi Cuturi e Monica Gori per il progetto europeo «WeDraw», che a breve approfondiremo, aggiungiamo quella di «matematica multisensoriale».

SUBITO IN PRATICA

Ecco di seguito qualche proposta pratica per usare in classe la didattica multisensoriale.

Insiemistica:

- sperimentare l'intersezione e i sottoinsiemi con corde e oggetti.

Numero:

- camminare avanti e indietro su un «tappeto calcolatore» per effettuare addizione e sottrazione; saltare avanti e indietro per la moltiplicazione e divisione (Razzini, 2015);
- ripetere in coro successioni numeriche di tabelline o numeri in ordine crescente/decrescente, abbinando i movimenti del corpo da coordinare.[2]

Geometria:

- realizzare un telefono senza fili multisensoriale per scoprire una figura geometrica (disegnandone la forma sulla schiena o tracciandone il contorno con segnali luminosi);[3]
- saltare dentro a un perimetro quadrato copiando simmetricamente i movimenti di un compagno.[4]

SPUNTI DI RIFLESSIONE

Il progetto «We Draw» è un programma elaborato da un team dell'Istituto Italiano di Tecnologia di Genova, coordinato da Monica Gori, con il contributo di nove partner europei e il sostegno della Commissione Europea, che si concretizza in quattro giochi educativi con lo scopo di sviluppare un nuovo approccio multisensoriale alla matematica. Lo scopo

[2] Per approfondimenti si veda il progetto «Math and Movement»: https://mathandmovement.com/

[3] https://www.wedraw.eu/

[4] https://mathandmovement.com/

del progetto è migliorare l'apprendimento di alcuni concetti matematici particolarmente difficili (come gli angoli, le frazioni, il piano cartesiano, ecc.) mediante lo sviluppo di nuovi approcci tecnologici che propongano l'esplorazione della matematica con il corpo, i suoni, le vibrazioni. Per proporre agli alunni attività ispirate a questo programma, si può consultare il sito: https://deascuola.it/famiglie/strumenti-e-servizi/wedraw/

IDEA 48

MAPPE, SCHEMI, DIAGRAMMI DI FLUSSO

Abbiamo parlato di stili di apprendimento e stili cognitivi e di quanto sia compito dell'insegnante variare le proprie proposte per incontrarli tutti: la parola d'ordine è «diversificazione delle proposte didattiche». Tuttavia, è fondamentale una riflessione: se è vero che, da un lato, la didattica a distanza ha messo gli insegnanti in condizione di doversi completamente reinventare e, nella maggior parte dei casi, di scoprire nuovi strumenti che precedentemente faticavano a entrare nelle aule italiane, è altrettanto vero che la — amichevolmente abbreviata — DaD ha portato i docenti a limitare la tanto preziosa differenziazione delle proposte. Sì, perché l'insegnamento a distanza utilizza, per ovvi motivi, soprattutto due canali comunicativi: quello simbolico e quello iconico. Tra l'azione dell'insegnante e l'apprendimento del discente, infatti, c'è un vero e proprio processo: il processo di mediazione, il cui compito deve essere facilitare e favorire l'acquisizione del contenuto. Tale processo si realizza attraverso la messa in campo, da parte dell'insegnante, di quattro mediatori: attivi, iconici, analogici, simbolici (Damiano, 2013). Partiamo dal mediatore più vicino e praticato in matematica: il *mediatore simbolico* (lettere, numeri e altri simboli). I mediatori simbolici sono quelli che si allontanano di più dalla realtà e perciò il loro uso, se non integrato con altri mediatori, può essere rischioso per i soggetti con Disturbi Specifici di Apprendimento; sono molto usati nella lezione frontale tradizionale. Poi c'è il *mediatore iconico*, quello che ricorre al linguaggio grafico-spaziale e rappresenta le caratteristiche della realtà attraverso immagini: sono mediatori iconici le mappe, le fotografie e i filmati. Il loro grande vantaggio è quello di essere molto più vicini alla realtà di quelli simbolici. Segue il *mediatore analogico*, quello che crea situazioni analoghe a quelle reali: gioco, attività corporea, *role playing*, simulazione; esso motiva tantissimo l'alunno, tuttavia può metterci di fronte a problemi di fattibilità. Infine, dobbiamo citare quello che è stato più penalizzato dalla DaD: il *mediatore attivo*, che fa riferimento all'esperienza diretta, al *learning by doing*; un esempio molto tipico è l'esperimento scientifico.

E ora torniamo ai nostri insegnanti: fermo restando che i mediatori che si trovano necessariamente a usare in modalità DaD sono prevalentemente quello simbolico e quello iconico, perché non cercare differenziazioni al loro interno? Un codice infatti incredibilmente poco usato nelle ore di matematica, anche se in realtà molto concreto, è quello iconico: esclusa l'insiemistica (diagrammi di Venn), il problem solving (tecnica delle barre e rappresentazione con insiemi) e la logica (tabelle a doppia entrata, diagrammi di Carroll), gli organizzatori grafici per l'apprendimento sono — parliamo di didattica della matematica — purtroppo spesso utilizzati solo come strumenti compensativi per gli alunni con Disturbo Specifico dell'Apprendimento. Eppure è ormai riconosciuto che possono essere utili a tutti e in tutte le discipline, in quanto:

- favoriscono il focus attentivo;
- minimizzano il carico cognitivo;
- attivano le preconoscenze quando vengono utilizzati come anticipatori;
- aiutano a costruire modelli mentali;
- supportano il trasferimento di insegnamento;
- sostengono e accrescono la motivazione.

I mediatori possono essere divisi in base alla loro funzione. Iniziamo dalla prima: la *funzione organizzativo relazionale,* relativa appunto all'organizzazione (causale, funzionale, gerarchica, semantica) di informazioni e contenuti. Tra questi vi sono: mappe concettuali, mappe mentali, tabelle, insiemi, diagrammi di Venn. Abbiamo poi i mediatori iconici, che hanno una *funzione trasformativa,* usati per rappresentare sequenze, fasi di un processo. Tra questi, significativi in matematica potrebbero essere sicuramente i diagrammi di flusso e i diagrammi di transizione. Infine, spesso presenti nei quaderni di matematica, ci sono gli organizzatori grafici con *funzione quantitativa,* cioè gli istogrammi e gli ideogrammi. Bisognerebbe, quindi, massimizzare, nelle ore di matematica sia in presenza che a distanza, l'utilizzo di mappe mentali, mappe concettuali, tabelle, diagrammi di flusso e farli uscire dal ruolo limitante di strumenti compensativi destinati all'uso di pochi.

SUBITO IN PRATICA

- Una semplice tabella a doppia entrata potrebbe essere utilizzata tutte le volte che si vuole confrontare il comportamento delle 4 operazioni tra loro (Capuano, Storace e Ventriglia, 2013).
- Le tabelle KWL (*Know, What, Learn,* ovvero «*Cosa sappiamo, cosa vogliamo sapere, cosa abbiamo imparato*») sono molto utili ogni volta che vogliamo attivare le preconoscenze.
- Creare *mappe mentali dei numeri* potrebbe essere un rituale quotidiano: scrivendo al centro un numero (anche sotto forma di frazione), fare partire da esso tanti rami quante le rappresentazioni che ci vengono in mente.
- Le mappe concettuali si potrebbero creare con gli studenti al termine di ogni UDA, per sintetizzare tutti i concetti studiati, o anche preparate anticipatamente e consegnate prima di iniziare un nuovo argomento per annunciare agli alunni tutto ciò che li aspetta.
- Infine, diagrammi di flusso si possono realizzare per qualsiasi procedura matematica; dalla risoluzione dei problemi, all'esecuzione delle equivalenze, dalla risoluzione delle espressioni al calcolo del minimo comune multiplo.

CONSIGLIO SOS

Per provare tools online per creare mappe, consigliamo di usare Mindomo e Xmind.

IDEA 49

LA MATEMATICA DEL TANGRAM E DEI PUZZLES GEOMETRICI

Come molti sanno, il Tangram — di cui abbiamo già parlato nell'Idea 46 — consiste nella scomposizione di un quadrato in sette forme geometriche (cinque triangoli, un quadrato e un parallelogramma), a partire dalle quali è possibile costruire una serie di figure tramite la loro traslazione, rotazione e ribaltamento.

Il primo obiettivo che si persegue con il Tangram è lo sviluppo dell'immaginazione e della fantasia per creare figure e sagome di uomini, animali, case o anche figure nuove tutte equiestese. È perciò un importante esercizio di concentrazione e conoscenza delle forme geometriche, della loro visione e composizione nello spazio, che aiuta a capire la natura stessa della matematica come summa di elementi (si pensi ai numeri stessi, che sono tutti dati dalla somma di altri numeri). Poi ci sono obiettivi più prettamente geometrici: innanzitutto sono dodici i poligoni convessi che si possono comporre con i sette tan, oltre naturalmente al quadrato originario: una bella sfida trovarli tutti!

I problemi geometrici che sorgono dal Tangram, inoltre, sono molti e hanno vari livelli di difficoltà, per questo viene usato in molti progetti didattici (a partire, ad esempio, dal celebre «School Mathematics Project» della Cambridge University, che rimane ancora oggi uno dei più importanti riferimenti per la didattica della matematica).

Una non nota ma importante variante del Tangram— anche se forse questa definizione è un po' riduttiva — è il *Tongram*. È stato inventato nel 1893 da Tong Da-Nian, maestro nell'arte della pittura e della calligrafia. Il suo nome cinese è *Yi Zhi Tu*. Sono 15 pezzi di un quadrato che formano un puzzle straordinario: con essi, infatti, si possono comporre tutti i caratteri della scrittura cinese. La scomposizione è riportata in figura 5.2, con accanto il carattere «tian», «cielo».

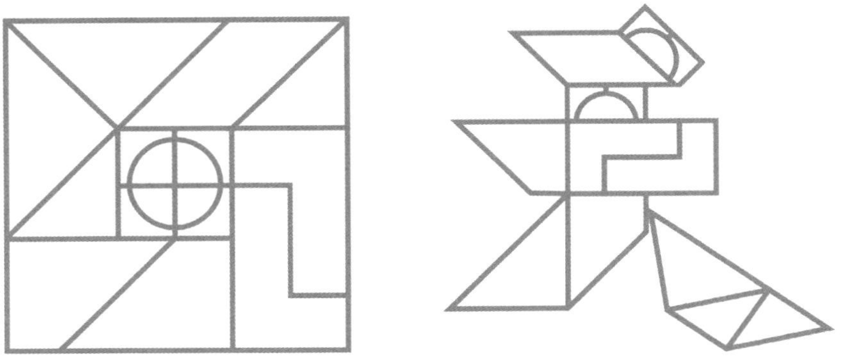

Fig. 5.2 Il Tongram.

È inoltre importante ricordare lo *Stomachion*, un puzzle di origine greca, attribuito ad Archimede di Siracusa, per questo noto anche come «la Scatola di Archimede» (anche se probabilmente quest'ultimo ne studiò solo le proprietà geometriche). Anche in questo caso non vi è nessun rapporto di «discendenza» dal Tangram che giustifichi la definizione di variante, ma, come il gemello più celebre, è un puzzle geometrico molto versatile. È composto da 14 pezzi: 11 triangoli, 2 quadrilateri e un pentagono. Disponendo questi pezzi in vari modi, si possono comporre un quadrato o un rombo, ma anche centinaia di oggetti, animali e figure, simili a quelli ottenuti con i 7 pezzi del *Tangram* (figura 5.3).

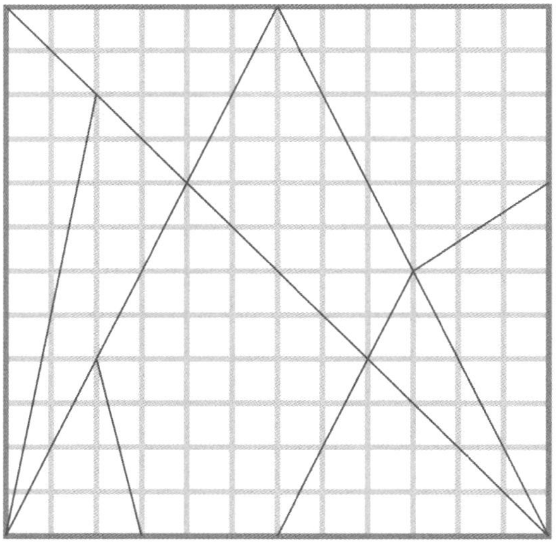

Fig. 5.3 Cartamodello per lo Stomachion.

Ma veniamo alle moderne e attualissime varianti: lo *Shape puzzle Animals,* ad esempio, composto da circonferenze, poligoni e forme non poligonali di vario genere con i quali si può lavorare anche su cerchio e circonferenza, e il *Foam pattern blocks,* una variante moderna del Tangram, composta da triangoli, quadrilateri di vario genere ed esagoni, con il quale si possono ideare tantissime proposte didattiche sia in presenza che a distanza (se ne trovano diverse soprattutto nei siti anglosassoni). Il grande vantaggio di questa variante è che i pezzi di cui possiamo disporre sono diversi ma anche identici tra loro (stessa forma, grandezza e, ovviamente, spessore), cosa che invece con il Tangram non succede: questo ci apre infinite varianti di possibilità.
Eccone due esempi:

- rappresentare articolati fiocchi di neve (attività sulla simmetria);
- usando solo i triangoli equilateri presenti nel gioco, formare quadrato, rombo, trapezio, esagono regolare (attività sui poligoni regolari).

SUBITO IN PRATICA

Per usare il Tangram con i propri studenti, si può partire ponendo loro le seguenti domande.

1. Se prendiamo come lunghezza unitaria il lato del *tan* quadrato, quali sono le dimensioni degli altri *tan?*
2. Sempre con il lato del *tan* quadrato come unità di misura, trova le altezze di ciascuno dei *tan* di forma triangolare.
3. Qual è l'ampiezza degli angoli dei sette *tan*?
4. Calcola l'area dei sette *tan,* prendendo come unità di misura l'area del *tan* di forma quadrata oppure l'area del triangolo grande.
5. Quale frazione del quadrato sono i sette *tan?*
6. Qual è l'area di ognuno dei dodici poligoni che si possono costruire con il *Tangram*?
7. Sempre con riferimento alla figura dei dodici poligoni, trova le ampiezze degli angoli di ogni poligono.

IDEA 50

I PENTAMINI PER L'APPRENDIMENTO DELLA GEOMETRIA

Il termine «polimini» fu introdotto per la prima volta da Soomon W. Golomb, nel suo articolo *Scacchiere e polimini,* pubblicato sulla rivista «American Mathematica Monthly» nel 1954. Il giovane studente di Harvard, durante una lezione di matematica particolarmente noiosa, ebbe — pare — l'idea di tracciare sulla carta quadrettata una serie di figure che avevano appunto il quadretto come punto di partenza. Successivamente si preoccupò di classificarle, individuando quante figure diverse si possono costruire con uno, due, tre, quattro quadretti. I quadratini dovevano avere almeno un lato in comune, ed erano da considerare uguali le figure che si potevano sovrapporre con un movimento rigido (riflessione, rotazione, traslazione). Fu così che nacquero i polimini, e i loro sottotipi:

- i duomini (composti da 2 quadrati)
- i trimini (composti da 3 quadrati)
- i tetramini (composti da 4 quadrati)
- i pentamini (composti da 5 quadrati).

I polimini più noti sono i *pentamini,* per la cui costruzione occorrono cinque quadrati, uniti tra di loro in modo che ciascuno di essi abbia almeno un lato in comune con il consecutivo. I pentamini sono dodici e in genere sono identificati con le lettere dell'alfabeto di cui ricordano la forma. Ma perché sono così interessanti? Perché:

- rafforzano il senso del numero (possibilità di formare numeri rettangolari);
- permettono di approfondire e interiorizzare i concetti di area e perimetro: equistensione e isoperimetria;
- consentono di lavorare e giocare con le frazioni (abbiamo un intero diviso in 5 parti uguali, possiamo lavorare sulle frazioni proprie e improrie, complementari ed anche equivalenti);
- potenziano il coordinamento oculo-manuale (ricopiando un pentamino dato secondo una precisa consegna, es. isometria).

Insomma: i pentamini sono un'ottima risorsa, praticabile sia in presenza che a distanza, che allena la mente e la coordinazione tra i nostri occhi e le nostre mani.

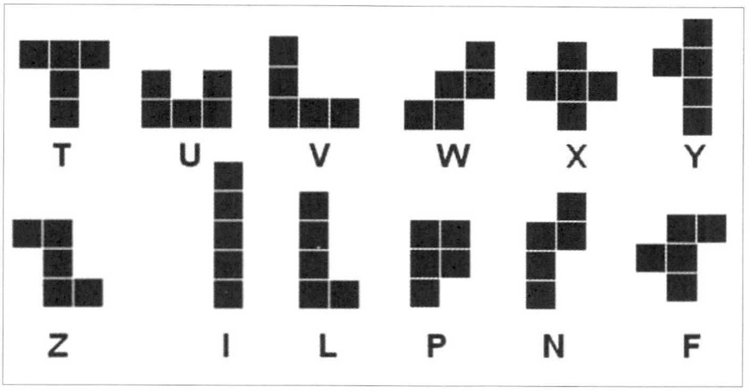

SUBITO IN PRATICA

Il classico gioco che si può proporre, sia alla scuola primaria che alla secondaria di I grado, è quello della costruzione tipo puzzle di rettangoli: si consegnano ai bambini i 12 pentamini ritagliati e si chiede loro di completare uno a scelta tra questi rettangoli:

- un rettangolo 6x10
- un rettangolo 5x12
- un rettangolo 4x15
- un rettangolo 3x20.

Per ricoprire l'intero rettangolo scelto, bisogna incastrare ovviamente tra loro tutti e 12 i pentamini, in modo da occupare tutto lo spazio e non uscire dai bordi.
I pentamini, come dicevamo, possono essere utilizzati in tutte le «direzioni»: si possono ruotare, capovolgere o spostare dove si vuole.

ATTENZIONE

Se il gioco viene proposto in modalità DaD, è sufficiente invitare gli alunni a fotografare il loro lavoro. Se vogliamo offrire loro dimostrazioni pratiche, si consiglia di caricare le foto su Jamboard e lavorare con la condivisione dello schermo.

BIBLIOGRAFIA

Baccaglini Frank A., Bartolini Bussi M.G. e Ramploud A. (2013), *Aritmetica in pratica*, Trento, Erickson.

Benvenuti C. e Grimaldi F. (2003), *La matematica con il corpo*, Trento, Erickson.

Bertacchini C. e Parenti P. (1990), *Tutti in tuta, schedario di attività integrate*, Verona, Quiedit.

Capuano A., Storace F. e Ventriglia L. (2013), *BES e DSA: la scuola di qualità per tutti*, Firenze, Libriliberi.

Capuano A., Storace F. e Ventriglia L. (2014), *Viaggio nel testo, orientarsi con le mappe, percorsi didattici inclusivi*, Firenze, Libriliberi.

Chiappetta Cajola L. (2012), *Didattica del gioco e integrazione, progettare con l'ICF,* Roma, Carocci.

Cornoldi C., De Beni R. e Gruppo MT (2015), *Imparare a studiare,* Trento, Erickson.

Damiano E. (1999), *L'azione didattica. Per una teoria dell'insegnamento*, Roma, Armando Editore.

Damiano E. (2013), *La mediazione didattica, per una teoria dell'insegnamento*, Milano, FrancoAngeli.

D'Amore B. (2015), *Arte e matematica*, Bari, Dedalo.

Di Martino P. e Zan R. (2019), *Problemi al centro, matematica senza paura*, Firenze, Giunti.

Filocamo G. (2017), *La matematica è un'opera d'arte*, Milano, Gribaudo.

Lucioli R. (1989), *Tangram*, Milano, Mondadori.

Pennac D. (2008), *Diario di scuola,* Milano, Feltrinelli.

Perona M., Pellizzari E. e Lucangeli D. (2018), *Geometria con la carta,* Trento, Erickson.

Petrucco C., Mattioli M. e Loi O. (2010), *Atti del Convegno Didamatica*, www.academia.edu.

Sheldrick Ross C. (2010), *Quadrati, triangoli, cerchi*, Prato, Editoriale Scienza.

Razzini V. (2015), *Una matematica da favola,* vol. 1, Trento, Erickson.

Stella G. e Grandi L. (2016), *Come leggere la dislessia e i DSA*, Firenze, Giunti.

SITOGRAFIA

Matematica e origami: https://bit.ly/2ZEEQOa
Quadrati e cubi magici: https://bit.ly/394BC9D
Stomachion, il puzzle di Archimede: https://bit.ly/2OEvQC1
Polimini: https://bit.ly/3eEt6iC
Tangram: https://bit.ly/2ZD4eDM
Origami, matematica e geometria: https://bit.ly/3eH35zk
Ludomatematica: https://bit.ly/30fsHy6
WeDraw: https://bit.ly/3eCb4xM
Digital storytelling: https://bit.ly/2DJIlKq
Matematica coi pentamini: https://bit.ly/394D1wV
Matematica e arte: https://bit.ly/30emORO
Mediatori didattici: https://bit.ly/2WwenQR
GRIMeD: https://bit.ly/2WtpbiJ
Una passeggiata fra arte e matematica: https://bit.ly/30idVXj
Tongram: https://bit.ly/2OAP4st
Math and Movement: https://bit.ly/30kSPHR
Math on the movebook : https://mathonthemovebook.com/
Giochi didattici : https://www.giochididattici.net/polimini/
Apprendimento della matematica: https://bit.ly/3j9BeeC
Arte e matematica: https://bit.ly/3j9BeeC
MaTHLAND Primaria: https://bit.ly/3eHm4JX
Il Metodo Singapore: https://bit.ly/2DSiS1D
La matematica del gioco: https://bit.ly/2B7lho2
Daniele Cassioli: https://www.danielecassioli.it

SVILUPPARE COMPETENZE DISCIPLINARI A DISTANZA E IN PRESENZA

di Giuditta Gottardi e Ginevra G. Gottardi

IDEE 51-60

INTRODUZIONE

Quando si parla di discipline, subito pensiamo a un insieme di ben codificati settori della conoscenza organizzati, affinché il loro insegnamento e apprendimento siano facilitati. Tuttavia, spezzettare la conoscenza in settori ha in sé un potenziale rischio, ovvero quello di creare nella mente dello studente l'idea errata che gli argomenti affrontati in discipline differenti siano slegati gli uni dagli altri. Al fine di porre rimedio a questa pericolosa china, che vede la polverizzazione dei saperi, è necessario strutturare la proposta formativa cercando di promuovere i progetti interdisciplinari, sfruttando il potenziale delle competenze trasversali.

All'inizio di ogni anno agli insegnanti viene chiesto di definire il programma in base alla classe, prefissando degli obiettivi da svolgere secondo metodologie didattiche e tempistiche consolidate.

Nel caso si rendesse necessario un periodo in DaD, il consiglio è quello di fermarsi per ricalibrare il programma in base a nuovi parametri:

- Quali difficoltà possono incontrare gli studenti lavorando a distanza?
- La connessione che hanno a disposizione è stabile?
- Come accedono alle lezioni? Mediante computer, tablet o cellulare?
- Dal punto di vista della salute, quanto tempo lo studente può passare davanti al computer?
- Oltre alle attività in sincrono, quanto tempo dedicare alle esercitazioni e ai compiti?

Occorre quindi rivedere non solo tempistiche e modalità di insegnamento, ma anche il programma; per ottimizzare ulteriormente i tempi di lavoro e l'efficacia dell'apprendimento, è opportuno costruire Unità di Apprendimento che prevedano l'utilizzo di più competenze della stessa disciplina, e coinvolgere il più possibile anche le competenze trasversali di altre discipline.

L'apprendimento delle discipline, inoltre, passa attraverso la lente delle emozioni dello studente: per questo motivo è fondamentale curare la relazione tra i membri del gruppo classe, promuovendo lo sviluppo della competenza *personale e sociale*.

Nel caso specifico della didattica a distanza, è opportuno potenziare le iniziative volte a promuovere la socialità; ad esempio, è importante prevedere dei momenti in cui raccontarsi ciò che si fa quando non si è con il gruppo, celebrare i compleanni preparando dei messaggi da mostrare sullo schermo a sorpresa, salvaguardare la ritualità, come garantire momenti conviviali (break a metà di un video meeting), organizzare viaggi d'istruzione virtuali, garantire lo spettacolo di fine anno (proporre un Talent Show la sera dopo cena), mantenere le tradizioni (se ogni anno si celebra qualche evento in particolare, cercare una modalità per renderlo possibile).[1]

Dopo l'esperienza maturata in questi mesi è emerso che alcune strategie adottate per la DaD sono efficaci e facilmente trasferibili al contesto aula. Tra queste, l'utilizzo di app (es. LearningApps) per la progettazione di esercizi interattivi che possono essere utilizzati alla LIM, oppure assegnati come compiti di consolidamento. L'utilizzo di quiz può essere trasposto in aula mediante lo svolgimento di questi esercizi alla LIM, in aula d'informatica o mediante l'utilizzo dei propri device (Bring Your Own Device — BYOD, in italiano «porta il tuo dispositivo»). Brevi video contenenti pillole di informazioni realizzati preventivamente possono essere utilizzati sia in aula per aiutarci nella spiegazione, sia essere caricati in seguito sulle piattaforme on line come ripasso.

Nelle prossime pagine andremo a proporre dieci attività, tra cui una specifica per Storia, Geografia, Scienze, Tecnologia, Arte, Musica e Educazione fisica e tre proposte pluridisciplinari. Ogni attività proposta parte da una competenza specifica del curricolo della disciplina affrontata. Per ognuna proporremo spunti operativi, sia per l'attività in aula che a distanza. Tutte, con pochi accorgimenti, sono adatte ad essere proposte sia agli alunni della scuola primaria che agli studenti della scuola secondaria di I grado.

---

[1] Possiamo portare come esempio la nostra esperienza: il 23 aprile è la Giornata Mondiale del libro e noi, ogni anno, facciamo una maratona di lettura in classe. Durante la DaD abbiamo optato per una maratona di lettura online in modalità «pigiama party», in modo da rendere speciale e memorabile l'occasione

IDEA 51

A CACCIA DI FONTI SCRITTE (STORIA)

Negli ultimi anni, e soprattutto negli ultimi mesi, i nostri studenti si sono trovati sempre più esposti a una molteplice quantità di informazioni non verificate distribuite da innumerevoli piattaforme e supporti che li raggiungono in maniera diretta sotto forma di post, video, infografiche, giornali, e in maniera indiretta attraverso l'ascolto passivo delle informazioni riportate da famigliari e amici.
Nella giungla delle informazioni, saper discernere quelle veritiere da quelle mendaci è prioritario, soprattutto visto che il tempo di lettura si sta sempre più accorciando e che molto spesso ci si ferma al titolo o alle prime righe dell'articolo. A giocare un ruolo decisivo nella circolazione delle notizie sono i social, strumenti utilizzati anche dai giovanissimi che, con un semplice click, permettono di inoltrare a migliaia di persone una notizia di cui spesso si è letto solo il titolo, corredato da un'immagine accattivante.
Una delle competenze base della disciplina della storia è proprio quella di far sì che gli studenti imparino a usare le fonti allo scopo di produrre testi e apprendere informazioni veritiere su un tema assegnato.
Assodato che i più giovani sono sempre più iperconnessi, è nostro compito condurli in un percorso di formazione all'utilizzo consapevole dell'informazione.

SUBITO IN PRATICA

Le attività proposte possono essere svolte singolarmente, a coppie o a gruppi.

Attività 1 (modalità: presenza e/o distanza in web meeting)

Presentare quali sono le fonti a disposizione: libri, giornali cartacei (mostrando più testate ed evidenziando eventuali correnti politiche), testate giornalistiche on line (anche in questo caso facendo più esempi), post tratti da social network, telegiornali, documentari, ecc. Ragionare su come riconoscere le fonti attendibili.

Attività 2 (modalità: presenza e/o distanza in web meeting)

Svolgere un lavoro di ricerca su un avvenimento di cronaca. Sarà necessario recuperare almeno due testate giornalistiche cartacee e due testate on line che riportino tutte il medesimo fatto di cronaca. Nel caso si lavori in classe, si potranno leggere i giornali insieme e guardare gli articoli online alla LIM o al PC (sarebbe comunque opportuno prevedere delle copie cartacee per gli studenti per poter scrivere appunti o sottolineare informazioni importanti); nel caso di DaD, si potranno inviare le scansioni del giornale cartaceo e i link degli articoli on line. Una volta reperiti i materiali, analizzare e confrontare i vari testi alla ricerca di somiglianze e divergenze, analizzare il tipo di titolo riportato in relazione al testo ed eventuali fonti iconografiche. Le informazioni comuni a più testi sono quelle che saranno più probabilmente veritiere.

Attività 3 (modalità: presenza e/o distanza in web meeting)

Cercare la stessa notizia sui social network e leggere i commenti degli utenti per verificare se le informazioni vengono commentate correttamente o se i fatti sono travisati, a causa di una lettura poco approfondita dell'articolo o a causa di dettagli riportati dagli articoli stessi.

ATTENZIONE

Scegliere la notizia in base all'età degli studenti e alle loro conoscenze pregresse sull'argomento.

SPUNTI DI RIFLESSIONE

«Ma se lo hanno condiviso la mamma/il mio amico/il cugino della sorella di un mio conoscente, allora è vero?» È necessario far comprendere agli studenti che nessuno è infallibile e che dubitare e verificare un'informazione non è segno di malafede, ma un diritto e un dovere di cittadino responsabile.

IDEA 52

«SPIARE» IL MONDO DALLO SCHERMO (GEOGRAFIA)

Non c'è niente di più bello che poter esplorare il mondo dal vivo, passeggiando per le strade o in un bosco, annusando l'aria in riva al mare, meravigliandosi mentre si guarda con la testa all'insù un grande edificio, ma... ma se siamo a scuola (o a casa), e se per qualche ragione non possiamo raggiungere il luogo che vorremmo visitare e conoscere, come possiamo fare?
Con le tecnologie a nostra disposizione il mondo intero è un sorvegliato speciale con occhi puntati in tutte le direzioni (telecamere e satelliti). Negli anni molti servizi di telecamere hanno messo a disposizione on line la possibilità di essere utilizzate dagli utenti del web. Queste telecamere ci permettono di osservare il mondo in maniera più veritiera rispetto a un documentario confezionato per la grande distribuzione. Nell'osservazione delle principali piazze del mondo è possibile vedere la vita vera delle persone, come si muovono, come si vestono, come interagiscono tra di loro, e non quella studiata per gli spot pubblicitari o i documentari. Esistono occhi puntati in tutte le direzioni: molti parchi naturali hanno installato «fototrappole» che mostrano il passaggio degli animali selvatici, ci sono telecamere puntate negli zoo, vicino a nidi di uccelli in città, oppure telecamere che mostrano il tempo meteorologico in un dato luogo o la condizione del traffico sulle autostrade. Essenziali per la conoscenza della geografia sono le competenze legate all'orientamento e al linguaggio della geograficità, che sono elementi fondamentali per la comprensione del territorio.

SUBITO IN PRATICA

Presentare l'applicazione Google Earth ed esplorarne alcune sezioni (modalità: presenza e/o distanza in web meeting):

- «CERCA» permette di trovare qualsiasi luogo;
- «VISIONE PERSONALIZZATA»: modalità nella quale possiamo scegliere le impostazioni aggiungendo o togliendo alcuni elementi tra cui il

reticolo stradale, i nomi dei corsi d'acqua, le etichette dei luoghi pubblici, ecc.;
- «VOYAGER»: sezione in cui sono presenti quiz, giochi e percorsi già pronti per esplorare il mondo. Queste attività possono essere esplorate insieme alla LIM, oppure in autonomia dagli studenti al PC in aula informatica, o a casa come compito o attività in modalità DaD;
- «PROGETTI»: questa sezione permette di creare percorsi personalizzati. Si possono quindi invitare gli studenti a creare delle semplici mappe in base a un obiettivo prefissato. I progetti possono essere interamente personalizzati con l'inserimento di foto caricate e testi scritti in prima persona.

ATTENZIONE

I progetti possono essere un semplice percorso di geografia, oppure la mappa degli spostamenti di un personaggio di un libro, come *Il giro del mondo in 80 giorni*, o, ancora, possono esplorare argomenti di scienze con percorsi tematici, ad esempio sulle migrazioni degli uccelli o il viaggio dei salmoni.

SPUNTI DI RIFLESSIONE

L'applicazione Google Earth View è un ulteriore strumento che permette di esplorare il pianeta attraverso foto satellitari. Alcune di queste foto sembrano vere e proprie opere d'arte: con l'osservazione accurata è possibile trovare parallelismi con alcuni artisti (https://earthview.withgoogle.com/).

IDEA 53

SPERIMENTO E OSSERVO (SCIENZE)

Quando parliamo di scienze, le prime cose che ci vengono in mente sono gli esperimenti; è quindi necessario fin da subito educare gli studenti al metodo scientifico. Porsi domande, formulare ipotesi, osservare, raccogliere dati e trarre conclusioni devono diventare un processo spontaneo e naturale. Gli esperimenti possono essere di varia natura, ad esempio possiamo sperimentare gli stati dell'acqua semplicemente usando il freezer o il bollitore, con lo scopo di replicare fenomeni e dimostrare comportamenti specifici della materia, oppure possiamo sperimentare la coltivazione di una pianta e osservarne il suo processo di crescita al fine, ad esempio, di comprendere il modello di riproduzione. Le competenze alla base del curricolo di scienze prevedono lo studio dei materiali, degli oggetti e delle loro trasformazioni, così come l'osservazione dell'ambiente e dei suoi abitanti attraverso l'esperienza diretta e la manipolazione.
Non ci soffermeremo su quali esperimenti proporre ma, in particolare, sulle modalità con cui presentare questo tipo di lezione in ogni contesto.

SUBITO IN PRATICA

Come fare esperimenti in aula?

- L'insegnante organizza i gruppi e prepara i materiali.
- Gli studenti in piccoli gruppi eseguono l'esperimento, compiono osservazioni e compilano la scheda dell'esperimento.

Come fare esperimenti in DaD?

Scuola primaria

- L'insegnante esegue l'esperimento in diretta o usando un video;
- Gli studenti osservano l'esperimento, formulano ipotesi e conclusioni interagendo con l'insegnante.

Scuola secondaria di I grado

- Per prima cosa occorre valutare la fattibilità degli esperimenti che andremo a proporre tenendo conto dei fattori di rischio e della reperibilità dei materiali in casa. Andremo quindi a scegliere esperimenti facili, da svolgersi con materiali di uso comune. L'insegnante può scegliere di filmare l'esperimento e chiedere agli studenti di replicarlo da soli, oppure può preventivamente inviare la lista dei materiali necessari e poi svolgere in sincrono l'esperimento durante un video meeting in modo da poter permettere un confronto immediato tra i risultati di tutti i presenti.

SPUNTI DI RIFLESSIONE

Nell'ottica del distanziamento sociale, sembrerebbe impossibile realizzare esperimenti in presenza a gruppi. Questo però è l'unico caso in cui i dispositivi di protezione possono integrarsi facilmente con il gioco di ruolo dello scienziato. Gli studenti, infatti, vengono invitati a vestirsi di tutto punto con mascherine, visiere/occhiali protettivi, grembiuli e guanti, e ad effettuare gli esperimenti in tutta sicurezza.

ATTENZIONE

Nel caso di assegnazione di esperimenti da svolgere a casa, assicurarsi che i ragazzi svolgano l'attività in presenza di un adulto.
Si suggerisce di proporre esperimenti che non prevedano componenti chimici e fiamme libere.

IDEA 54

CODING A PICCOLI PASSI (TECNOLOGIA)

La seconda metà del Nocevento e il primo ventennio del Ventunesimo secolo sono stati un periodo di grande cambiamento, soprattutto per quanto concerne l'evoluzione della tecnologia. Siamo passati dal televisore a tubo catodico agli schermi LED ultrapiatti, dalle cabine telefoniche ai cellulari *touch* e dai giradischi ai lettori mp3, solo per citarne alcuni. Queste tecnologie sempre più compatte e prestanti sembrano «magiche», ma in realtà affinché funzionino sono stati sviluppati linguaggi specifici strettamente connessi ai linguaggi matematici.
Negli ultimi anni si è visto crescere l'interesse per questi aspetti e la graduale introduzione, nella didattica scolastica, di progetti volti a promuovere e sviluppare il pensiero computazionale, il *coding* e l'apprendimento STEAM.
La creazione di procedure e di codici permette di far eseguire una determinata azione a un oggetto o a una persona che sono all'oscuro sia dell'obiettivo che della procedura da seguire. Programmare significa fornire una serie di istruzioni chiare e precise affinché chiunque, anche una macchina, possa raggiungere un dato obiettivo.
Alla scuola primaria le competenze che vengono sviluppate attraverso questo tipo di progetti sono legate alla sfera dell'osservazione e all'utilizzo di programmi già esistenti. Alla scuola secondaria di I grado, invece, è possibile prevedere un lavoro di esplorazione delle applicazioni ed elaborare semplici codici in autonomia.

SUBITO IN PRATICA

Coding in classe

Attività 1: capire cosa significa programmare

Bendare uno degli studenti e dargli come consegna di comportarsi come un robot e svolgere solo le indicazioni chiare e che non danno adito a dubbi. Poi chiedere a un compagno di guidarlo in un percorso cercando di dare indicazioni precise. Fin da subito emergerà la necessità di dover esplicitare anche ordini che di solito consideriamo impliciti, come ad esempio la lunghezza del passo o i gradi necessari a girarsi nello spazio.

Attività 2: programmare un percorso

- l'insegnante organizza i gruppi e assegna a ognuno una consegna (ad esempio, creare la procedura più breve per portare un oggetto da un punto A ad un punto B. Ogni gruppo ha un percorso diverso);
- ogni gruppo deve elaborare un elenco di indicazioni in un tempo prefissato;
- i codici realizzati dai gruppi vengono raccolti e scambiati in modo che un gruppo che non conosce la consegna, possa, seguendo le istruzioni, verificare la validità del codice scritto.

Coding in presenza e in DaD

Nel caso la classe fosse in parte a casa e in parte a scuola, i ragazzi a distanza sviluppano codici da inviare ai compagni in presenza. Questi ultimi svolgono le procedure durante un video meeting. L'attività viene replicata quando i gruppi di studenti si scambiano.

Coding in DAD

Attività a coppie:

- l'insegnante fornisce una griglia che sarà l'ambiente in cui sviluppare il percorso;
- lo studente 1 invia allo studente 2 un codice percorso da realizzare sulla griglia;
- lo studente 2 testa il codice percorso su una griglia e invia allo studente 1 la scansione del suo lavoro per il feedback;
- lo studente 1 visiona la griglia e valuta la correttezza del codice;
- i ruoli vengono invertiti.

CONSIGLIO SOS

Sia in DaD che in presenza è possibile proporre l'utilizzo di programmi specifici come Scratch, per l'elaborazione di codici e procedure. Lo stesso programma fornisce i tutorial per imparare a programmare.

SPUNTI DI RIFLESSIONE

Quando si parla di *coding* si pensa subito alla creazione di percorsi e alla realizzazione di filmati con personaggi che si muovono secondo determinati comandi. Un modo diverso di affrontare il *coding* è quello della Pixel art, cioè l'arte di creare immagini colorando i pixel, l'unità minima convenzionale della superficie di un'immagine digitale. Fornendo un codice legato alla griglia da colorare, si possono ricreare dei disegni. Un'alternativa divertente è anche quella di utilizzare programmi di gestione di fogli elettronici (come Excel) al posto delle griglie stampate, colorando con il PC le diverse cellette, proprio come fa l'artista giapponese Tatsuo Horouki.

IDEA 55

METTITI IN POSA: IL RITRATTO (ARTE)

Disegnare è un'azione che l'uomo compie fin dall'antichità, seguendo a volte la libertà interpretativa e, molto più spesso, schemi codificati, come l'ideazione di segni convenzionali (ad esempio il simbolo stilizzato di una freccia) o la scelta di rappresentare la natura secondo proporzioni e caratteristiche fisse riflettenti il canone di bellezza della civiltà in cui opera l'artista (ad esempio le proporzioni del corpo nella civiltà greca). Se in principio il ritratto seguiva regole stereotipate e canoni convenzionali di bellezza (tutti i volti tendevano a somigliarsi), è con l'epoca romana che cominciano a emergere il desiderio e la necessità di preservare la propria identità nell'effigie, al fine di mantenere viva la realtà per i posteri. Il ritratto diventa così l'unico modo possibile di rappresentare una persona vera fino all'invenzione della fotografia nell'Ottocento.
Oggi realizzare un ritratto è una cosa semplice, grazie alla tecnologia che ci permette di avere sempre con noi una macchina fotografica direttamente integrata nei dispositivi quali tablet e cellulari; le sale di posa sono andate in disuso e i pennelli sono stati sostituiti dai filtri dei vari programmi di manipolazione per le immagini. Siamo nell'epoca in cui tutti possiamo diventare grandi pittori e fotografi. Tuttavia, subiamo il fascino di voler realizzare con le nostre mani, senza «inganni», un disegno bello e, se questo è somigliante con il soggetto ritratto, ne siamo compiaciuti.

SUBITO IN PRATICA

Questo percorso di creazione permette allo studente di consolidare e migliorare le sue competenze nell'esprimersi e comunicare ciò che prova. Possiamo guidare gli alunni in vari approcci al ritratto.

1. Il ritratto tradizionale (in presenza e/o distanza)

Gli studenti divisi in coppie realizzano il ritratto del compagno. In caso di DaD, l'attività può essere svolta in modalità sincrona durante un web meeting. Lo studente può fissare sullo schermo la visuale del compagno da ritrarre oppure le coppie di studenti possono darsi appuntamento in stanze separate.

2. Il ritratto da una foto (in presenza e/o distanza)

In presenza, gli studenti realizzano un ritratto partendo da una foto: in questo caso è possibile apporre sopra la foto un foglio trasparente con un reticolo o disegnare il reticolo direttamente sulla foto. Riportando la griglia sul foglio, sarà più facile mantenere le proporzioni del disegno.
In modalità DaD, si può caricare la foto in Paint e attivare la griglia (la griglia ha una dimensione standard, bisognerà quindi rimpicciolire l'immagine fino ad ottenere una griglia calibrata) e, a questo punto, sarà possibile realizzare il disegno su foglio.

3. Il ritratto artistico

Una volta imparato a realizzare (in presenza e/o distanza) un ritratto, i ragazzi potranno essere invitati a sbizzarrirsi cercando di emulare alcune correnti artistiche come, ad esempio, il Cubismo.

SPUNTI DI RIFLESSIONE

Una volta appreso come si realizza un ritratto, si può proporre agli studenti l'utilizzo di applicazioni al fine di imitare le correnti artistiche del Novecento. In particolare, ci si può ispirare alla pop-art, con esempi come i ritratti multicolore di Marilyn Monroe fatti da Andy Warhol o i ritratti grafici e fumettistici di Roy Lichtenstein.

IDEA 56

NUOVI ORIZZONTI MUSICALI (MUSICA)

La musica, come l'arte, è un qualcosa che l'uomo sente dentro di sé in maniera naturale: ogni ritmo, ogni suono scandiscono la vita dell'uomo. La necessità di simulare e riprodurre questi suoni ha dato origine a tutti quelli che sono i nostri strumenti musicali odierni.

Il Novecento però si è anche attestato come il secolo della rivoluzione musicale, con l'introduzione della musica elettronica. In particolare, l'ideazione dei sintetizzatori, che possono ricreare imitazioni di strumenti musicali reali o generare suoni non esistenti in natura, ha stravolto l'idea del fare musica. Potremmo quindi affiancare allo studio tradizionale del flauto e degli stili musicali del passato un'analisi di quello che è il Novecento, prendendo in considerazione le correnti musicali e andando alla scoperta degli strumenti inventati in questa epoca, i quali risultano essere quasi degli «alieni» rispetto a quelli che classicamente vediamo in un'orchestra. Tra questi nuovi strumenti ci sono il theremin, che si suona senza toccare lo strumento, il tamburo hang a doppio cono, i sintetizzatori e il launchpad, una tastiera quadrata composta di pulsanti che viene attaccata al computer e a seconda del settaggio può replicare dei suoni preimpostati.

Sperimentare gli strumenti digitali e nuove modalità di interpretazione aiutano a sviluppare una delle competenze alla base del curricolo di musica: quella di eseguire collettivamente o individualmente brani vocali e strumentali.

SUBITO IN PRATICA

L'attività che segue può essere svolta in entrambe le modalità: presenza e/o distanza.

- Proponiamo agli studenti l'ascolto di brani strumentali del Novecento, l'analisi di quali sono le correnti musicali di questo secolo e la suddivisione dei generi tra pop, rock, elettronica, ecc.
- Dopo l'ascolto e la suddivisione in generi, chiediamo agli studenti di

cercare di riconoscere in alcuni brani musicali selezionati quali e quanti sono gli strumenti musicali coinvolti e se è presente o meno una voce umana.

- Chiedere agli studenti come si possono riprodurre i brani senza avere a disposizione gli strumenti tradizionali. Far realizzare alcuni di strumenti musicali alternativi ai ragazzi. Terminare l'attività cercando di riprodurre in gruppo o in piccoli gruppi il pezzo selezionato.
- Chiediamo ai ragazzi come possiamo rivisitare i pezzi del passato, i classici dell'Opera in un'ottica moderna. Nel caso dell'Opera, chiedere di reinterpretare il pezzo scelto mescolando i testi originali con correnti musicali come il rap.
- Invitiamo gli studenti a reinterpretare a piccoli gruppi lo stesso pezzo classico. I ragazzi devono realizzare la musica e una miniclip video con tanto di interpretazione di ballo e canto.

CONSIGLIO SOS

I ragazzi sono sempre più desiderosi di creare la propria musica, la propria combinazione di suoni rappresentativa. In internet sono disponibili molteplici applicazioni per suonare diversi strumenti musicali (pianoforte, chitarra, ecc.). Uno strumento molto semplice ma di impatto è l'app DPM (Drum Pad Machine) per cellulari e tablet che riproduce l'idea di un minisintetizzatore o di un launchpad. L'app riproduce una tastiera di 12 tasti: ogni tasto riproduce un suono fisso. L'app mette a disposizione 22 tutorial interattivi per imparare a suonare questo strumento e poi permette di registrare la propria musica in base alle combinazioni create.

IDEA 57

SEGUENDO UNA MAPPA: L'*ORIENTEERING* (EDUCAZIONE FISICA)

L'*orienteering* è uno sport nato nella prima metà del Novecento e che ha come scopo quello di percorrere un tragitto segnalato da punti di controllo denominati «lanterne» (un paletto in legno con attaccato un punzone identificativo), usando esclusivamente una bussola e una carta topografica a scala ridotta dell'area del percorso. L'itinerario non vede la presenza di un percorso fisso: ogni partecipante deve raggiungere tutte le lanterne e terminare prima degli altri partecipanti. Questo sport, nato nei Paesi scandinavi, è solitamente realizzato in ambienti naturali, come i boschi, ma può essere anche praticato nei centri abitati o su percorsi misti.
Punto focale delle competenze della disciplina dell'Educazione fisica è imparare a sapersi orientare nello spazio, in luoghi conosciuti o meno, utilizzando strumenti appositi. Agli studenti di solito si fa eseguire l'*orienteering* in coppie o a gruppi, e si prevede quindi che i ragazzi siano in grado anche di collaborare e organizzarsi secondo le regole del *fair play*.

ATTENZIONE

L'orienteering è una disciplina che, a seconda di come viene proposta, può essere affrontata sia in presenza che a distanza. Dovremo però preparare preventivamente i ragazzi in modo che sappiano leggere le carte topografiche e usare la bussola coinvolgendo anche la disciplina della Geografia e le competenze ad essa relative: *Orientamento e Linguaggio della geo-graficità*.

SUBITO IN PRATICA

Nel caso fossimo a scuola, la classe potrà dirigersi al luogo stabilito della competizione e procedere allo svolgimento classico dell'attività, con gli esperti di *orienteering* che organizzano la gara.
Nel caso fossimo in modalità DaD, possiamo attuare i due seguenti di-

versi scenari:

1. L'insegnante fornisce la mappa di un'area ai ragazzi, poi li divide in gruppi e li invita a incontrarsi in sale virtuali separate per analizzare la mappa e studiare il percorso. I ragazzi sviluppano un tragitto e in un secondo momento guidano a distanza l'insegnante nel percorso. Invece di avere le lanterne, l'insegnante dovrà collezionare una serie di foto dei luoghi che dovrebbero ospitare una lanterna. Mediante una App cronometro valuterà anche i percorsi proposti in base a quali sono stati più efficaci.
2. L'insegnante crea, utilizzando programmi di sviluppo di videogiochi come Platinum Arts Sandbox, degli ambienti virtuali all'interno dei quali poter far muovere lo studente. L'insegnante sviluppa l'ambiente virtuale e la mappa corrispondente in modo che l'alunno abbia a disposizione la mappa e, una volta entrato nel mondo virtuale, possa orientarsi.

CONSIGLIO SOS

Uno dei videogiochi più utilizzati dai giovani è Fortnite. Esso offre la possibilità di creare delle arene virtuali personalizzate con la Modalità Creativa. Sia l'insegnante che i ragazzi possono creare le loro arene e poi invitare gli studenti o i compagni a seguire, dopo aver fornito una mappa disegnata, un dato percorso. Unico limite di Fortinite è avere una consolle che possa supportarlo e, ovviamente, l'acquisto del gioco (https://www.everyeye.it/articoli/guida-fortnite-modalita-creativa-tutto-quello-che-c-e-sapere-42084.html).

IDEA 58

LO STRUMENTO LAPBOOK (PERCORSO DISCIPLINARE O PLURIDISCIPLINARE)

Il lapbook è una mappa concettuale tridimensionale volta a sintetizzare un argomento. Nello strumento lapbook i nodi e le relazioni visibili, elementi classici della mappa concettuale, sono sostituiti dai template e da una metodica organizzazione dei template nello spazio. Ad esempio, il titolo esterno di un template sarà il nodo concettuale dell'argomento contenuto nel template, aprendosi a seconda del numero di linguette o di card o di spazi contenuti nel template avremo le varie gerarchie di contenuti e la sequenzialità delle informazioni.
Il lapbook è uno strumento che può essere utilizzato per sintetizzare argomenti di qualsiasi disciplina e accogliere anche percorsi interdisciplinari. Competenze comuni a tutti i lapbook sono quelle di Tecnologia e Italiano, lo studente infatti consolida e sviluppa le competenze di lettura, comprensione del testo, sintesi e scrittura, e la capacità di costruire oggetti seguendo istruzioni date.
A seconda poi dell'argomento sintetizzato nel lapbook, verranno coinvolte le competenze della disciplina di riferimento. Ad esempio, se realizziamo un lapbook sulle fonti storiche, saranno coinvolte le competenze di Storia; se il lapbook tratta il DNA, allora saranno coinvolte le competenze della disciplina Scienze. Se il lapbook prevede, invece, la sintesi di un percorso interdisciplinare come l'analisi di un personaggio storico, ogni template sintetizzerà un diverso aspetto della vita del personaggio e coinvolgerà discipline differenti.

SUBITO IN PRATICA

- *Lapbook strutturato* (in presenza e/o a distanza): si tratta di lapbook già esistenti, realizzati dal docente o reperiti nel web o su testi appositi. Gli studenti seguono le istruzioni di montaggio o i videotutorial e si concentrano nel reperire le informazioni per completare i template. Consigliato per gli alunni delle classi prime e seconde della scuola primaria e per gli studenti al primo approccio con lo strumento. I lapbook strutturati possono essere proposti in qualsiasi classe (esperta oppure inesperta) e in qualsiasi momento dell'anno.

- *Lapbook a gruppi (in presenza)*: sono lapbook che vengono sviluppati all'interno di un lavoro a gruppi. Le modalità di realizzazione possono essere due: la prima prevede che ogni gruppo costruisca un template da inserire in un unico lapbook di classe; la seconda prevede che a ogni gruppo venga assegnato il compito di progettare e realizzare un lapbook su uno stesso argomento, e a seguire ci sia un momento di confronto per analizzare le scelte effettuate dai singoli gruppi. Questo tipo di lapbook è da proporre dopo un primo avvicinamento mediante i lapbook strutturati.I lapbook a gruppi possono essere utilizzati anche con obiettivi differenti da quello di sintetizzare un argomento, ad esempio a inizio anno per conoscersi o per consolidare il gruppo classe, per favorire l'inserimento di un nuovo alunno o per realizzare progetti di inclusione scolastica.
- *Lapbook individuali (in presenza e/o a distanza)*: sono lapbook complessi, poiché prevedono che l'alunno li progetti e li costruisca in completa autonomia. A seguire, può esserci un momento di confronto collettivo, durante il quale ognuno spiega il proprio lavoro. La realizzazione di questa tipologia di lapbook presuppone che prima siano stati affrontati lapbook strutturati e lapbook a gruppi. Consigliato per studenti con esperienza.

CONSIGLIO SOS

Al fine di costruire lapbook i cui contenuti siano coerenti consigliamo sempre di progettare un lapbook partendo da una scheda di progettazione suddivisa in step che guidino lo studente nell'intero processo di progettazione.

IDEA 59

IL VIAGGIO DI ISTRUZIONE (PERCORSO DISCIPLINARE O PLURIDISCIPLINARE)

Il viaggio di istruzione è una tappa fondamentale dell'anno scolastico. Gli studenti ne parlano e chiedono delucidazioni in continuazione, e gli insegnanti cominciano a progettarlo ancora prima che le attività in aula abbiano inizio. Pensare a un anno scolastico senza un'uscita didattica, un viaggio di istruzione, una visita al museo, è qualcosa di impensabile. Cosa succede, però, se non possiamo andare a scuola? Dobbiamo per forza rinunciare all'esperienza? No, possiamo progettare un viaggio a distanza in modalità di *web meeting*.

ATTENZIONE

Organizzare viaggi virtuali non deve essere solo un'attività da proporre in DaD, ma può diventare una modalità di lavoro in presenza mediante l'utilizzo della LIM.

SUBITO IN PRATICA

Creare un viaggio di istruzione richiede molte energie, ma a seconda degli obiettivi che ci prefissiamo possiamo avere viaggi disciplinari o pluridisciplinari. Il viaggio digitale in aula potrà essere trasposto in modalità DaD, svolgendo l'attività in condivisione schermo durante un web meeting.

1. Viaggio di istruzione disciplinare

L'insegnante sceglie un argomento chiave che vuole approfondire per un viaggio di istruzione. Il viaggio di istruzione dovrà quindi essere calibrato sulle ore effettive a disposizione dell'insegnante per il giorno in cui intende svolgere l'attività. Scelto l'argomento, cercherà quali sono le competenze della disciplina di riferimento che vuole approfondire e, a quel punto, comincerà a cercare i materiali per mettere in pratica il viaggio di istruzione. Alternare momenti di visione di filmati a laboratori pratici.

Esempio di un'uscita didattica virtuale sul tema «Charles Darwin» (disciplina Scienze:

- presentazione del personaggio attraverso la visione di un documentario (risorsa disponibile su Raiscuola e su Youtube);
- laboratorio: ricostruisci il viaggio del HMS Beagle, partendo da alcuni estratti del libro *Viaggio di un naturalista intorno al mondo* (risorsa disponibile su Eniscuola)[2] riportando sul planisfero i luoghi e le date;
- conclusione del viaggio con il tour virtuale alle isole Galapagos (risorsa disponibile su Google Hearts).

2. Viaggio di istruzione interdisciplinare

Gli insegnanti organizzano un viaggio di istruzione di una giornata, dove le varie discipline vengono coinvolte per approfondire vari aspetti di un argomento comune o un aspetto di una disciplina cardine del progetto.
Esempio di un'uscita didattica virtuale sul tema «analisi di una regione italiana o di uno stato» senza una disciplina predominante:

- analisi geografica dello stato/regione attraverso l'osservazione con Google Earth (disciplina Geografia);
- visione di un documentario sulla storia di quella regione/stato (disciplina Storia);
- personaggi illustri (a seconda dell'ambito di appartenenza — scrittore, scienziato, ecc. — verrà coinvolta una disciplina diversa);
- religione predominante (disciplina Insegnamento della religione cattolica).

Esempio di un'uscita didattica virtuale su un argomento di una disciplina chiave con agganci secondari ad altre discipline «il Colosseo» (disciplina Storia):

- inquadramento storico del popolo romano, chi ha costruito l'arena e cosa si faceva al suo interno (disciplina Storia), visione di un documentario (risorsa disponibile su Youtube);
- tour virtuale al Colosseo (disciplina Storia);
- come è fatto il Colosseo? (disciplina Arte): analisi della struttura. Laboratorio: costruire un modellino dell'arco, elemento base costitutivo;
- dove si trovano gli altri anfiteatri? (disciplina Geografia): fornire ai ragazzi l'elenco dei luoghi e procedere alla geolocalizzazione su mappa.

---

[2] http://www.eniscuola.net/wp-content/uploads/2016/02/PDF_ViaggioDiUnNaturalistaIntornoAlMondo.pdf

SPUNTI DI RIFLESSIONE

Organizzato il primo viaggio, possiamo suddividere gli studenti in gruppi e assegnare a ognuno un argomento differente e l'organizzazione del prossimo viaggio nel quale, oltre a proporre le risorse, dovranno anche svolgere la funzione di guide e ciceroni, realizzando non solo la visione di video ma anche laboratori e approfondimenti. In questo modo dovranno riflettere sulle discipline da coinvolgere e consolideranno le competenze di Tecnologia (prevedere, immaginare e progettare).

IDEA 60

A COSA SERVONO LE DISCIPLINE? PERCORSO DI ORIENTAMENTO (PERCORSO DISCIPLINARE O PLURIDISCIPLINARE)

Alcune delle domande ricorrenti dei nostri studenti sono: «Perché dobbiamo studiare questa materia?» e «A cosa mi serve sapere queste cose?».
La maggior parte dei ragazzi vive la scuola come luogo di passaggio, come il posto in cui si deve stare prima di entrare nel mondo del lavoro e spesso raggiungono la fine del percorso di studi senza sapere cosa vogliono fare nella vita. A quel punto si chiedono: «Adesso cosa faccio?», «Quali sono le mie capacità?» e «Come faccio a scegliere?».
Sempre più spesso incontriamo studenti in difficoltà nella scelta della scuola superiore o dell'indirizzo universitario.
Riteniamo che il percorso di orientamento dovrebbe iniziare il prima possibile (già nei primi anni della scuola primaria), e noi educatori abbiamo come responsabilità quella di guidare gli studenti verso la presa di coscienza delle loro peculiarità, delle loro capacità e dei loro interessi.

ATTENZIONE

Secondo la teoria delle intelligenze multiple di Gardner, le intelligenze sono nove, ognuna riferita ai diversi settori della vita umana. Un soggetto può essere dotato di una o più intelligenze e queste determinano le sue attitudini e affinità.
L'obiettivo che ci dobbiamo porre è quello di far prendere coscienza ai ragazzi di quali sono le loro affinità, le loro passioni, in quali discipline eccellono e quindi indirizzarli verso un approfondimento delle stesse.
Spesso gli studenti tendono a scegliere il lavoro in base alle professioni che abitualmente fanno persone del loro stesso sesso. Lo stereotipo lavorativo che vede l'uomo fare alcuni lavori, e la donna altri, è all'ordine del giorno. Obiettivo del percorso di orientamento lavorativo è anche quello di mostrare ai ragazzi quanto può essere diversificato il mondo professionale.

SUBITO IN PRATICA

Scuola primaria (in presenza)

Fin dalla classe prima, promuovere momenti di riflessione sulle cose che piacciono, che danno soddisfazione. Utilizzare un quaderno con le buste di plastica per raccogliere queste riflessioni in modo da creare una storia dell'evoluzione del gusto e degli interessi del bambino. Nel quaderno possono essere raccolte per ogni anno riflessioni sul lavoro che si vorrebbe fare, sulle materie e gli argomenti di interesse, disegni, testi e calcoli per poter vedere i progressi fatti, interviste e progetti per il futuro.

Scuola secondaria di I grado (in presenza e/o a distanza)

Se uno studente è indeciso tra due carriere lavorative, potremo aiutarlo a scegliere mostrandogli quali sono le discipline cardine alla base di quelle carriere.

Attività 1

- Dare ai ragazzi dei cartellini con su scritto un lavoro. Chiedere loro di immaginare quali sono le discipline necessarie da studiare o con le quali avere affinità per poter intraprendere quella carriera lavorativa, confrontare le risposte e aggiungere e correggere eventuali errori o mancanze.

Attività 2

- Fornire ai ragazzi delle biografie di uomini e donne che hanno svolto lavori simili (i chimici Marie Curie e Stanislao Cannizzaro; gli chef Massimo Bottura e Cristina Bowerman; i pittori Tamara de Lempicka e Pablo Picasso; i medici Rita Levi Montalcini e Stanley Cohen, ecc.).

Attività 3

- Chiedere agli studenti di analizzare le loro attitudini, le loro passioni e cercare quali lavori possono essere più in linea con le loro capacità, in modo da poter prendere in considerazione più opzioni.

SPUNTI DI RIFLESSIONE

Discutere con gli studenti degli stereotipi di genere nel contesto professionale, e di come è possibile combattere la disparità di genere negli ambienti lavorativi.

BIBLIOGRAFIA

Gottardi G. e Gottardi G. (2016), *Imparo con i lapbook. Italiano, storia e geografia – Classe terza,* Trento, Erickson.

Gottardi G. e Gottardi G. (2016), *Imparo con i lapbook. Matematica e scienze – Classe terza,* Trento, Erickson.

Gottardi G. e Gottardi G. (2016), *Imparo con i lapbook. Modelli e materiali da costruire per imparare a studiare meglio,* Trento, Erickson.

Gottardi G. e Gottardi G. (2017), *Imparo con i lapbook. Matematica e scienze – Classe quarta,* Trento, Erickson.

Gottardi G. e Gottardi G. (2018), *Imparo con i lapbook. Matematica e scienze – Classe quinta,* Trento, Erickson.

Gottardi G. e Gottardi G. (2019), *Didattica per competenze con i lapbook. Modelli e materiali da costruire per la scuola primaria,* Trento, Erickson.

Gottardi G. e Gottardi G. (2019), *Imparo con i lapbook - Italiano, storia e geografia – Classe quarta,* Trento, Erickson.

Gottardi G. e Gottardi G. (2020), *Imparo con i lapbook. Italiano, storia e geografia – Classe quinta,* Trento, Erickson.

INSEGNARE LE LINGUE STRANIERE

di Paola Celentin, Susana Benavente Ferrera e Michele Daloiso
Gruppo di Ricerca ELICom (Università di Parma)

IDEE 61-71

INTRODUZIONE

A differenza di quello che avviene per le altre discipline, insegnare una lingua straniera in contesto scolastico significa fare i conti con un falso pragmatico: gli studenti hanno già una lingua di comunicazione che utilizzano per i propri scambi comunicativi quotidiani (pur padroneggiandola in modi e a livelli differenti) e tutto quello che richiede l'utilizzo di una lingua diversa dall'italiano è una «forzatura» della normalità. Gran parte del lavoro dell'insegnante, quindi, poggia sulla creazione di un ambiente motivante e sereno (usare una lingua straniera è spesso fonte di inibizione, specialmente per gli studenti più grandi) e di attività il più possibile autentiche o vicine alla realtà.

Mantenere un ambiente stimolante e piacevole, senza perdere di vista l'obiettivo linguistico-comunicativo da conseguire è una delle sfide maggiori per l'insegnante di lingue straniere, che spesso è in equilibrio fra attività divertenti ma poco efficaci sul piano dell'apprendimento ed esercizi validi e rigorosi ma poco motivanti.

Un aiuto nell'organizzazione e nella progettazione delle attività didattiche per gli insegnanti di lingue di ogni ordine e grado può venire dal *Common European Framework Of Reference For Languages: Learning, Teaching, Assessment Companion Volume With New Descriptors,* pubblicato nel 2018 dal Consiglio d'Europa.[1] L'approccio glottodidattico del progetto è orientato all'azione e propone una descrizione della competenza linguistico-comunicativa attraverso scale di descrittori che parlano di attività e strategie.Lo schema con cui le attività (che nella tradizione glottodidattica italiana corrispondono alle abilità) e le strategie linguistico-comunicative vengono rappresentate è riportato nella figura 7.1.

I lettori più attenti avranno notato che il *Companion Volume* (d'ora in poi QCER-CV) introduce delle novità rispetto alla classificazione

[1] Per il momento disponibile solo in inglese e francese: https://www.coe.int/en/web/common-european-framework-reference-languages.

proposta dal *Quadro Comune Europeo di Riferimento per le lingue* (d'ora in poi QCER) del 2001. Infatti, oltre a dedicare uno spazio specifico e autonomo alle strategie (nella prospettiva di un insegnamento linguistico il più possibile orientato alla metacognizione e all'autonomia nell'apprendimento), il volume introduce anche un nuovo ambito d'uso della lingua (la mediazione) e prende in considerazione gli scambi comunicativi che avvengono attraverso il digitale (interazione on line) e in generale i media (ricezione audio-visiva).

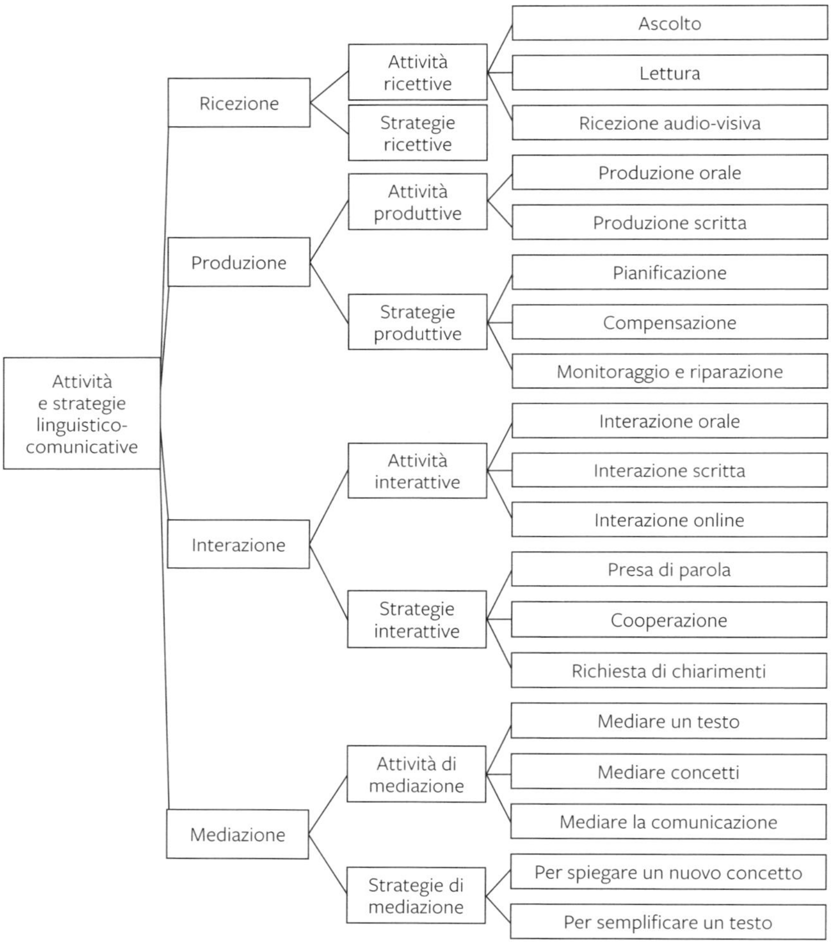

Fig. 7.1 Schema delle attività e delle strategie linguistico-comunicative secondo il *Companion Volume* (traduzione e adattamento grafico degli autori).

Prendere le mosse da uno schema chiaro ed esaustivo come quello proposto offre numerosi vantaggi all'insegnante di lingue. Innanzitutto è possibile individuare fin da subito i domini, e quindi le attività/strategie che rispondono meglio ai bisogni linguistici degli studenti a cui viene rivolto l'insegnamento, selezionandoli in base all'età o all'indirizzo di studio. In secondo luogo, classificare le proposte didattiche in base al tipo di attività e/o strategia che promuovono permette di avere ben chiari gli obiettivi che si intende perseguire e, di conseguenza, procedere a una valutazione «centrata» sugli apprendimenti e coerente con l'approccio glottodidattico utilizzato. Non da ultimo, avere un modello di riferimento di ampio respiro come quello europeo permette di organizzare al meglio anche programmazioni pluriennali, decidendo di promuovere in ciascun «segmento» del percorso attività e/o strategie differenti ma sicuri di puntare a uno sviluppo completo della competenza linguistico-comunicativa.

Considerare la prospettiva del QCER-CV permette, infine, di inserire già naturalmente la dimensione «a distanza» e «in presenza» all'interno della normale programmazione didattica. Anziché parlare astrattamente delle caratteristiche della comunicazione on line o esercitarsi su campioni di lingua estrapolati da comunicazioni altrui, sarà possibile sperimentarla direttamente con gli studenti e farne materiale di osservazione e intervento strategico al fine di potenziare delle competenze trasversali che fanno parte di una educazione linguistica ampiamente intesa. Nulla vieta, infatti, di partire da osservazioni e riflessioni in lingua materna per andare poi verso l'implementazione delle strategie anche nella/e lingua/e straniera/e oggetto di studio, per sviluppare quella competenza plurilinguistica e pluriculturale che è l'obiettivo ultimo delle politiche del Consiglio d'Europa.

Nelle pagine seguenti verranno presentate alcune indicazioni e proposte didattiche che si ispirano alla filosofia di fondo del QCER-CV e classificate secondo lo schema illustrato in figura 7.1. Un'attenzione particolare verrà riservata all'inclusione degli alunni che più faticano, per varie ragioni, nell'apprendimento delle lingue, seguendo l'approccio teorico-metodologico che contraddistingue il Gruppo di Ricerca ELICom (Educazione Linguistica Inclusiva e Comunicazione) dell'Università di Parma.

IDEA 61

IMMERGERSI NELL'ASCOLTO

L'abilità di comprensione orale, secondo il QCER-CV, include una serie di attività «one-way», in cui la persona che ascolta non è direttamente coinvolta nella comunicazione; tra queste attività troviamo la capacità di capire la conversazione tra due persone, capire annunci e istruzioni, ascoltare uno spettacolo dal vivo ecc. Al di là delle differenze che possono intercorrere tra queste attività, dal punto di vista didattico è opportuno ricordare che le abilità orali sono le più difficili da curare in lingua straniera, perché si fondano su processi che si sviluppano più naturalmente in un contesto di immersione. La prima sfida, soprattutto quando si opera con i livelli più bassi, consiste nel creare occasioni piacevoli di «ascolto immersivo», commisurato alle effettive possibilità di comprensione degli apprendenti.

ATTENZIONE

Una strategia importante che favorisce lo sviluppo degli automatismi legati all'ascolto è la ripetizione. Con i giovani apprendenti, proporre l'ascolto immersivo e ripetuto di un «episodio linguistico» può essere, dunque, molto efficace, ma è necessario implementare strategie didattiche per evitare che il compito risulti troppo complesso o, a lungo andare, noioso.

SUBITO IN PRATICA

- Periodicamente, registrate con la webcam «episodi linguistici» di massimo 3-4 minuti, che possano essere significativi per i vostri alunni: potrebbe trattarsi di un video in cui voi raccontate una storia o cantate una filastrocca, oppure un video che riprende un'attività svolta collettivamente in classe che è stata molto gradita (ad esempio, una canzone). È fondamentale che l'audio sia di ottima qualità.
- Per ogni «episodio linguistico», costruite almeno 2-3 attività, il più

possibile ludiche, che focalizzino l'attenzione degli alunni su aspetti diversi (ad esempio, la comprensione del messaggio, la dimensione fonologica, il lessico, ecc.). Le attività potrebbero essere pensate come «sfide» in cui gli alunni si mettono alla prova con le proprie capacità di comprensione.

- Attivate un canale comunicativo digitale che vi metta in contatto con gli studenti (ad esempio, con un servizio di messaggistica istantanea e broadcasting), e utilizzatelo per condividere un episodio linguistico con i vostri alunni e le relative attività-sfida.
- Organizzate il tutto in modo che diventi un appuntamento fisso: ad esempio, all'inizio della settimana inviate l'episodio linguistico con la prima attività, poi nel corso della settimana condividete le altre attività, e alla fine della settimana fornite un feedback agli alunni (in presenza o a distanza) sul lavoro svolto.

ATTENZIONE

Alcuni studenti, specialmente in presenza di bisogni specifici, potrebbero trovarsi in difficoltà nello svolgimento di attività individuali, che potrebbero risultare ansiogene. Le prime volte, quindi, se è possibile, fate svolgere le attività a coppie. Un altro accorgimento utile le prime volte è puntare sulla riflessione metacognitiva: quando pubblicate l'episodio linguistico, condividete anche un «trucco» per capire meglio, ossia una strategia di comprensione del brano che potrebbe essere utile; inoltre, nella fase di feedback potete lasciare spazio anche alla condivisione da parte degli alunni delle loro difficoltà e di come le hanno affrontate, sintetizzando poi le strategie che emergono in una mappa.

IDEA 62

LETTURE DI GRUPPO

Per quanto concerne la comprensione scritta, il QCER-CV individua una vasta gamma di «attività di lettura», che riguardano sia lo scopo del leggere (ad esempio, leggere per orientarsi, informarsi, rilassarsi) sia i particolari tipi di testo che si possono incontrare (riviste, quotidiani, blog, biografie, ecc.). L'analisi dei descrittori del QCER-CV per tutte le attività di lettura ci ricorda che, per i livelli di competenza più bassi, occorre puntare sulla comprensione di testi brevi e semplici, talvolta accompagnati da supporti visivi e iconici.
Dal punto di vista didattico, il lavoro di comprensione del testo in classe risulta talvolta poco efficace per due ragioni: in primo luogo tutti gli studenti leggono lo stesso testo, quindi poi la fase di correzione degli esercizi risulta a tratti noiosa e viene meno l'interesse dei più bravi ad ascoltare le domande dei compagni; in secondo luogo, gli esercizi che si abbinano al brano sono «imposti» dall'insegnante o dal libro di testo, e questo rende la comprensione testuale un esercizio puramente scolastico e poco motivante. Per questa ragione, può risultare vincente proporre modalità di lavoro che stimolino la lettura collaborativa, suddividendo ad esempio la classe in gruppi di lettura, a cui si assegnano brani diversi (magari collegati dallo stesso argomento), su cui il gruppo lavora, relazionando poi alla classe.

ATTENZIONE

La differenziazione delle letture può essere operata sulla base di criteri diversi, a seconda di come si strutturano i gruppi: se costruiamo gruppi omogenei per livello, possiamo offrire letture più semplici o più brevi agli studenti di livello più basso o con difficoltà di decodifica, mentre, se costruiamo gruppi eterogenei, le letture saranno differenziate solo per argomento o tipologia di testo; in questo secondo caso, dobbiamo assicurarci che gli studenti con difficoltà di decodifica ricevano il supporto necessario (ad esempio, la sintesi vocale o un compagno lettore).

SUBITO IN PRATICA

- Suddividete gli studenti in gruppi, eterogenei o omogenei, secondo le esigenze della classe. Ad ogni gruppo assegnate uno spazio di lavoro funzionale al lavoro collaborativo, presenziale (banchi disposti ad isola) o virtuale (ad esempio, una cartella contenente il materiale).
- Condividete con ogni gruppo gli obiettivi e il materiale di lavoro, che oltre al brano da leggere dovrebbe contenere anche una scheda di supporto alla lettura. A questo proposito, per favorire la comprensione interattiva, si suggerisce l'uso del modello KWL, una scheda in cui gli studenti riportano prima della lettura ciò che sanno già dell'argomento (*What I know*), ciò che desiderano sapere (*What I want to know*) e, dopo la lettura, cosa hanno imparato (*What I learnerd*). Se l'attività si svolge a distanza, la scheda può essere presentata come un documento di testo compilabile online.
- Chiedete agli studenti di compilare le prime due colonne della scheda KWL. Se le letture differenziate sono accomunate dallo stesso argomento, si può pensare a un momento collettivo in cui ogni gruppo riporta alla classe ciò che sa e che vorrebbe sapere dell'argomento, formulando tutto in forma di domande. Ogni gruppo leggerà poi il brano assegnato e dovrà andare alla ricerca delle risposte alle domande emerse nella fase precedente. Segue dunque un momento collettivo in cui gli studenti discutono con l'insegnante gli esiti dell'attività.

CONSIGLIO SOS

Specialmente se l'attività si svolge a distanza, i gruppi vanno strutturati in modo preciso. È utile assegnare a ogni componente un ruolo, così come previsto di norma dal lavoro cooperativo. In questo caso, si può pensare anche a un ruolo specifico di «garante della partecipazione», ossia affidare all'alunno che si destreggia meglio con le tecnologie il compito di offrire a tutti il supporto necessario per partecipare attivamente al compito, senza sostituirsi allo studente in difficoltà, ma affiancandolo nell'uso degli strumenti tecnologici.

IDEA 63

RIFLETTERE SULLA COMUNICAZIONE

Nell'ambito delle abilità ricettive, il QCER-CV riserva uno spazio anche per la comprensione di materiale audio-visivo, che al livello elementare riguarda soprattutto la capacità di riconoscere parole ed espressioni familiari, individuare l'argomento principale e i passaggi da un argomento all'altro, ecc. È importante però ricordare che il concetto di «competenza» proposto dal QCER-CV non si riduce solo all'uso ricettivo o produttivo della lingua, ma include, tra le altre cose, anche lo sviluppo di competenze di ordine pragmatico e sociolinguistico. In questo senso, il materiale audio-visivo è una risorsa preziosa per sviluppare competenze che vanno oltre l'uso della lingua in sé, e riguardano i meccanismi della comunicazione (verbale e non).

ATTENZIONE

Scegliere materiale audio-visivo per studenti di livello principiante o elementare è un'operazione complessa, soprattutto quando si vuol porre l'attenzione su meccanismi di ordine pragmatico e sociolinguistico. Un'idea interessante, che svilupperemo di seguito, è quella di usare le registrazioni di attività didattiche svolte on line in modalità sincrona (funzione possibile con quasi tutti i sistemi di video-conferenza), per renderle poi oggetto di riflessione meta-comunicativa.

SUBITO IN PRATICA

- Registrate sistematicamente le attività didattiche in lingua straniera che svolgete in modalità live (ad esempio, un'attività fatta insieme agli studenti in videoconferenza), e annotate tutti gli episodi relativi a «problemi comunicativi», anche in lingua materna (sovrapposizioni di turni, momenti di disconnessione, malfunzionamento della webcam, ecc.).
- Costruite dei focus group su ciascun problema comunicativo riscontrato: rivedete insieme il video, e proponete domande che stimolino la

riflessione (ad esempio, perché in questo momento non si riusciva a capire quello che diceva il compagno? Come avete cercato di ricostruire il senso di quello che veniva detto? Perché il fatto di non vedere il volto del compagno in quell'episodio è stato problematico?).

- Riassumendo i punti emersi dalla discussione, invitate gli studenti a redigere un «Vademecum della comunicazione», che sintetizzi alcune caratteristiche della comunicazione che hanno imparato riflettendo sui video analizzati. A quel punto potete agganciarvi al lavoro svolto proponendo altro materiale audio-visivo in lingua straniera che stimoli la riflessione anche in prospettiva interculturale (si può far notare, ad esempio, che in inglese la sovrapposizione dei turni è meno frequente che in italiano, o che esprimere un'emozione attraverso le espressioni facciali non è una regola universalmente condivisa).

SPUNTI DI RIFLESSIONE

Spostare l'attenzione dalla lingua in sé ai meccanismi della comunicazione, come abbiamo proposto qui, può essere un grande vantaggio per l'inclusione degli alunni con disturbi del linguaggio e dell'apprendimento, che spesso faticano più nella gestione degli aspetti formali della lingua che dell'efficacia comunicativa. Al tempo stesso, se nella nostra classe sono presenti alunni con disturbi della comunicazione, questo genere di riflessioni possono risultare per loro difficili; se però alcuni degli episodi che avete registrato coinvolgono questi studenti, rispettando la riservatezza dei dati, potete condividerli con il professionista clinico che segue l'alunno, in modo da porre le basi per un precedente lavoro individualizzato a cura del clinico, che viene poi rafforzato e potenziato durante le attività di riflessione meta-comunicativa che proporrete a tutta la classe.

IDEA 64

MONOLOGARE: MOLTO PIÙ CHE PARLARE

Nella tradizione glottodidattica italiana spesso manca un «allenamento» specifico dell'abilità di produzione orale e, ancor di più, uno sviluppo delle strategie collegate. Il monologo viene riservato alla risposta data durante l'interrogazione, e quindi visto piuttosto come strumento di verifica delle conoscenze, che non come abilità a sé stante. Il QCER-CV, per i livelli più bassi, individua tre possibili tipi di monologo: descrivere esperienze, dare informazioni e argomentare (dall'A2).

L'attenzione, per questi livelli, è posta piuttosto sui contenuti che sulla correttezza linguistica, a sottolineare il collegamento diretto fra le funzioni comunicative e il linguaggio utilizzato per esprimerle. Se le attività proposte non sono nuove per l'insegnante (descrivere se stessi o il posto dove si vive, riportare informazioni precise su un tema familiare, fornire indicazioni stradali, motivare i propri gusti, ecc.) è invece innovativa l'attenzione riservata alle strategie che sottostanno ad una produzione efficace (tanto orale quanto scritta, su cui verremo dopo) e che consistono in pianificazione, compensazione, monitoraggio e riparazione.

Non dimentichiamo, inoltre, che spesso i nostri allievi non sono preparati a sostenere dei monologhi nemmeno nella propria lingua materna. In una prospettiva di educazione linguistica, lo sviluppo delle strategie discorsive legate alla produzione orale dovrebbe partire dalla lingua meglio padroneggiata dallo studente per andare verso l'impiego nelle lingue straniere. In tal senso, un lavoro d'intesa con l'insegnante di italiano potrebbe essere vincente.

SUBITO IN PRATICA

- Ponete frequentemente gli studenti davanti alla necessità di produrre brevi monologhi, fin dall'inizio della propria esperienza di apprendimento linguistico: anche se inizialmente le produzioni saranno «imparate a memoria», serviranno comunque per rassicurare gli studenti (che potranno concentrarsi su aspetti fonologici e prosodici, anziché contenutistici) e vincere il normale imbarazzo che ascoltare la propria voce in una lingua diversa da quella materna provoca.

- Stimolate gli studenti a delle produzioni monologiche leggermente «al di sopra» delle proprie capacità (sia per questioni lessicali che morfosintattiche che contenutistiche): questo permetterà di avviare delle riflessioni su come è possibile «colmare» il vuoto di conoscenza, ponendosi delle domande per ciascuna delle tre strategie evidenziate dal QCER-CV:
  - *pianificazione* (Che espressioni mi servono per trattare i punti principali? Me le ricordo o devo andare a ripassarle? Come potrebbero reagire le persone a cui rivolgo il mio discorso?);
  - *compensazione* (Se non conosco le espressioni esatte, cosa posso fare per farmi capire? Posso usare dei gesti? posso usare una parola che so essere sbagliata ma che può aiutare a far passare il messaggio, magari spiegandola? Posso fornire una definizione del concetto che mi manca? posso fare una parafrasi?);
  - *monitoraggio e riparazione* (Le tecniche che ho usato hanno funzionato? Ci sono degli errori che faccio frequentemente e posso prevenire o correggere subito?).

- Promuovete il lavoro di preparazione al monologo in gruppi, assegnando ruoli diversi ai vari membri (pianificatore, compensatore, monitor, speaker, timer, ecc.); questo permetterà di andare incontro alle caratteristiche di ciascun apprendente ma anche di sperimentare la complessità della preparazione.

SPUNTI DI RIFLESSIONE

Apprendere attraverso le tecnologie, specialmente a distanza, impone di ricorrere molto più frequentemente al monologo di quanto non sia stato fatto in precedenza. Allenare gli studenti a parlare senza avere un feedback immediato (ma dovendolo immaginare come reazione dell'ascoltatore) significa promuovere competenze di studio spendibili in tutti gli ambiti disciplinari. Ascoltare e guardare più volte le proprie performance è uno dei migliori strumenti per rilevare i propri punti di forza e di fragilità e lavorarvi in maniera serena e consapevole, privi della tensione che genera la performance in diretta.

IDEA 65

SCRIVERE, RISCRIVERE E NON ANNOIARSI

Per sgomberare il campo da equivoci, precisiamo subito che per produzione scritta, in lingua straniera, non si intendono tutte le attività che richiedono di «prendere la penna in mano» (o digitare su una tastiera). Il QCER-CV circoscrive l'esercizio di questa abilità a due attività specifiche: la scrittura creativa e la stesura di rapporti e saggi, lasciando all'interazione tutte le altre forme di scrittura.

Anche se queste attività non sembrano adatte agli apprendenti più giovani e ai primi passi nell'apprendimento di una lingua straniera, la lettura dei descrittori del QCER-CV ne suggerisce delle possibilità di sviluppo a partire dal livello A1 per la scrittura creativa (descrivere con linguaggio semplice una stanza, oggetti di uso quotidiano, persone reali o immaginarie) e dal livello A2 per saggi e rapporti (scrivere testi su soggetti familiari, esprimere le proprie impressioni su storie e abitudini).

ATTENZIONE

In linea di massima, nessun tipo testuale è di per sé difficile, lo diventa in ragione dei contenuti veicolati e della complessità del linguaggio utilizzato. Aspettare che lo studente padroneggi strutture linguistiche complesse o abbia maturato una rappresentazione cognitiva articolata dei contenuti da trattare prima di proporgli attività di produzione scritta, significa non promuovere l'acquisizione delle strategie e delle tecniche necessarie per redigere un testo efficace.

Così come avviene per la lingua materna, è utile incoraggiare fin da subito l'apprendente a sfruttare il proprio bagaglio linguistico (seppure ancora povero) per dare forma ai propri pensieri e riflettere sulle strategie impiegate, in una prospettiva di insegnamento linguistico metacognitivo.

SUBITO IN PRATICA

- Scrivere un testo, anche semplice, significa passare attraverso cinque fasi:
  1. analizzare il contesto
  2. raccogliere le idee
  3. progettare il testo
  4. scrivere il testo
  5. rivedere il testo.
- Molto spesso lo studente si «getta» sulla quarta fase, trascurando le altre. È importante abituare fin da subito gli alunni a impostare il lavoro di scrittura come un percorso a tappe, che potrebbe essere reso anche visivamente attraverso un cartellone da appendere in classe o un'infografica per l'ambiente di apprendimento virtuale. Nella lezione condotta in presenza c'è spesso poco tempo per lavorare efficacemente sulla produzione scritta, che rischia così di essere affrettata e puramente «esercitativa», a volte usata per verificare la comprensione. In casi come questo il digitale non è un'alternativa ma una soluzione: un ambiente virtuale di apprendimento strutturato che preveda un «angolo della scrittura» (ad esempio una bacheca collaborativa o un forum) permette agli studenti di scrivere e depositare i propri lavori (sia quelli realizzati in classe che quelli composti a casa) con dei tempi commisurati alle proprie capacità. L'insegnante può poi implementare un'attività «workshop» (già disponibile in alcune piattaforme virtuali open access) di valutazione incrociata degli scritti in una logica di *peer tutoring*: questo, oltre a responsabilizzare gli studenti, li pone effettivamente di fronte al significato di «comunicazione», cioè capacità di veicolare messaggi e, di conseguenza, alla necessità di formulare il proprio pensiero in modo logico e chiaro.
- La fase di revisione non sempre viene curata, sia per mancanza di tempo, sia perché poco «interessante» per lo studente. È invece un momento prezioso, quello in cui veramente può aver luogo l'apprendimento: attraverso un feedback efficace, si può andare a lavorare nella Zona di Sviluppo Prossimale individuata da Vygotskij. Affinché questo accada, l'insegnante può:
  - creare insieme agli studenti una legenda per la correzione degli errori;
  - inserire nel testo scritto i simboli concordati solo laddove reputi che effettivamente lo studente possegga le risorse per comprendere il

proprio errore (e tralasciando gli altri);
- offrire allo studente la possibilità di riscrivere un nuovo testo provando a intervenire nei punti segnalati.

La valutazione (sotto forma di voto o di giudizio) può essere espressa solo dopo la seconda stesura, per favorire l'assunzione di responsabilità dello studente e premiare il suo impegno.
Anche in questo caso, lo sfruttamento di piattaforme digitali permette di conservare uno storico delle produzioni scritte dell'alunno, che può quindi osservare i propri miglioramenti e lavorare su errori persistenti.

SPUNTI DI RIFLESSIONE

Usare le tecnologie nella produzione scritta per tutti gli studenti può far sentire maggiormente a proprio agio l'alunno con Bisogni Specifici che molto spesso è obbligato a utilizzarle per compensare le difficoltà provocate dal proprio disturbo e, per questa ragione, si percepisce o è percepito come «diverso» dai compagni. La scrittura digitale inoltre è «pulita» (non ci sono i segni delle cancellature), facilmente «anonimizzabile» (posso togliere il nome dell'autore), ristrutturabile a piacimento (posso spostare i «pezzi» e quindi migliorare l'organizzazione del testo senza doverlo riscrivere), implementabile con altre forme di comunicazione (formattazione del testo, font diversi, immagini, fotografie, mappe, ecc.). Questi vantaggi rendono la scrittura al computer più accettabile da parte sia dello studente che dell'intera classe.

IDEA 66

RINFORZARE IL MESSAGGIO VERBALE NELL'INTERAZIONE ORALE

L'interazione, che coinvolge la presenza di più figure nella costruzione del discorso, è un aspetto centrale nell'uso della lingua e come tale viene contemplato dal QCER-CV. Gli alunni sono considerati agenti sociali in quanto, attraverso la lingua, entrano in relazione con altri interlocutori. Nell'ambito più specifico dell'interazione orale, l'interlocutore diventa la figura centrale con cui bisogna stabilire un contatto e negoziare la trasmissione dei messaggi. Per riuscire a co-costruire un discorso attraverso l'interazione bisogna tener conto dei tre seguenti elementi:

1. Di cosa si parla? Si tratta di dare informazioni personali? Di soddisfare una necessità immediata? Si parla di argomenti familiari? Oppure di ambiti più generici?
2. Quale uso si fa della lingua? La velocità di eloquio è lenta? Si cerca di riprodurre una pronuncia standard?
3. E qual è la capacità per adeguarsi all'interlocutore e rinforzare la comprensione del messaggio? Siamo pronti a ripetere, riformulare, confermare dettagli, usare gesti e mimica?

ATTENZIONE

Una strategia importante che favorisce la percezione di co-responsabilità nella costruzione di un discorso è l'osservazione e la successiva analisi dei momenti di socializzazione e discussione di un argomento in aula in lingua materna. Sia durante le lezioni presenziali sia attraverso la registrazione di una lezione svolta in modalità sincrona, l'insegnante può far notare come si mantiene attiva una conversazione grazie alla cooperazione di tutti gli interlocutori coinvolti.

SUBITO IN PRATICA

- Proponete periodicamente delle situazioni linguistiche tratte da video (cartoni animati, serie tv, programmi televisivi, ecc.) in cui sia possibile osservare dei microdialoghi. È molto importante che le situazioni siano ben contestualizzate e abbiano una chiara finalità comunicativa e che i dialoghi siano brevi (massimo 1-2 minuti). Se si tratta di giovani apprendenti le situazioni dovrebbero focalizzarsi sullo scambio di informazioni personali o sulla risoluzione di una necessità immediata.

- Per ogni situazione, orientate l'attenzione dei vostri alunni verso lo scambio di informazioni che avviene tra gli interlocutori e verso le formule linguistiche ricorrenti usate per reagire: sì/no; scusa/scusi; per piacere; grazie; no, grazie.
- Riflettete in aula sui gesti che vengono usati per rinforzare l'informazione: puntare a se stessi quando si dà un'informazione personale, puntare all'interlocutore quando si vuole sapere qualcosa da lui, indicare un oggetto (ad esempio un bicchiere, se si vuole bere), ecc.
- L'individuazione di gesti vincolati ai messaggi li renderà elementi sfruttabili per rinforzare la comunicazione. Metteteli in pratica alternando momenti di osservazione con momenti di esercitazione in aula. Potete registrare voi stessi delle richieste (le videoregistrazioni saranno più efficaci) a cui i vostri alunni dovranno reagire con una formula breve e con un gesto di rinforzo.
- Evitate la ripetizione automatica di interazioni tra i vostri alunni perché ciò comprometterà il reale valore comunicativo e provocherà la perdita di interesse. L'automatizzazione sarà agevolata dall'uso ripetuto delle formule basiche negli scambi comunicativi che avvengono in aula quotidianamente, soprattutto nel caso di giovani apprendenti.

CONSIGLIO SOS

Gli studenti con un disturbo della comunicazione sociale (pragmatica) manifestano limitazioni importanti nella gestione della comunicazione (rispettare i turni di parola, interpretare l'intenzione dell'interlocutore, decodificare i segnali non verbali), per cui questo tipo di attività, che integra il codice verbale con linguaggi non verbali (mimica, gestualità, ecc.), contribuirà allo sviluppo della loro competenza comunicativa. Una strategia utile potrebbe essere promuovere una fase di condivisione da parte degli studenti dei gesti e della mimica che loro usano per rinforzare i messaggi e per fare inferenze rispetto alle intenzioni dell'interlocutore. La creazione di un dizionario illustrato di gesti comunicativi condivisi potrebbe diventare un progetto di classe.

IDEA 67

POTENZIARE L'INTERAZIONE SCRITTA

Nell'ambito dell'interazione, il QCER-CV contempla la scrittura in due contesti comunicativi: la corrispondenza interpersonale e la compilazione di note, messaggi e moduli. In entrambi la lingua utilizzata è molto simile alla lingua parlata, essendo il trasferimento di informazioni il vero obiettivo comunicativo. Esiste, per questo motivo, un alto livello di tolleranza rispetto a possibili errori o ambiguità spesso compensati dal supporto del contesto.
Quando si lavora con alunni di livelli più bassi sarà necessario contestualizzare il più possibile l'interazione scritta in modo che il processo di scrittura sia orientato alla produzione delle informazioni essenziali.

ATTENZIONE

Un'idea per promuovere nella pratica didattica l'interazione scritta che coinvolga gli alunni di livelli più bassi è quella di passare in un primo momento attraverso il canale dell'oralità esercitando i meccanismi dell'anticipazione. Attraverso domande si potranno anticipare le informazioni necessarie da sfruttare nell'interazione scritta e verranno attivate le conoscenze pregresse, fondamentali per mettere in relazione le nuove conoscenze con quelle già acquisite.

SUBITO IN PRATICA

- Un modo per attivare lo scambio di messaggi scritti è la creazione di una bacheca con gli impegni della classe. In aula basterà un cartellone con dei post-it. In ambiente digitale si possono sfruttare le applicazioni web per creare una bacheca virtuale.
- Lasciare un messaggio in bacheca implicherà inizialmente scrivere l'essenziale per trasmettere un appuntamento o un impegno: Cosa? Con chi? Dove? Quando? A che ora? Queste domande, scambiate in aula,

serviranno a riattivare le conoscenze pregresse riguardanti le materie scolastiche, le attività curricolari ed extracurricolari, i luoghi, i giorni della settimana, gli orari.

- Subito dopo si può proporre un'attività di supporto in coppie di alunni per l'elaborazione pressoché immediata dei contenuti proposti in modo da appropriarsene e con l'obiettivo di creare alcuni post che saranno condivisi con la classe e valutati come esempi.
- La gestione della bacheca può diventare inoltre un lavoro di gestione collaborativa a gruppi, se si distribuiscono i compiti (concepire il post, creare il testo, pubblicare, dare un resoconto finale dell'attività) e se vengono assegnati dei ruoli all'interno di ciascun gruppo, per garantire che ogni membro sia coinvolto e responsabile di uno step.
- Se parallelamente o in seguito si vuole lavorare sulla corrispondenza interpersonale, l'interazione scritta attraverso lo scambio di cartoline può procedere allo stesso modo. In una prima fase con l'anticipazione delle informazioni più frequenti attraverso l'oralità: chi vuoi salutare (saluto iniziale e finale)? Per quale motivo? Per fare gli auguri? Per salutare da un posto che stai visitando: da dove? Cosa hai visitato?
- In un secondo momento, si può progettare l'elaborazione di uno schema per la stesura della cartolina prototipo e infine, perché la corrispondenza interpersonale sia ben contestualizzata, potrebbe diventare una pratica usuale per la classe nel momento di festeggiare un compleanno o salutare i compagni quando si è in vacanza.

CONSIGLIO SOS

Alcuni studenti, specialmente in presenza di bisogni specifici, possiedono livelli di autonomia piuttosto bassi in relazione all'età. Ciò si ripercuote sia in ambito scolastico sia in ambito domestico. In entrambi gli ambienti è possibile affiancare lo studente perché possa conquistare gradualmente più autonomia con la creazione di una bacheca che proponga l'orario scolastico (non solo per la memorizzazione delle lezioni ma anche per l'organizzazione delle ore di studio e lo svolgimento dei compiti), il materiale necessario per ogni materia, gli eventi significativi (scolastici o familiari). La creazione di post molto sintetici in lingua materna — parole, note scritte, simboli, disegni — sarà propedeutico alla creazione di post simili in lingua straniera.

IDEA 68

PROMUOVERE LA COMPONENTE SOCIALE NELLE INTERAZIONI ON LINE

Il fatto che l'interazione on line sia mediata da una macchina la rende molto diversa dalla comunicazione che avviene faccia a faccia. Il QCER-CV si concentra sulla comunicazione online come fenomeno multimodale sottolineando due abilità. Da un lato, considera la capacità degli interlocutori di gestire interazioni sociali e trattare delle questioni in diversi ambienti virtuali come, ad esempio, i caffè (aree di intrattenimento e scambi liberi), le classroom (aule virtuali per la somministrazione di lezioni) o le meeting room (spazi per le videoconferenze). Da un altro lato, considera la capacità degli interlocutori di collaborare on line con lo scopo di raggiungere degli obiettivi.
Promuovere la componente sociale in ambienti virtuali permetterà di focalizzare l'attenzione sulla figura dell'interlocutore e prendere consapevolezza dell'ambiente virtuale come spazio sociale dove avvengono interazioni tra persone. Va quindi sottolineato che, nel saper gestire l'interazione online in modo efficace, entrano in gioco non solo la conoscenza linguistica ma anche l'abilità di entrare in relazione con l'altro. Questo sarà il passo necessario per cominciare a costruire in modo efficace la capacità di padroneggiare l'interazione online.

ATTENZIONE

Quando si lavora con alunni di livelli bassi (pre-A1, A1) la capacità di gestire interazioni sociali e trattare delle questioni in vari ambienti virtuali si limita alla pubblicazione di semplici saluti on line, usando espressioni molto ricorrenti ed emoticon, e alla pubblicazione di brevi dichiarazioni su di sé (nazionalità, occupazione), a condizione che possano essere selezionate da un elenco predefinito. Sia che si lavori in aula presenziale che a distanza, è opportuno creare delle occasioni per sperimentare l'interazione on line attraverso l'uso di moduli on line prevedibili o l'uso delle funzionalità di base di un'aula virtuale.

SUBITO IN PRATICA

- Costruite e assegnate periodicamente dei formulari da riempire attraverso campi precompilati, per raccogliere informazioni essenziali dai vostri alunni. Per rendere realistico l'uso dei formulari da un punto di vista pragmatico, immaginate degli scenari dove potrebbero essere richiesti come, ad esempio, l'iscrizione a una gita, la partecipazione a una gara sportiva oppure a un concorso di disegno. Guidateli nella compilazione attraverso consegne semplici che possono essere fornite oralmente in modalità sincrona, ma anche in modalità asincrona, se registrate dei messaggi con le consegne, e condividete il tutto attraverso un canale comunicativo digitale.
- Fornite sistematicamente un feedback sui dati raccolti attraverso la presentazione di un grafico o un altro supporto visivo e il commento a voce. È importante sottolineare il valore relazionale di questa attività, ricordando che l'interazione è bidirezionale.
- Nel caso abbiate a disposizione uno spazio in una piattaforma per l'apprendimento, provate a mettere in moto le funzionalità dei commenti o della chat del vostro spazio virtuale, per fornire input mirati su alcuni task assegnati e chiedete una reazione attraverso una conferma della ricezione («Ricevuto») o l'uso di un'emoticon.
- Con alunni del secondo ciclo di istruzione (di primo grado) di livello A2, A2+, è possibile avviare semplici lavori collaborativi in piccoli gruppi (selezionare prodotti in un catalogo digitale per scegliere un regalo — musica, abbigliamento, libri — o simulare l'acquisto della spesa necessaria per organizzare una merenda di classe), dove sia necessario interagire attraverso un canale comunicativo digitale per scambiarsi istruzioni semplici (cerca il colore blu, scegli la taglia, aggiungi al carello...), chiedere/dare chiarimenti, ringraziare, ecc.

CONSIGLIO SOS

Nella modalità a distanza il contatto sincrono, attraverso videoconferenza, o asincrono, attraverso le reazioni prima indicate, valorizzerà il mantenimento delle relazioni interpersonali e sottolineerà lo spazio di socializzazione dell'ambiente virtuale.
In alcuni casi, soprattutto per gli alunni più piccoli del primo ciclo scolastico, ma anche per alcuni alunni con bisogni specifici, sarà necessaria la

mediazione di un adulto o di un tutor dell'apprendimento nell'ambiente domestico, per garantire la fruizione della didattica in generale ma anche l'accesso alla rete per gli incontri in videoconferenza. Sottolineate alle famiglie il grande valore affettivo di questi incontri, che permetteranno anche il contatto visivo tra alunni e tra insegnante e alunno.

IDEA 69

MEDIARE UN TESTO TRA LINGUA SCRITTA E LINGUA ORALE

La nuova prospettiva del QCER-CV del concetto di mediazione di un testo non è legata soltanto alla capacità del parlante di sfruttare più lingue per trasmettere i contenuti di un testo a un'altra persona che incontra barriere linguistiche, culturali o tecniche nella comprensione. Il QCER-CV estende il concetto includendo anche la mediazione di un testo per se stessi (ad esempio, quando si prendono appunti durante una conferenza) e per esprimere reazioni ai testi creativi e letterari. La mediazione viene concepita dunque come un'attività cognitiva di studio e manipolazione del testo tra una lingua A e una lingua B, dove A e B possono essere:

- due lingue diverse (*interlinguistica*);
- due varianti della stessa lingua (*intralinguistica*);
- due registri della stessa lingua (*intralinguistica*): orale/scritto; registro colto/registro colloquiale.

ATTENZIONE

Il QCER-CV colloca la mediazione di un testo in contesti d'uso quotidiano come la trasmissione di informazioni specifiche, la spiegazione di dati (in grafici, diagrammi, ecc.) in lingua orale o scritta, la presa d'appunti e la traduzione, anche se non viene considerata come attività professionale. Nel caso di apprendenti molto giovani, l'avvio della capacità di mediazione di un testo potrebbe iniziare attraverso la trasmissione di informazioni molto semplici come tempi, luoghi, numeri, ecc., combinando il registro orale-scritto della stessa lingua.

SUBITO IN PRATICA

- Proponete uno scenario per contestualizzare la trasmissione delle informazioni. Ad esempio, immaginate di dover organizzare una gita scolastica in un luogo dove si parla la lingua straniera studiata ed è necessario programmare alcune visite.

- Individuate in rete dei manifesti o dépliant in LS di alcuni luoghi di interesse. Selezionate i documenti autentici, avendo cura di scegliere modelli semplici con supporto grafico (fotografie, disegni, numeri). Se lavorate a distanza, sarà possibile attivare maggiormente la motivazione navigando nel sito web dei luoghi prescelti.
- Predisponete dei gruppi di lavoro che avranno in comune il compito di trasferire al resto della classe delle informazioni specifiche selezionate dal materiale in LS. Alcuni esempi delle informazioni da trasferire potrebbero essere: trovare gli orari di apertura e chiusura, individuare il giorno di chiusura, il prezzo del biglietto, se ci sono sconti per gli studenti, punti di ristoro, ecc.
- Assegnate un ruolo agli alunni di ciascun gruppo: chi decide quali informazioni utili trasferire, chi individua le informazioni nel materiale a disposizione, chi pensa come trasferire le informazioni, chi farà da portavoce per condividere il risultato in plenaria.
- Lasciate libera scelta agli alunni affinché possano decidere i mezzi di espressione per trasferire le informazioni: in lingua scritta attraverso un post sintetico (Orari/Prezzo/Giorno di chiusura), in lingua orale con un messaggio audio registrato oppure con un post grafico.
- Costruite una mappa mentale digitale con l'aiuto di un'applicazione web e invitate il portavoce di ciascun gruppo ad illustrare il risultato del lavoro. Sarà interessante poter ascoltare, leggere e/o visualizzare i disegni con le informazioni selezionate.
- L'attività può concludersi in plenaria con una riflessione sulle difficoltà riscontrate in ogni gruppo per trasferire le informazioni e le modalità adottate per riuscire a farlo. Infine si può valutare l'efficacia della mappa mentale: sarà ora più facile l'organizzazione della gita e delle visite ai luoghi di interesse? Permetterà di creare un calendario tenendo conto dei giorni e degli orari di apertura dei luoghi da visitare?

CONSIGLIO SOS

Lavorando con alunni con bisogni linguistici specifici, è opportuno distribuire previamente il materiale autentico selezionato affinché possano familiarizzare con lo strumento prima che venga sfruttato in aula e non sia necessario assegnare loro più tempo. Inoltre conviene segmentare il compito, suddividendolo in fasi distinte, in modo da proporre sotto-compiti parzialmente autonomi. In questo modo anche gli alunni con un ritmo di lavoro più lento avranno la sensazione di aver completato una parte del lavoro finale.

IDEA 70

COLLABORARE PER COSTRUIRE UN CONCETTO (MEDIAZIONE)

La mediazione di un concetto si riferisce al processo di facilitazione necessario per far accedere a una nuova idea o a un nuovo significato gli interlocutori, soprattutto nel caso in cui non siano in grado di accedervi da soli. Nella prospettiva del QCER-CV, la mediazione di un concetto non è legata soltanto all'uso della lingua (riconosciuta come lo strumento imprescindibile per pensare ad un argomento), ma anche alla creazione delle condizioni necessarie perché la costruzione e lo scambio di conoscenze avvengano all'interno di un gruppo che coopera.

ATTENZIONE

Per creare buone dinamiche all'interno di un gruppo, è consigliabile coinvolgere tutti gli alunni perché si sentano parte attiva del processo di co-costruzione e mediazione di concetti. Un contesto di lavoro collaborativo sarà quindi molto efficace per la mediazione di concetti se ognuno dei suoi membri esprime idee, esperienze e preferenze e riesce ad intervenire in modo dinamico per stimolare la collaborazione tra pari. Ciò faciliterà la creazione di un clima positivo che stimolerà l'ascolto reciproco, lo scambio di punti di vista e l'accettazione delle idee degli altri.

SUBITO IN PRATICA

- Proponete un'attività che abbia come obiettivo la condivisione di regole di comportamento nell'aula virtuale (sia in modalità sincrona che asincrona) come, ad esempio, la costruzione di cartelloni o manifesti con la netiquette (regole di galateo informatico) o le istruzioni per comunicare in modo gentile. È importante che le regole siano stabilite in modo cooperativo perché gli studenti siano motivati a rispettarle.
- Prima di iniziare la riflessione in plenaria, stabilite una modalità per chiedere il turno di parola (in molte piattaforme di apprendimento esiste la possibilità di usare la funzione di alzata di mano per richiedere

al relatore di prendere la parola) e assicuratevi che gli alunni abbiano delle formule linguistiche per intervenire, in modo da facilitare la collaborazione e la co-costruzione delle idee: «A me piace l'idea di X. Posso aggiungere un'altra?», «Cosa ne pensi tu?», «Posso/Puoi ripetere?», «Posso/Puoi riassumere?», «Io ho capito la prima idea ma non la seconda...», «Chi mi può spiegare la seconda idea?».

- Si può procedere con un *brainstorming* che faccia emergere i concetti (regole, istruzioni, ecc.) attraverso l'individuazione di parole-chiave, scenari di applicazione o uso e la condivisione di esperienze personali.
- Assicuratevi che venga rispettato il turno di parola e che tutti gli alunni intervengano dando il proprio contributo e stimolando la collaborazione dei compagni. Ogni tanto fermate la riflessione per fare la sintesi: riunite i concetti emersi in una lavagna o una bacheca digitale.
- La possibilità di avere la videoregistrazione del brainstorming, se si lavora in modalità «live» con un sistema di videoconferenza, permetterà di osservare successivamente le dinamiche di collaborazione e facilitazione tra pari per la mediazione di concetti.

SPUNTI DI RIFLESSIONE

Molti alunni con bisogni specifici lavorano più a loro agio in coppia o in piccoli gruppi perché si sentono scoraggiati e poco stimati all'interno del gruppo classe.
Quando proponete delle attività con gruppi grandi che devono lavorare in modo collaborativo, siate espliciti e spiegate alla classe che ogni membro di un gruppo diventa una risorsa e aumenta di fatto le capacità, le opinioni e le idee che serviranno per svolgere il compito. Un gruppo classe diventa una comunità di persone che apprende insieme quando ogni membro si sente accolto e può contribuire con le proprie capacità. Fomentate con delle attività mirate i rapporti di amicizia e le forme di sostegno tra gli alunni.

IDEA 71

VALUTARE LA PROPRIA PERFORMANCE

Una delle modalità più efficaci per migliorare le proprie abilità orali in lingua straniera o seconda è quella di riascoltare la propria performance. Nella pratica didattica in aula o comunque tradizionale, è difficile che questo avvenga, sia perché normalmente non si dispone delle attrezzature necessarie, sia perché non vi è l'abitudine a farlo. Nella didattica a distanza, invece, questo passaggio risulta molto più semplice e «naturale», connaturato con l'ambiente digitale in cui si sta operando. Come tutte le forme di feedback, però, perché sia formativo, è necessario che risponda ad alcune caratteristiche e, precisamente, deve:

1. essere specifico;
2. essere periodico e tempestivo;
3. far comprendere a che livello si colloca la prestazione rispetto agli standard di successo attesi dall'insegnante;
4. fornire strategie (non soluzioni);
5. focalizzarsi sul compito e non sull'apprendente;
6. essere descrittivo (non interpretativo);
7. riguardare comportamenti o aspetti modificabili.

ATTENZIONE

Riascoltarsi e rivedersi è un'operazione che mette in imbarazzo, specialmente le prime volte. La nostra voce, ascoltata dall'esterno, ci suona come estranea e sgradevole anche quando parliamo in lingua materna. È importante che l'insegnante adotti tutte le precauzioni necessarie per evitare che un momento altamente formativo risulti inefficace per l'innalzarsi del filtro affettivo.

SUBITO IN PRATICA

Prima che l'osservazione diventi efficace, è necessario far familiarizzare progressivamente lo studente con questa pratica. È meglio iniziare chie-

dendo di portare l'attenzione dapprima su elementi generali (velocità dell'eloquio, fluenza, naturalezza, gestualità o mimica, ecc.) e, solo in un secondo momento, focalizzare aspetti più specifici (lessico, morfosintassi, fonologia, ecc.).
Gli studenti non sono abituati all'autovalutazione: hanno bisogno di essere guidati con strumenti specifici e progressivi, che portino l'attenzione su elementi discreti, come ad esempio una scheda di osservazione con delle semplici domande sugli aspetti lessicali.

Quali parole mi hanno messo in difficoltà?	
Conoscevo tutte le parole necessarie?	
Quando non sapevo una parola, cosa ho fatto?	
Ci sono parole di cui non sono sicuro della pronuncia?	
Avrei potuto usare delle parole più precise?	

- L'ideale sarebbe che lo studente riascoltasse più volte la stessa performance, con degli obiettivi di osservazione differenti.
- Altamente formativo per lo studente è poter confrontare, a posteriori, la propria autovalutazione con quella espressa dall'insegnante: nella maggior parte dei casi, resterà stupito dell'esattezza delle proprie osservazioni e questo potenzierà il suo senso di auto-efficacia.
- Quando gli studenti hanno preso confidenza con la pratica del riascolto si può provare a promuovere una revisione fra pari. Utile, in questo caso, corredare la scheda di osservazione con delle parti che vadano a «smussare» l'impatto del feedback, come ad esempio «Fai un complimento al tuo compagno» oppure «Cosa ti è piaciuto di più del video registrato dal tuo compagno?». Le piattaforme permettono di creare dei «portfolio digitali» delle performance degli studenti. È molto utile chiedere di rivalutare una performance di alcuni mesi prima: accorgersi dei propri progressi è uno dei più potenti sostegni alla motivazione!

SPUNTI DI RIFLESSIONE

In contesto scolastico gli studenti sono «abituati» ad essere etero-valutati, meno ad autovalutarsi e assolutamente disabituati a valutare gli altri, in particolare se questi altri sono gli insegnanti. In un'ottica di *reciprocal-teaching*, anche sul fronte studente-insegnante è molto utile impostare dei momenti ricorrenti in cui agli studenti viene chiesto di fornire un feedback sull'attività docente. Questa pratica agisce positivamente sul clima della classe perché pone le basi per un rapporto simmetrico, nel quale lo studente si sente più libero di esprimere i propri bisogni e chiedere un adattamento della didattica.

BIBLIOGRAFIA

Consiglio d'Europa (2018), *CEFR Companion Volume with New Descriptors,* https://rm.coe.int/cefr-companion-volume-with-new-descriptors-2018/1680787989 .

Daloiso M. (2016), *I Bisogni Linguistici Specifici. Inquadramento, intervento clinico e didattica delle lingue,* Trento, Erickson.

Daloiso M. (2020), *Linguistica educativa, linguistica cognitiva e bisogni specifici: intersezioni*, Trento, Erickson.

STIMOLARE LA CREATIVITÀ

di Alessandra Falconi

IDEE 72-81

INTRODUZIONE

«Creatività non significa vivere nel mondo dei sogni, della fantasia sfrenata senza limiti, ma saper riconoscere un problema e realizzare i modi per trovare la soluzione del problema stesso. Solo chi è in possesso di tale capacità può essere sicuro di riuscire ad affrontare con successo ogni imprevisto»: questa definizione di creatività formulata da Alberto Manzi, l'indimenticabile maestro di *Non è mai troppo tardi*,[1] potrebbe restituire il confine dell'esperienza vissuta da tanti docenti durante l'epidemia dello scorso anno scolastico. Una situazione imprevista ha — nel migliore dei casi — attivato la creatività degli insegnanti per affrontare l'emergenza, cercando ogni leva possibile per tenere in equilibrio il «buono» e il «fondamentale» della scuola. La competenza, ma anche la fantasia e la professionalità, hanno dato forma a idee, progetti e percorsi che hanno tenuto in vita l'idea di una scuola come possibilità di scoperta collettiva e appassionante del mondo. Anche quando il mondo sembrava avere ben poco da dare agli alunni e alle alunne. Manzi prosegue nella sua definizione di creatività aggiungendo che essa è «la capacità produttiva della ragione, strettamente legata alla fantasia che offre quella inventività necessaria ad affrontare con spirito nuovo e senza limitazioni derivanti da pregiudizi ogni problema». Durante l'emergenza ho osservato e cercato di sostenere maestre e professoresse che volevano usare questo tempo per riformulare le loro domande rispetto al senso più profondo del fare scuola e che sentivano con urgenza il bisogno di «creatività», anche a livello personale e non solo professionale.

L'ambito disciplinare di «Arte e immagine» si è rivelato uno spazio ideale per sperimentare i primi abbozzi di risposta, perché andavano delineandosi alcune esigenze:

[1] «Non è mai troppo tardi» è una trasmissione televisiva che andò in onda in Rai dal 1960 al 1968 per aiutare le persone ancora analfabete a imparare a leggere e scrivere. Fu condotta dal maestro Alberto Manzi, famoso anche per aver scritto il romanzo per ragazzi *Orzowei*.

- *il bisogno di sostenere l'espressività,* sia quella degli alunni, sia dei docenti; comunicare e condividere quello che si stava vivendo, il forte bisogno (e la mancanza) di relazioni quotidiane venute a mancare all'improvviso, la possibilità di potersi esprimere attraverso esperienze grafico-visive libere dall'ansia della valutazione;
- *l'accessibilità delle esperienze proposte:* ho visto nascere idee che permettevano a tutti i bambini e alle bambine di partecipare. Realizzare una mostra degli oggetti più brutti che si hanno in casa oppure il museo delle «cose gialle»... Queste proposte hanno avuto anche il merito di far sorridere, di ricreare piccole complicità tra adulti e ragazzi, come avveniva in classe;
- *la sostenibilità dei «compiti» assegnati:* comporre ritratti con gli scarti della cucina, fotografare classificando per colore... erano consegne possibili per tutti, senza provocare divari o diseguaglianze;
- *il recupero della dimensione collettiva:* è fondamentale trovare il modo di coltivare e proteggere la gioia dell'imparare insieme. Bambini e bambine, dalle loro camerette collegate, rischiavano una scuola esclusivamente «in solitaria». Anche in questo caso, Arte e immagine è stato il terreno per recuperare, almeno parzialmente, qualcosa di un «noi» che è mancato a tutti, grandi e piccoli.

Come ci ricorda Manzi, «L'apprendimento è più efficace se viene fatto in maniera creativa, ossia se spinge a immaginare, ad osservare, a dimostrare, a esplorare, a sperimentare, a verificare». Occorre allora saper progettare la manipolazione di strumenti e cose, il dialogo concreto con gli oggetti, con i materiali, affinché il bagaglio culturale dell'alunno (le sue conoscenze pregresse) possa emergere e lasciarsi modificare e precisare dalle nuove esperienze che dovrebbero ristrutturare tutto il suo sapere. Qualcosa di saputo e qualcosa di sconosciuto sono costantemente in tensione: è da qui che possiamo osservare il mettersi al lavoro della creatività, dell'immaginazione, della fantasia.
La strada verso questi approfondimenti è stata percorsa con tante idee e strategie. Ne cito di seguito alcune.

- *Disegnare partendo da stimoli sonori:*[2] il suono ha avuto un ruolo importantissimo in questa quarantena. È stata una delle possibilità di tenere insieme il prima, l'oggi e il domani. La voce dell'insegnante e degli altri bambini, il canto, suoni diversi, hanno ispirato la possibilità di raccontare visivamente il silenzio, di metterlo dentro la cornice del disegno.
- *Far emergere i tanti punti di vista:* la didattica creativa che alcuni docenti sono riusciti a proporre ha potenziato la speranza di poter sempre vedere anche qualcos'altro: dall'insalata che diventa un ritratto[3] alla foglia che diventa una geografia[4]... nei bambini si è nutrita la pluralità del punto di vista.
- *Intrecciare il piacere di scoprire le discipline con proposte visive:* fare «scienze» con un disegno che fa ipotesi, propone idee, esprime piccoli e grandi saperi. Cosa accade dentro un uovo di gallina? Come si arriva al pulcino? A Milano, una seconda classe primaria ha ragionato su diverse ipotesi, proprio partendo dall'immaginazione e dall'esperienza dei bambini condensate in un disegno.
- *Il mondo a portata di mano / Cosa vedi dalla finestra:* le finestre sono state aperture per uscire da casa, delle vere e proprie «scoperte». L'osservazione del cielo di notte, con le stelle; quella di giorno con le nuvole, oppure con lo spostamento del sole... anche in questo caso, una sostenibile creatività ha dato inizio a possibilità di fare e capire.
- *Il mondo che attendi/Cosa non vedi dalla finestra:* «Non vedo un ragno che calpesta un piranha, che cerca di mangiare delle scarpe jet... un leone che ruggisce per la puzza»,[5] che ha permesso ai bambini di tenere vicino a sé quelle possibilità che non erano possibili nella realtà che stavamo vivendo. Questa apertura ad un possibile si manifestava e palesava grazie al disegno, alla metafora e all'arte.

Sollecitare l'immaginazione è importante non solo perché è proprio l'immaginazione ad essere necessaria allo sviluppo di nuove ipotesi e

[2] Progetto di Simona Capelli, a partire da una videolettura del Laboratorio di Comunicazione e Narratività dell'Università di Trento.
[3] Progetto di Simona Capelli e Alice Mingardi, Emilia-Romagna.
[4] Progetto di Enrica Buccarella, Veneto.
[5] Progetto della maestra Antonella Capetti, Lombardia.

di nuove possibilità di capire, ma anche perché crea nel bambino una «abitudine» al pensare in modo creativo.
La stessa creazione artistica, ben lontana dall'essere un «lavoretto», diventa un modo per guardare e capire: è il prodotto intermedio o finale (in ogni caso momentaneamente, mai in modo definitivo) di un percorso di ricerca che il bambino ha fatto. Se ci è facile considerare un tema, oppure una risposta matematicamente corretta, la «conclusione» di un percorso, non sempre alla produzione artistica diamo lo stesso valore di punto di arrivo di un apprendimento, o di strumento di indagine per capire e mettere in relazione. Manzi, invece, ci invita a considerare quanto sia importante questo «lavoro visivo» per il bambino e per i suoi processi cognitivi, per lo sviluppo percettivo ed emotivo, per la crescita della coscienza sociale, per la sua evoluzione creativa.
«Creare» infatti, è un verbo che richiama alcune possibilità del *fare:*

- far capire che conoscere è possibile;
- far manipolare piccole parti di un mondo che può essere conosciuto e descritto;
- far costruire i propri concetti perché l'oggetto pone interrogativi reali;
- fare serve a spiegare: prima faccio previsioni, poi osservo, verifico, annoto, cerco di capire, scopro delle variabili, che non capisco degli aspetti. Sino a non vedere l'ora di poter raccontare;
- fare è l'urgenza di avere da dire, la quale spinge il bambino a cercare le parole più precise, il dialogo più intenso;
- fare esperienze perché «vi è apprendimento tutte le volte che un'esperienza lascia una traccia... che sarà poi ampliata, trasformata, rielaborata, connessa con altre ogni qualvolta il problema si ripresenterà»;
- fare è saper pazientare: senza sostituirsi al bambino, senza dare nessun aiuto se non quello di rispiegare, con altre parole, il lavoro da eseguire, la sfida da accogliere.
- fare è l'unica premessa del riuscire: perché far dire a un bambino «Non ci riesco»? Le eventuali difficoltà possono essere gestite e affrontate, si può chiedere aiuto e supporto.

Occorre però costruire una classe «amica» in cui l'insegnante sia a disposizione degli alunni e delle alunne. Se un alunno riesce a dire «Ho bisogno di aiuto», significa che vive in un ambiente sereno e allora, ci

ricorda Manzi, non si arrenderà mai. Ma anche l'insegnante ha bisogno di sentirsi sostenuto, di poter esprimere i propri bisogni mettendoli in dialogo con quelli degli studenti.
Nuove condizioni, nuovi strumenti, nuove situazioni: la creatività è stata resilienza. E ha aperto alcune nuove strade, quantomeno dal punto di vista della creatività, portandoci a riflettere su:

- come usare le tecnologie anche in modo creativo;
- come ricreare quelle necessarie esperienze di gioia e apprendimento collettivo;
- come preparare prima il necessario per ridurre, poi, il divario e l'ineguaglianza.

Sono tre aspetti che, se coltivati in profondità e come comunità di ricerca, sostenuti da pratiche, condivisione, sperimentazioni e alleanze, possono aiutare la scuola e cambiare un po' se stessa (e forse anche noi).

IDEA 72

DARE AGLI ALUNNI STIMOLI E CONDIVIDERE PASSIONI

L'automotivazione all'apprendere non può essere data per scontata e — allo stesso tempo — è necessaria a qualsiasi possibilità di impegno e partecipazione dell'alunno. Stimolare gli alunni e le alunne significa essere capaci di tenere viva (o attivare) una «tensione cognitiva» che permette di fare, scrivere, disegnare, pensare... grazie a un forte desiderio che nasce da dentro. Partire dalle passioni degli insegnanti può essere strategico perché attiva gioiosamente in primis l'adulto, e quella passione può poi facilmente essere agganciata anche dagli alunni. Che si tratti di musica o di cucina, di giardinaggio o poesia, ripartire dalle proprie passioni sarà di nutrimento all'adulto e, in seconda battuta, agli allievi. Anche la capacità di fare collegamenti, di approfondire e sperimentare varianti sarà quasi naturale. L'insegnante di italiano che ha proposto ricette di cucina giocando anche con matematica e chimica, la maestra appassionata di poesia e di lettura ad alta voce che ha creato uno spazio poetico fuori dalla scuola, in una «banale» buca delle lettere... sono solo alcuni esempi di come sia necessario rimettere al centro ciò che nutre la propria creatività.

Una seconda strada da percorrere è quella del coinvolgimento delle famiglie: si tratta di adulti competenti in grado di supportare piccole ricerche e progetti. Ne è un esempio il papà musicista che a Udine, in una scuola dell'infanzia, ha inciso alcune tracce che esprimessero emozioni diverse affinché i bambini potessero dipingere (lasciandosi trasportare) guidati dalla musica; oppure la mamma di Rayan, a Rimini, che ha un canale Youtube in arabo e italiano, e guida altre mamme alla scoperta della cucina maghrebina.

Gli stimoli creativi da cui partire emergono quindi da una mappatura delle competenze, da passioni, specificità degli adulti che ruotano intorno agli alunni. Essi diventano inoltre occasione fondamentale per alimentare una effettiva e efficace coeducazione: non si creeranno più due fronti che si rimandano accuse più o meno silenziosamente, ma una comunità che si fa carico dei più piccoli.

SUBITO IN PRATICA

A Mazara del Vallo, la maestra di una scuola dell'infanzia ha creato un laboratorio per le mamme a partire da una piccola esperienza del Centro Zaffiria,[6] che prevedeva il «passadisegno». Prendendo spunto dalle famigerate «catene» che continuamente percorrono i social network, si è pensato di usare Whatsapp per condividere disegni che ogni bambino potesse «allargare»/implementare appoggiando il cellulare sul foglio A4, e proseguendo le linee che arrivavano ai bordi dello schermo. A Mazara, l'esperienza è stata riprogettata partendo da una «parola» che è stata poi fotografata e girata a un'altra mamma. Parola dopo parola, è nato un testo collettivo tra le madri della sezione. Il titolo è già un'emozione: «Un ghirigoro di noi #nessungradodiseparazione».

[6] Centro per l'educazione ai media: https://www.zaffiria.it/

IDEA 73

EDUCARE ALLA BELLEZZA

> «In questi tempi di miserie onnipresenti, violenze cieche, catastrofi naturali o ecologiche, parlare di bellezza può sembrare incongruo, sconveniente e persino provocatorio [...] La bellezza esiste senza che la sua necessità, a prima vista, appaia in alcun modo evidente. [...] È qui, onnipresente, insistente, penetrante, pur dando l'impressione di essere superflua — è questo il suo mistero» (Cheng, 2007).

La bellezza è qualcosa che certi insegnanti hanno protetto con cura durante il tempo del *lockdown*. Bellezza sfacciata e giocosa, che facesse sorridere e suscitasse meraviglia. Eva Pigliapoco, ad esempio, ha stupito i suoi alunni con una galleria d'arte navigabile grazie al web: i lavori dei bambini sono stati disposti come quadri alle pareti, con tanto di didascalia e indicazione del pittore/pittrice. La galleria poteva essere percorsa anche insieme ai genitori, e ci si faceva forza del lavoro collettivo: ogni bambino aveva una sua parete allestita.

SUBITO IN PRATICA

La maestra Rosaria Beatrice Zerbinatti, con la sua classe quinta a Miramare di Rimini, ha proposto un tema, lasciando liberi i bambini e le bambine di interpretarlo: «Dentro alla torre — Fuori dalla torre»; come nella fiaba di Raperonzolo, anche noi siamo rimasti chiusi in una torre, la nostra casa, per molto tempo.

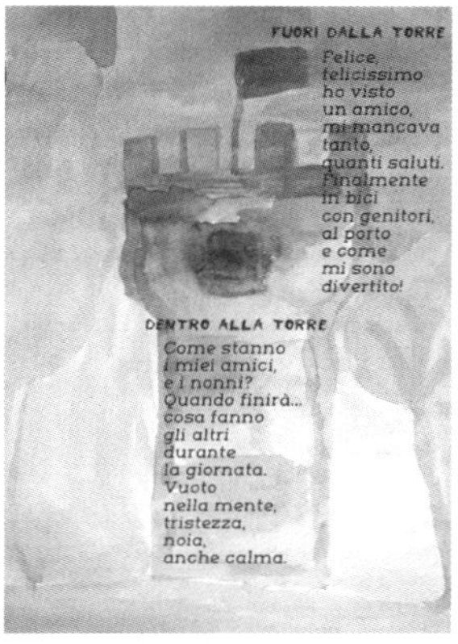

L'insegnante ha lasciato libertà gli alunni di scegliere la tecnica artistica, ma ha dato loro un terreno comune per parlarsi e raccontarsi: la metafora della torre, che attinge a qualcosa che tradizionalmente dà sicurezza, come nelle fiabe, è servita per sostenere i bambini nell'esprimersi. Tutte diverse le torri, ma comune il sentire. Metafora e disegno creano un racconto corale, in cui è facile immergersi e provare empatia gli uni per gli altri.

Bruno Munari propone la bellezza come strumento di partecipazione e l'estetica come il mezzo per vincere la povertà: «La conoscenza della bellezza, in tutti i suoi aspetti, l'uso cosciente delle regole estetiche in molti casi della vita, è un fatto di cultura che eleva gli individui e li aiuta a risolvere problemi che, pur non essendo primari, danno la possibilità di uscire da una vita squallida unita spesso alla miseria» (Munari, 2010, p. 121). La bellezza può coltivare il desiderio di entrare in attività il prima possibile, con tutti i sensi. Come ci testimonia la lingua Yoruba, che per indicare la bellezza usa il termine «iwa», possiamo considerarla «forza creatrice» (Sartwell, 2006): è uno slancio autentico, è il corpo a corpo con una sfida che appassiona, con la consapevolezza di saper fare e non saper fare, potendo così imparare qualcosa di nuovo: che soddisfazione avercela fatta («Maestra, la prossima volta provo un'altra cosa/faccio diversamente»)!

IDEA 74

SPERIMENTARE STRUMENTI, TECNICHE, MATERIALI PER ESPLORARE VARIANTI E RICERCARE POSSIBILITÀ

La scuola in quarantena ha dovuto fare i conti i conti con i materiali e con gli strumenti che gli alunni potevano recuperare in casa. Si sono rivelati utili persino degli scarti da cucina: la maestra Alice Mingardi di Rimini, ad esempio, ha proposto ai suoi alunni di osservare bucce di frutta e verdura per dare loro un ultimo «momento glorioso». La casa poteva essere abitata anche da personaggi mai avvistati prima, prontissimi per finire sul quaderno in un tema o in una descrizione. Il gioco della composizione, il diritto di sporcarsi le mani (quando mai gli scarti sono puliti?) perché «l'ha chiesto la maestra» hanno permesso alla fantasia di sbizzarrirsi per cercare immagini. Nella scuola secondaria di I grado, invece, questi stessi scarti sono stati usati per produrre colori naturali: strisciando, sbriciolando, schiacciando, spremendo, tritando... sono nati disegni con colori naturali.
Le azioni necessarie al raggiungimento dell'obiettivo permettono a bambini e ragazzi di concentrarsi in modo divertente, di affrontare alcune domande e possibilità sentendo che «sbagliare» non è un problema.

SUBITO IN PRATICA

Le tecnologie sono diventate gli strumenti di lavoro principali, non sempre però se ne è fatto un uso creativo. Proviamo a citare alcuni esempi, partendo da artisti come Giacomo Verde, Vinz Beschi, Massimiliano Tappari, come suggerimenti da mettere in pratica con i propri alunni.

- Cosa succede se esploro una moka del caffè nei suo particolari e dettagli girandole attorno con un telefonino e guardandola come fosse la prima volta? Appariranno ombrelli, Batman, fortini da espugnare... per di più registrati da fotografie o video condivisibili.
- Cosa succede se «lancio» il cellulare sopra il letto? Se tengo la telecamera del video aperta e faccio un lancio preciso, verso l'alto, nel salire e scendere il cellulare riprenderà, come un caleidoscopio, la cameretta dei nostri bambini o adolescenti. Questi piccoli spezzoni, resi incom-

prensibili dalla velocità, ma ben riconoscibili da chi in quei luoghi ha passato un tempo lungo, possono contribuire a creare un rito di saluto, di passaggio tra una fase più acuta e una meno acuta?

- Se fotografo un dettaglio del mio viso (un occhio, il naso, la bocca), possiamo poi dare origine a ritratti collettivi dove l'io incontra il desiderio del noi? È la tecnica del «puzzlesmartphone» che valorizza i telefonini come tessere di un mosaico. Quanti altri temi potremmo esplorare in questo modo?
- L'uso divergente della tecnologia attiva anche nuovi comportamenti creativi che si discostano dagli usi standardizzati del marketing. L'insegnante che prende il rischio di avvicinarsi a nuove pratiche didattiche (ispirate dall'arte contemporanea e dall'arte digitale) può rimanere sorpreso e aprirsi anche alle proposte degli studenti. I cellulari permettono possibilità espressive alla portata di tutti e la sfida è quella di uscire dal banale per scoprire la creazione digitale collettiva: la coralità del prodotto può essere facilmente sostenuta dalle tecnologie grazie a montaggi, puzzle, mostre temporanee.

SPUNTI DI RIFLESSIONE

Il paesaggista Shi Tao (1630/1717 circa), nel suo trattato *Sulla pittura,* collega il gesto del singolo con il desiderio di creazione di un mondo, partendo dal bisogno di partecipare a un atto creativo dall'interno, facendone parte. La condizione perché questo accada è quella di portare «il mondo nel suo polso» (Sartwell, 2006, p. 83): strumenti e materiali diventano fondamentali per vivere l'esperienza del creare (che è un tenere in vita), anche in quei momenti dove i segnali di speranza si riducono e la fatica — anche dei bambini e degli adolescenti — rischia di comprometterne la felicità.

IDEA 75

INSEGNARE A TOLLERARE L'IMPREVISTO E A FARNE OCCASIONE DI APPRENDIMENTO

Il Covid-19 si è rivelata una palestra per allenare la capacità di accogliere e far fronte all'imprevisto. Ha obbligato adulti e bambini a fare i conti con l'incertezza, l'indecisione, il confuso, l'ambiguo, che, nei percorsi creativi, sono luoghi interessanti da frequentare perché obbligano un continuo dialogo con il proprio progetto. Il maestro e pittore Federico Moroni, della scuola del Bornaccino di Santarcangelo di Romagna, nel Dopoguerra, chiedeva ai bambini di lavorare direttamente con chine, pennini, tempere e colori. La sbavatura, la macchia potevano dare origine a una nuova idea, diventare l'occasione di cominciare a giocare con qualcosa di imprevisto. La gomma e la matita avrebbero invece reso l'alunno incerto, combattuto con l'immagine mentale del suo disegno e la realizzazione in corso d'opera.

SUBITO IN PRATICA

La maestra Enrica Buccarella ha trasformato la variabile «cielo» in una splendida fonte di ispirazione, per proporre ai bambini e alle bambine di mantenere aperta la gioia dell'esprimersi con le immagini: fotografia e trattopen, così è stato creato lo splendido lavoro di Francesco, riprodotto nell'immagine sottostante. Chi non ha mai visto cose nella forma delle nuvole? Non è sempre necessario cercare il nuovo a tutti i costi, è sufficiente trovare un minimo comune denominatore che permetta a tutti gli alunni di partecipare e esserci.

Le esperienze di Arte e immagine che ho visto nascere a scuola in questo tempo sembrano aver fatto i conti con questa nuova necessità di progettare con il vuoto, anziché con il pieno, riconoscendo nel «vuoto» non una presenza inerte ma un flusso e un circolo di possibilità che andavano rese visibili. Competenze e immaginazione hanno permesso prima di percepire, poi di dare forma estetica a nuove possibilità, cedendo alla tentazione di avere tutto sotto controllo e concependo il caso e il disordine come imprescindibili nuovi punti di inizio.

IDEA 76

ALLESTIRE LO SPAZIO

In una scuola «tradizionale» viene allestita l'aula, oppure l'atelier. Durante il periodo in cui le scuole sono rimaste chiuse a causa della pandemia, sono state allestite le case degli alunni. Una proposta che ha riscosso molto successo è stata quella dei «musei da casa»: artisti, architetti e insegnanti hanno lanciato proposte e coinvolto tante classi e famiglie.
La più conosciuta è sicuramente l'»Expo idéale» di Hervé Tullet, che ha reso visibili risorse video per ispirare piccoli e grandi nel trasformare un angolo di casa, uno scaffale nella libreria oppure un cassetto... La gioia delle opere di Tullet, l'uso divertito dei colori primari, i gesti semplici, il grafismo «accogliente» che permette anche ai genitori di divertirsi a partire dall'opera grafica, sono stati gli elementi di forza di questa proposta di «mini galleria d'arte contemporanea» in casa.[7]

SUBITO IN PRATICA

La maestra Simona Capetti di Rimini descrive il suo percorso progettuale: «Li ho immaginati nelle loro case, i primi giorni entusiasti di poter dormire e giocare di più, ma poi via via più annoiati. Allora ho pensato a come poterli rendere partecipi di avventure all'interno delle pareti domestiche, come poter portare il mondo fuori dentro la loro casa, senza ricorrere a internet. Ho ideato, quindi, alcune attività che poi ho raggruppato sotto il titolo di «Il mondo in... una casa». Le elenco di seguito.

- Ho chiesto loro di allestire una mostra di quello che preferivano, facendo attenzione alla disposizione degli oggetti, al percorso dei visitatori, alla luce, agli elementi decorativi. Desideravo metterli di fronte alla necessità di farsi delle domande e compiere delle scelte (si può fare anche senza un problema di matematica davanti), disfare e rifare tutto da capo, fino ad arrivare alla soluzione per loro migliore, da fotografare

[7] Si veda: https://lexpoideale.com

e inviare in piattaforma (o per email, Whatsapp, ecc.). Alcuni hanno ideato soluzioni che io non avevo suggerito, come una segnaletica o didascalie degli oggetti esposti.

- Ho pensato di mandarli a cercare tesori in giro per casa. Ho dato loro il compito di trovare l'oggetto più piccolo, quello più brutto, quello più utile, quello più inutile, quello che veniva da più lontano, quello al quale erano più affezionati, quello che avrebbero sempre voluto buttare ma era ancora lì. L'ho immaginato come un viaggio nel tempo e nello spazio, per avvicinarli ai genitori in un racconto di storie di oggetti che avevano sempre fatto parte della loro prospettiva, ma dei quali forse non sapevano niente. Li ho proprio immaginati girare per casa insieme ai genitori, fare domande e ascoltare racconti. Molti oggetti, infatti, hanno parlato del passato, dei nonni, dei viaggi dei genitori. Ho condiviso anche io la caccia al tesoro, fatta coinvolgendo i miei figli».

IDEA 77

ALLESTIRE IL TEMPO

Alunni e alunne si sono ritrovati in un tempo sospeso: i ritmi delle loro giornate completamente scardinati, le ritualità perse o comunque stravolte. Alzarsi, prepararsi per la scuola, andarci, il suono della campanella... un susseguirsi di passaggi che dà stabilità e certezze. Il tempo è una dimensione fondamentale, che contribuisce al senso di sicurezza dell'individuo. Perdere il tempo, all'improvviso e senza preavvisi, è stata un'esperienza nuova, inaspettata e non facilmente gestibile. Come tornare a scandire questo tempo? Come ricucire il tempo personale con quello collettivo?
A Rimini, con la scuola primaria «Ferrari» e con la scuola dell'infanzia «Gambalunga», abbiamo inventato «Gugù — la scuola al megafono», ogni giorno alle 13. Ogni giorno, per 50 giorni, si compiva lo stesso rito: dai 3 ai 5 minuti di messa in onda grazie a un ristorante che ha prestato il sistema di amplificazione e grazie al Comune di Rimini che ha concesso tutte le autorizzazioni (e in tempi velocissimi!).

SUBITO IN PRATICA

Giorno dopo giorno, le tracce mandate «on-air» erano composte dalle voci delle maestre e della comunità locale, come ad esempio piccoli indovinelli, inizi di filastrocche da mandare a memoria, osservazioni del cielo e dell'ambiente per micro progetti di scienze. Le tracce audio nello spazio pubblico venivano poi pubblicate sulle piattaforme delle classi, proseguendo le attività con le maestre e tra compagni.
Il ripetersi tutti i giorni alla stessa ora del medesimo rituale ha creato un'abitudine: alle 13, le finestre delle case si aprivano e le voci dei bambini riempivano il quartiere, come prima e dopo il suono della campanella. La nonna che prepara il pasto, il papà affacciato al terrazzo, i bambini «con le gambe penzoloni» stavano lì, insieme, a vivere qualcosa che stava tra una scuola comunitaria e un'installazione di arte sonora partecipata. La cura delle tracce audio è stata di Elisabetta Garilli, affermata

musicista e esperta di musica per l'infanzia, Premio Rodari nel 2018 nella sezione «fiabe e filastrocche».
Il titolo, invece, richiama Gugù, un personaggio letterario di Alberto Manzi, che vive in una favela sudamericana, è un maestro un po' matto che lavora con i bambini di strada e usa i muri per fare scuola. Perché si può fare scuola in ogni tempo e contesto, anche ai tempi del Covid-19 e della quarantena: questa scuola comunitaria, al megafono, ha riecheggiato anche nei quartieri di Napoli e Verona. La radio veniva riscoperta per la sua sostenibilità. E il ritorno costante nel tempo, ogni giorno alla stessa ora, ha ridato alla scuola l'occasione per dare un rito e un ritmo a una piccola comunità e ai suoi bambini.

IDEA 78

RENDERE INTELLIGENTE IL GESTO: FARE E DISFARE, CON TUTTI I CINQUE SENSI

Nel processo creativo, se ascoltiamo il poeta francese Paul Valéry (2017, pp. 6 e ss.), possiamo rintracciare alcuni aspetti non evidenti:

- *la possibilità di ricomporre l'infranto* come con una porcellana rotta; il fare spesso è infatti un ridisporre, un ricucire pezzi di esperienza, sguardi e conoscenze che prima non ci apparivano in relazione tra loro;
- *creare è un mito che racconta se stesso tra il caso e la necessità*: la creazione è generatrice di nuove energie, idee, piste di ricerca, possibilità e modi sia immaginabili e progettabili, sia possibili grazie al caso, all'errore, alla sorpresa, all'imprevisto;
- *l'intelligenza poietica che trasforma, come forza di metamorfosi*: il processo del creare ha già in sé la possibilità del trasformare e trasformarsi, è un cambiamento in nuce, una crisalide «produttiva»;
- *lo slancio desiderativo*: poter creare rimette in gioco i desideri e gli immaginari, li «schioda» dalle posizioni in cui li abbiamo fissati per rimetterli in movimento. E il movimento produce nuova energia e slancio;
- *è una questione di genesi del senso:* a volte è importante lasciare al dopo, al susseguirsi delle cose fatte, la possibilità di guardarle dando loro una nuova cornice di senso. Siamo abituati a scrivere prima le nostre sceneggiature e poi a dare loro vita: possiamo lasciar accadere il contrario, osservando la vita e scrivendo/disegnando successivamente quelle forme necessarie a darle ordine e significato;
- *logica immaginativa*: «che nelle tracce e nelle differenze tra le cose mantiene i dati, conserva i legami»: il processo creativo non disperde, trasforma, forse mette da parte... per nuovi e futuri legami.

- *«capacità di utilizzare tutte le connessioni dell'esperienza per costruire interi*, per trasportarsi dal disordine all'ordine», consapevoli che il processo è circolare e l'ordine potrà riscombinarsi e rifarsi in altri modi.
- *si sente creare*: è un processo che crea qualcosa e crea se stesso allo stesso tempo, si auto-nutre tanta è la processualità che apre, la ricerca che permette con i suoi labirinti, divagazioni e diramazioni. È un insieme di gesti di cui non interessa il bello o il brutto, ma il poter agire sul reale, sui dati oggettivi del materiale e degli strumenti.

Questi aspetti sono si sono rivelati estremamente importanti durante la quarantena.
Ricomporre esperienze che si erano infrante contro i Decreti legge che modificavano la vita di tutti, ricostruire interi che non si sentissero mancanti di qualche parte, generando processi e significati in modalità nuove: non era più un gruppo classe guidato dall'insegnante, ma alunni sparsi nelle loro famiglie che, insieme, cercavano un nuovo ordine e senso per quello che stavano vivendo.
Ecco che allora il compito manuale proposto dall'insegnante rimetteva in relazione genitori e bambini, convergendo in un processo creativo. Quel fare insieme «arte e immagine» diventava un luogo necessario per dare nuovo ordine a pensieri affaticati e in disordine.

SUBITO IN PRATICA

È successo ad esempio nella piccola scuola di Sauris, in Friuli, dove la pratica di costruire libri ispirandosi al lavoro di Bruno Munari ha richiesto anche la collaborazione dei genitori. La maestra proponeva l'attività partendo dal libro e dalla tecnica, i bambini potevano ispirarsi e interpretare quanto vedevano per creare dei libri a loro misura.
Gli adulti si limitavano a un aiuto tecnico, ma si trattava anche di una occasione per guardare i propri bambini all'opera, le loro mani al lavoro in un fare che chiariva il progetto nel suo farsi. Mani di bambini e di adulti si ritrovavano a disegnare, ritagliare, scartare, incollare, piegare nella gioia di un progetto da mostrare alla maestra. Le mani permettono sguardi nuovi anche ai genitori, sui propri figli e su stessi: diventano il luogo in cui osservarsi in un altro modo e scoprire qualcosa in più e di diverso.
Le mani sanno essere prima misura del mondo, perché danno un ritorno

tangibile e concreto all'atto dello scoprire. Manipolano un «dato» per tirare fuori un «nuovo» e realizzano piccole svolte che possono dare ritorni positivi, come ci ricorda il biologo E.O. Wilson (2018, p. 32): «Sempre di più le svolte emozionano gli innovatori, irrobustendo la loro spina dorsale e incoraggiando la ricerca di nuove svolte».

IDEA 79

PORTARE L'APPRENDIMENTO FUORI DALLA CLASSE

Che cosa rimane della scuola quando non c'è più scuola? Come diamo continuità alla voglia di interrogare il mondo di alunni e alunne? Come sfamiamo la loro «fame di universo»?
Il Covid-19 ha obbligato la scuola a rimettersi in discussione rispetto al proprio modo di concepirsi, viversi e funzionare: apprendimenti, esperienze, collettività, etica, diseguaglianze... sono stati alcuni dei nuclei intorno ai quali la scuola si è dovuta ripensare. Quali esperienze si potevano vivere anche senza baricentrarsi sullo specifico di un luogo come la scuola? Quali apprendimenti erano necessari e indispensabili fuori dal flusso della classe? Cosa poteva tenere insieme una piccola comunità? Come contrastare e trovare soluzioni alle diseguaglianze che incidevano in modo più forte una volta smantellato lo spazio della scuola? Quanti e quali dimensioni etiche erano necessarie per garantire un livello minimo di diritti?
La scuola è diventata trasparente: è entrata nelle camere dei bambini o negli schermi dei cellulari e, mentre l'infanzia spariva dal dibattito pubblico, la DaD era uno dei temi più discussi. Chiusi i portoni delle scuole, si sono aperti i set televisivi: a livello locale questo potrebbe aprire nuove ed entusiasmanti collaborazioni. Sono tante le emittenti televisive e radiofoniche disponibili a fare rete con le scuole per nuovi progetti di tele-didattica.

SPUNTI DI RIFLESSIONE

La Liguria sud è stata tra le prime a partire con l'obiettivo di raggiungere: «Anche chi vive in zone di montagna e ha problemi di connessione, chi è meno abbiente o non ha strumenti tecnologici e anche chi ha un solo Pc in famiglia che però in questo momento deve essere utilizzato magari per lo smart working. Le ore di lezione riguarderanno le materie principali, su un programma didattico scelto da un pool di insegnanti che si

impegneranno anche a realizzarne la registrazione».[8]
Ma l'iniziativa più importante è stata quella della Rai che, con un accordo con il MIUR, ha trasmesso tutte le mattine per dare un supporto a quei bambini e a quelle bambine che per tanti motivi non avevano garantita una continuità didattica. Tre maestri, tra cui Alex Corlazzoli, hanno proposto una selezione di contenuti coerenti con le indicazioni nazionali. Anche il Centro Alberto Manzi ha dato un contributo con 4 videolezioni su temi matematico scientifici che avevano anche l'obiettivo di attualizzare il lavoro di Manzi mostrando ai genitori alcuni modi per osservare l'ambiente mettendolo a disposizione della curiosità dei loro figli.

SUBITO IN PRATICA

Prediamo uno stampo per torte e cominciamo a esplorare il giardino: appoggiamolo a terra per delimitare un piccolo pezzo di prato e cominciamo a osservare cosa si vede. Facciamo attenzione: avviciniamoci, con il naso vicino alla terra, guardiamo come una margherita vede il cielo. Lo stesso pezzetto di prato possiamo osservarlo all'alba e al tramonto, per un periodo determinato. Cosa succede la notte? In quanto tempo cresce un fiore? Quanto ci impiega un ragno a fare la sua tela? Le trasformazioni a volte sono visibili, a volte no; a volte sono velocissime e a volte lentissime.
Teniamo traccia del nostro prato anche disegnando con le ombre: se cogliamo un fiore e lo teniamo sospeso sul foglio, potremo averne il contorno seguendo la linea della sua ombra con un pennarello.
Le attività sono proposte anche in video: https://youtu.be/Qs-i0y8j8kU https://youtu.be/EfDMz6CbxzE.

[8] https://www.newslinet.com/tv-locali-liguria-a-la-spezia-tele-liguria-sud-utilizzera-alcuni-suoi-canali-per-una-didattica-che-sostituisca-quella-delle-scuole-chiuse-un-esempio-anche-per-la-rai-forse-troppo-cauta/

IDEA 80

IMMAGINARE NUOVE SOLUZIONI: LA SCUOLA SENZA PARETI

Due parole giapponesi ci permettono di riflettere ulteriormente su nuovi sguardi possibili su quelle cose «già viste» e «riviste» che all'apparenza potrebbero non avere più la forza di attirare i nostri occhi. Si tratta di due parole che definiscono la bellezza: «Shibusa», riferito alle cose che non sono appariscenti e «Wabi», alle cose povere, umili, asimmetriche, imperfette.
Che cosa potevamo scoprire di nuovo sulla scuola ai tempi del Covid partendo da «shibusa» e «wabi»?
Il vuoto e l'assenza ci davano un nuovo punto di partenza: avevamo una scuola senza pareti. Cosa poteva accadere se ogni maestra fosse stata maestra di tutti e non solo dei suoi alunni? Se si fosse diluito il concetto di classe in quello di comunità, cosa avremmo osservato e capito?

SPUNTI DI RIFLESSIONE

Insieme alle scuole friulane di montagna che aderiscono alla Rete Sbilf, siamo partiti dalla natura come nuova e immensa aula scolastica, in cui docenti di plessi diversi hanno creato insieme risorse didattiche aperte a tutti gli alunni e le alunne. Una nuova alleanza tra insegnanti ha permesso di condividere la progettazione didattica avvalendosi della competenza e creatività di maestre di scuole diverse che hanno lavorato per il beneficio di tutta la rete di scuole, creando uno spazio di apprendimento virtuale in cui i bambini possono tuttora relazionarsi, anche con maestre diverse dalle loro. In montagna spesso le scuole hanno piccole pluriclassi: dare ai bambini l'opportunità di conoscere anche altri coetanei, di vederli al lavoro, di partecipare insieme alla risoluzione di un problema... ci è sembrata una possibilità che arricchiva la loro esperienza quotidiana con nuove amicizie.
Lo sguardo di noi operatori e insegnanti, a volte, può diventare pigro. «Gli occhi scivolano su ciò che è familiare senza trovare presa» (Breton, 2007, p. 47): la bellezza improvvisa che un fare nuovo e diverso lascia in-

travedere ci permette di tornare a lavorare con una rinnovata capacità di gestire gli aspetti faticosi e deludenti. Telmo Pievani (2018, p. 134), sulla facoltà di immaginare alternative, scrive: «Se ci proveremo, non è detto che avremo successo, ma saremo stati all'altezza delle nostre possibilità di meraviglia e di invenzione, all'altezza di quella capacità di stupore che accompagna la nostra evoluzione e che finora è stata la nostra salvezza».

SUBITO IN PRATICA

Galleggiare o congelare?

Cosa accade se mettiamo un fiore, una pigna, un rametto o un sassolino in un vasetto d'acqua? Galleggia o va a fondo? Se congeliamo tutto, cosa succede? Quali forme appaiono nel ghiaccio e perché? Dalla scuola dell'infanzia alla primaria, la rete Sbilf in Carnia (Udine) ha giocato con gli oggetti congelati cercando di capire un po' di chimica e un po' di fisica grazie all'osservazione fotografica e al disegno: il lento processo di scongelamento è stato documentato visivamente e ripetuto più volte per poter capire cosa accadesse e come. I genitori hanno supportato i bambini e le bambine, anche registrando le domande che nascevano dall'osservazione attenta e prolungata. Tutto è stato poi condiviso nella piattaforma per l'educazione STEAM, che ora sarà usata durante l'anno scolastico sia per la didattica a scuola che per quella on line.
La risorsa didattica è nata grazie alla cooperazione tra famiglie e docenti di scuole e paesi diversi: in una scuola senza pareti possono accadere cose impensabili se ci sono i muri delle aule Il materiale è visionabile a questo link: https://mooc.zaffiria.it/steamulate/mod/page/view.php?id=46.

IDEA 81

MANTENERE VIVA LA FANTASIA DEGLI ALUNNI

In questo lungo periodo, ho avuto modo di continuare a formare e dare stimoli a tanti insegnanti. Quello che ho cercato di proteggere, con le parole e i modi che ho scelto, riguardava la necessità di prendersi cura della propria fantasia: è stato un tempo per imparare una nuova poesia nelle venature di una foglia arrivata sul terrazzo, di coltivare lo stupore su cosa ci fosse dentro un mandarino. O, forse, nella tanto attesa prima fragola: quante storie avrà da raccontarci tra colori e geografie?
Questo tempo ci ha permesso di tornare a prenderci cura della nostra fantasia perché solo lì potevano specificarsi i tratti di nuove immagini mentali, nuove idee che spesso si lasciavano vedere ancor prima di palesarsi nel discorso pedagogico e didattico.
A livello artistico, possiamo raccontare tutto questo con i giochi di luce che l'artista Vinicio Bordin ha realizzato in quarantena, usando il muro di casa del vicino come superficie narrativa. Succede a Milano: l'artista è chiuso in casa con la figlia Amina e, per passare un tempo diverso insieme, proietta immagini animate sull'edificio di fronte. Succede durante il weekend per 4 settimane. Lo spunto iniziale sono le pagine dei libri amati dalla figlia, che lui successivamente anima creando un'atmosfera da fiaba.
Complice la notte, Bordin accende il videoproiettore e propone questi speciali videomapping. Paradossalmente, proprio nel tempo della quarantena, alcune insegnanti sono riuscite a dissodare un terreno faticoso con immagini nuove, togliendole da quelle zona d'ombra in cui erano, senza bruciarle alla luce necessaria a vederle: non cambiamo il futuro se non lasciamo emergere immagini alternative, facendole uscire dalla nostra interiorità per farle diventare materiale da condividere con gli altri. L'esperienza estetica è stata indispensabile nell'attivazione di nuove risorse interne ed esterne, personali e collettive: comunità di insegnanti — spesso proprio grazie alla tecnologia (e ai social) — hanno riscoperto e re-imparato a fidarsi della propria capacità di affrontare il futuro, anche quando nessun sistema di senso poteva sostenerle.

SUBITO IN PRATICA

La misura del metro è diventata campo di ricerca per molte insegnanti che hanno cercato delle opportunità anche in quello che rappresenta un grande limite. Si sono fidate della loro fantasia e competenza anche laddove la fatica rischiava di spegnere la speranza. Le docenti Valeria Cino e Roberta Xella (Bagnacavallo) si sono ispirate all'opera di Paul Klee, dapprima innalzatosi dal grigiore della notte, per immaginare un metro quadro a tangram/puzzle in cui poter personalizzare ogni pezzo per raccontare qualcosa del proprio spazio intimo. Le geometrie scomposte dal quadrato di un metro, in quadrati e rettangoli di varie sotto-misure, possono poi essere collocati nello spazio in tanti modi, anche semplicemente decidendo con quali parti arriviamo al confine con l'altro:
«Come creare uno spazio personale che viva nella relazione con quello degli altri? Se, ad esempio, a simbolo di questo distanziamento, utilizzassimo un metro quadro di cartone pressato, i ragazzi, in piccoli gruppi, potrebbero caratterizzarlo utilizzando colori e forme geometriche, spazi pieni e vuoti, dentro e fuori. La nostra idea di partenza è di comporre questi quadrati in modo da dare vita a qualcosa che prima non esisteva in modo che tutte insieme compongano una poesia visiva».

BIBLIOGRAFIA

Centro Zaffiria (2018), *La valigetta del Narratore. Viaggio negli immaginari delle culture del mondo,* Trento, Erickson.

Centro Zaffiria (2019), *Carta, forbici e app. Atelier creativi su immagini, suoni e colori per la scuola dell'infanzia,* Trento, Erickson.

Cheng F. (2007), *Cinque meditazioni sulla bellezza,* Torino, Bollati Boringhieri.

Le Breton D. (2007), *Il sapore del mondo, per un'antropologia dei sensi,* Milano, Raffaello Cortina.

Munari B. (2010), *Artista e designer,* Roma-Bari, Laterza.

Pievani T. (2018), *Le origini della creatività. Prefazione all'edizione italiana,* Milano, Raffaello Cortina.

Sartwell C. (2006), *I sei nomi della bellezza, l'esperienza estetica del mondo,* Torino, Piccola Biblioteca Einaudi.

Shi Tao (2008), *Sulla pittura,* Milano, Mimesis.

Valéry P. (2017), *La creazione artistica,* Brescia, Morcelliana.

Wilson E.O. (2018), *Le origini della creatività,* Milano, Raffaello Cortina.

VALUTAZIONE FORMATIVA E SOMMATIVA

di Eva Pigliapoco e Ivan Sciapeconi

IDEE 82-91

INTRODUZIONE

Le 10 idee che trovate nelle pagine seguenti sono accomunate da un obiettivo ambizioso. Da anni, infatti, siamo impegnati nel definire i contorni di una valutazione innovativa, più efficace e soprattutto utile a chi apprende e a chi insegna. Il dibattito ci ha abituati al confronto su voti numerici, giudizi sintetici, opportunità di esami e certificazioni. Il focus dovrebbe invece essere centrato su ben altri percorsi, e dovrebbe intercettare la pratica quotidiana: gli strumenti, gli atteggiamenti e le aspettative, ma anche la prassi metodologica.
Per questo, tra le proposte che seguono, abbiamo inserito suggerimenti su come gestire tutti i momenti della vita di classe: dal potenziamento dell'autovalutazione degli alunni, fino a una conduzione realmente significativa dei colloqui di fine quadrimestre.
Siamo partiti da una considerazione che continuiamo a ritenere centrale: il termine «valutazione» è notoriamente legato al concetto di «determinazione di un valore», mentre è molto meno frequente, ma a nostro avviso fondamentale, il richiamo in didattica del «valorizzare», promuovere, aiutare.
Come si può trasformare un dispositivo che nasce e si sviluppa storicamente per giudicare prestazioni in uno strumento a disposizione degli alunni e dei docenti?
Le risposte possono essere molteplici, ovviamente, ma un buon tratto comune tra tutte è «rendere visibile» la valutazione, aumentare la consapevolezza di tutti e favorire i meccanismi di autoregolazione.
Sotto questa luce, ad esempio, può essere letta l'idea di mettere a disposizione di alunni e alunne tutti gli strumenti per tenere monitorati gli apprendimenti. Non fermarsi, cioè, a una generica esortazione a partecipare rivolta agli studenti, ma fornire indicazioni precise, rivedere il setting d'aula, predisporre materiali affinché chi apprende possa essere messo nella condizione di esercitare metacognizione e, quindi, autovalutarsi.
Se è vero che gli apprendimenti sono significativi quando sono accompagnati da un approccio riflessivo e consapevole sulle proprie risorse,

difficoltà, potenzialità, è pur vero che occorre fornire strumenti reali affinché queste enunciazioni di principio trovino concretezza.
L'uso di strumenti di partecipazione e di autoregolazione è uno dei passaggi fondamentali per spostare la valutazione sul terreno dell'inclusione. Un terreno, cioè, sul quale il docente ha un ruolo di indirizzo e sul quale le specificità di ogni alunno sono considerate parte integrante del processo. È in questo senso che abbiamo voluto aggiungere l'aggettivo «solidale», parola ricca di rimandi semantici, alla valutazione. Potrebbe essere, questo, il nucleo intorno al quale provare a immaginare un nuovo paradigma valutativo.
La valutazione è solidale quando...

- È *effettuata mettendo insieme e unendo, in solido, punti di vista diversi*. Tradizionalmente, la valutazione è una funzione del docente e ogni ingerenza degli alunni è vista come un'invasione di campo. La valutazione solidale fa entrare il punto di vista degli alunni — e la loro relativa responsabilità — nel percorso valutativo. Nelle pagine seguenti sarà illustrato ampiamente come procedere in tal senso. Qui può essere utile precisare che non stiamo parlando di «cedimento» o, peggio, «delega» della valutazione agli alunni. Mettere insieme punti di vista diversi vuol dire sostanzialmente fare in modo che chi apprende sviluppi criteri efficaci di autovalutazione attraverso la guida attenta del docente.
- *È praticata nel riconoscimento del valore e della diversità dell'altro*. Quali eventi sono sottesi alla prestazione di un alunno o di una alunna? In quale modo è possibile sbloccare una condizione che determina scarsi apprendimenti o una difficile socializzazione di un alunno o di una alunna? Le diversità dei percorsi e delle condizioni di partenza ci porta a dire che il termine «valutazione» dovrebbe essere abbinato in maniera sapiente a «individualizzazione». In maniera sapiente vuol dire, però, anche riconoscere che esistono obiettivi fondamentali per esercitare diritti di cittadinanza. Quindi, irrinunciabili.
- *Richiama un più generale effetto di solidità*. Insegnare può essere declinato in tanti modi, ma uno degli effetti più importanti del lavoro di un docente è rendere più forti, solidi e resilienti i propri alunni. Questo effetto potente

> dell'insegnamento è la manifestazione matura della capacità di autovalutazione e la conseguente autoregolazione di chi apprende. Non si ottiene questo effetto così importante applicando la valutazione come giudizio, ma attraverso la valorizzazione di ciascun soggetto.

Per cambiare la pratica della valutazione in una «prospettiva solidale», sono necessari strumenti e pratiche didattiche reali.
Le dieci idee illustrate di seguito vogliono percorrere esattamente questa strada.

IDEA 82

LA VALUTAZIONE DAI PRIMI PASSI

Quando si parla di valutazione, occorre partire con ordine, anche temporale.
Prima di pensare ai singoli alunni e alle singole alunne, infatti, è necessario operare delle valutazioni preliminari su almeno tre dimensioni:

- i saperi disciplinari e/o (meglio) interdisciplinari: il curricolo;
- la classe, ovvero la situazione di partenza;
- le risorse personali, ovvero l'autovalutazione dei docenti.

La prima dimensione, quella inerente i saperi, rientra nel grande campo della epistemologia delle discipline. La domanda principale nell'organizzare il progetto annuale è: quali sono i nodi centrali, quelli assolutamente indispensabili e centrali per aprire tutte le altre porte conoscitive? È chiaro che i traguardi di competenza sono ineludibili e prescrittivi e che gli obiettivi di apprendimento, per quanto non prescrittivi, sono il punto di partenza di una programmazione. Ma sono anche le coordinate per la valutazione. Si può valutare infatti solo ciò che si è programmato e su cui si è lavorato. Compito dei docenti è, dunque, valutare quali obiettivi sono irrinunciabili per la disciplina che insegnano. Si tratta di andare alla ricerca dei saperi essenziali. Un'operazione intellettuale, che le scuole dovrebbero compiere anche come azione di sistema: con commissioni specifiche, con riunioni di ambito, con formazioni specifiche.
La seconda dimensione riguarda la classe. Prima di definire il percorso, la programmazione, si rende fondamentale la conoscenza del gruppo classe: una valutazione diagnostica. Si tratta di valutare i punti di partenza, anche per capire a che distanza si trovano gli alunni e le alunne da quanto si è elaborato come curricolo. E questa analisi darà informazioni per definire progetti e percorsi.
Ma si tratta anche di valutare il grado di coesione, di collaborazione e di benessere del gruppo intero. Elementi, questi ultimi, senza i quali

non sarà possibile procedere verso nessun obiettivo, nemmeno quelli inerenti la valutazione così come la descriveremo in questa sezione. La terza, non meno importante, dimensione, è quella che riguarda gli stessi docenti: una vera e propria autovalutazione. Nel processo di insegnamento-apprendimento, che necessariamente include la valutazione, non può mancare un'analisi delle proprie risorse, sia interne sia esterne. E in questa analisi rientra anche una riflessione su come aggiornarsi, su come mettere in discussione alcune pratiche consolidate e su come cercare vie più efficaci.

SPUNTI DI RIFLESSIONE

Si tratta senza dubbio di operazioni valutative importanti. Ma si tratta anche di azioni che nella prassi ogni docente compie all'inizio di ogni anno scolastico. Quello che si intende precisare, in questa sezione, è la necessità di uscire dalle proprie zone comfort e di lavorare continuamente sui propri potenziali di sviluppo. Esattamente come si chiede di fare agli alunni e alle alunne.
Un esempio di quanto sia importante rimettere in discussione tutto si è avuto sotto gli occhi e si è toccato con mano nel periodo di chiusura delle scuole a causa del Covid-19. La situazione eccezionale ha imposto di ri-leggere le programmazioni, di ri-analizzare i bisogni della classe e di ri-mettersi in gioco con nuovi approcci didattici. Il primo passo verso una valutazione efficace è dunque il quello degli insegnanti: è movimento «verso» se stessi e «verso» gli altri.

IDEA 83

IL SETTING D'AULA E IL PATTO CON LA CLASSE

Il setting d'aula non è particolarmente investito dal momento della valutazione, se non in alcuni momenti precisi della verifica delle conoscenze acquisite: ne è un esempio l'abitudine a separare i banchi, se normalmente disposti in modo diverso, per evitare il rischio di copiatura tra gli alunni.
In realtà, in una valutazione efficace, l'allestimento dell'aula ha un ruolo fondamentale e rappresenta un ambito ancora non sufficientemente esplorato: insieme al patto con la classe, può accompagnare la valutazione sul terreno dell'inclusione.
Analizziamo questi due aspetti (setting d'aula e patto con la classe) separatamente, per poi giungere a una sintesi.

Il setting d'aula

Normalmente, i docenti sono consapevoli che le scelte legate all'allestimento dell'aula possono avere un impatto facilitante sugli apprendimenti degli alunni e delle alunne. La stessa considerazione, nella maggior parte dei casi, non viene fatta in merito alla valutazione: non è diffusa, cioè, la consapevolezza che il modo in cui si pensa e si allestisce l'aula possa avere un effetto facilitante sulla valutazione e soprattutto sull'autovalutazione degli alunni.
La facilitazione può avvenire, ad esempio, esplicitando gli obiettivi da raggiungere in un determinato periodo di tempo attraverso un semplice cartellone. Una parte degli obiettivi riguarderà probabilmente un gruppo vasto di bambini e bambine, altri l'intera classe, altri ancora, invece, singoli alunni. Siamo all'interno della logica della personalizzazione del percorso didattico, che non può non riguardare il percorso che conduce alla valutazione. Il cartellone di classe, infine, può essere un buon punto di partenza per stringere un «patto di classe».

Il patto con la classe

L'insegnante non definisce gli obiettivi da solo, ma attraverso un confronto con tutto il gruppo dei suoi alunni. In momenti stabiliti,

tendenzialmente una volta al mese, si può prevedere un momento di discussione collettiva nel quale tutti i bambini e le bambine riflettono sugli aspetti della vita scolastica da migliorare, su quali strategie o risorse possono essere più utili, ma anche sui progressi già effettuati.
Il referente della discussione non dovrebbe essere solo l'insegnante: l'impegno di ogni alunno e di ogni alunna è con tutta la classe, e tutta la classe sostiene il percorso di ciascun membro. In termini pratici, questo significa che ogni bambino e ogni bambina della classe ha la possibilità di fornire suggerimenti, feedback e di contribuire al miglioramento di tutti gli altri.
Ne emerge un'impostazione di valutazione distribuita, nella quale il docente ha un'importantissima funzione di indirizzo. L'insegnante promuove, cioè, la capacità di ogni singolo partecipante di autovalutare sia i propri apprendimenti, sia gli aspetti socio-affettivi che vive quotidianamente.

SUBITO IN PRATICA

In sintesi, un modello di valutazione efficace dovrebbe promuovere l'autovaluazione competente da parte dei bambini e delle bambine: l'unica che può avere effetti profondi e positivi.
Ragionando per punti, un'autovalutazione più competente può essere raggiunta:

- rendendo espliciti a livello di classe gli obiettivi da raggiungere. Abbiamo fatto l'esempio di un cartellone, ma le strategie possono essere anche diverse;
- garantendo la libertà di scelta su quale percorso compiere per raggiungere gli obiettivi definiti da ogni singolo alunno e alunna. La libertà di scelta porta con sé, ovviamente, un criterio di responsabilità che va sempre fatto presente;
- organizzando momenti di riflessione e di discussione periodica. È proprio questo il momento dell'assunzione di responsabilità davanti al gruppo.

IDEA 84

LA VALUTAZIONE DIAGNOSTICA SISTEMATICA

Una valutazione che intende essere formativa e proattiva ha bisogno di forte consapevolezza da parte di chi è alla regia del processo di insegnamento-apprendimento. Per questo la sola operazione di una valutazione della situazione iniziale di ciascun alunno e ciascuna alunna, oltre che del gruppo nel suo insieme, pur necessaria per avviare una progettazione significativa per tutti, non è sufficiente.
La valutazione è realmente formativa quando si pone come obiettivo quello di modellare il percorso, formarlo, appunto, ma anche quello di monitorarlo in modo sistematico e continuativo.
Ecco perché l'abbiamo chiamata *valutazione diagnostica sistematica*.
Per renderla cosa viva e funzionale (chi scrive è lungi dal promuovere soluzioni di difficile gestione nella pratica quotidiana, anche se valide da un punto di vista scientifico), occorre che faccia si uso di strumenti agili, di obiettivi immediati e chiari, di modalità «smart».

SUBITO IN PRATICA

Oltre all'utilizzo di verifiche periodiche per tenere monitorati alcuni obiettivi di apprendimento, è funzionale aiutarsi con:

- *sociogrammi,* che consentono di indagare e conoscere le dinamiche che si strutturano nel gruppo-classe. In quanto dinamiche, cambiano spesso e devono essere parte importante dell'osservazione dei docenti;
- *osservazioni sistematiche,* il cui scopo è esplicitato alla classe, quando si utilizzano procedure continuative di raccolta delle informazioni e quando l'organizzazione dei dati è strutturata; si possono osservare comportamenti di lavoro, come l'attenzione, l'impegno, la concentrazione, ma anche comportamenti sociali, come la collaborazione, la gestione delle proprie emozioni, l'autopercezione;
- *tabelle e griglie per le osservazioni sistematiche,* di cui la letteratura docimologica è particolarmente ricca. Non ci soffermeremo dunque su questo, ma vogliamo sottolineare che, affinché siano il più possibile

aderenti alla realtà, occorre darsi dei limiti quantitativi: non è possibile, infatti, osservare e monitorare più di una o due abilità o competenze contemporaneamente, con l'uso di griglie e tabelle;
- *check list,* in genere usate per controllare e spuntare le voci in una lista, per verificare che quelle voci siano state eseguite correttamente. Possono essere un aiuto, anche in fase di valutazione diagnostica, soprattutto se compilate dai ragazzi stessi, come momento autovalutativo di cui tener conto;
- *colloqui,* utili sia quando sono individuali, con i diretti interessati, sia di gruppo, come i circle time o le assemblee di classe;
- *videoregistrazioni*: non è sempre facile condurre le attività in classe e contemporaneamente osservare e prendere nota. Per questo è utile spesso far ricorso all'aiuto del digitale. Con una semplice telecamera fissa, o con il supporto di un collega in compresenza, è possibile periodicamente registrare quanto avviene durante un dibattito, o un colloquio, una lezione o una attività di gruppo. Poter rivedere con calma, in differita, la situazione in esame consente di cogliere molti più elementi, che in presenza sarebbero sfuggiti, di poter ri-vedere più volte, anche a distanza di tempo, per cogliere i cambiamenti, di condividere l'osservazione con singoli alunni o, meglio, con tutta la classe, di operare anche una forma di autovalutazione da parte del docente;
- *diario di bordo di classe,* uno strumento che è possibile gestire in modo condiviso, alunni e insegnanti. Un modo per tenere traccia del percorso, con delle fermate da dedicare alle «revisioni di gruppo».

Esistono di sicuro tanti altri modi per completare l'operazione di analisi della situazione, e tutti dovrebbero integrarsi, non escludersi, a completare una visione globale, olistica, della situazione. Si tratta in fondo di fotografare, usando obiettivi e filtri diversi, un paesaggio composto da infiniti pixel.

ATTENZIONE

Lo abbiamo visto durante la pandemia da Covid-19: quella che era una valutazione della situazione di partenza è radicalmente cambiata con la DaD. Sono cambiati i bisogni, sono cambiati i supporti, sono cambiate le risorse a disposizione. Si è parlato di *digital divide,* ma abbiamo aggiunto anche l'analisi del «*family divide*». Nel valutare, dunque, sistematicamente e periodicamente la situazione, si deve tener conto di fattori che vanno oltre la scuola, ma che incidono profondamente sul benessere e sulla predisposizione all'apprendimento degli alunni e delle alunne. Non si può prescindere, ad esempio, dal numero di libri che ogni alunno ha a casa, o dallo spazio di studio a disposizione, dalle relazioni affettive e di sostegno familiare e così via. Anche questi, elementi in continuo divenire.

IDEA 85
IL FEEDBACK

Il feedback è l'ingrediente principale di un processo valutativo costruttivo e solidale; è la retroazione, la capacità, cioè, di autoregolazione che permette di riutilizzare i risultati del proprio comportamento. È una modalità fondamentale in ogni processo di insegnamento-apprendimento.
Le informazioni ricevute dagli altri, infatti, modificano in qualche modo il comportamento, cognitivo e/o affettivo, di ciascuno, e questo cambiamento porta a un successivo feedback, in una continua spirale regolativa e autoregolativa. Dare e a ricevere feedback sono compiti che non competono però solo ai docenti nei confronti dei loro studenti.
In un ecosistema-classe, il riscontro al proprio comportamento arriva da più parti: tra pari, quindi tra alunni e alunne, ma anche tra colleghi; dai docenti agli alunni e dagli alunni ai docenti.
Quando si dà un riscontro sul lavoro svolto a qualcuno, si fornisce un feedback, che può essere positivo o negativo. Un feedback positivo rafforza un comportamento, un feedback negativo lo corregge. Chi dà un feedback negativo a un lavoro, quindi, non dà un giudizio negativo, ma indirizza chi lo ha fatto a migliorarlo, fornendo magari dei suggerimenti.
È molto importante dunque saper comunicare un feedback, che deve descrivere e non giudicare.
Perché sia efficace, il riscontro deve:

- essere espresso in positivo, indicando, ad esempio, che cosa fare per migliorare e non cosa non fare;
- riguardare le azioni, non la personalità di chi le compie: il focus è sempre sul lavoro;
- rivolgersi al futuro: darsi degli obiettivi a breve e medio termine;
- essere tempestivo e continuativo;
- essere chiaro e specifico;
- essere emozionale e fiducioso.

Se è importante saper dare un feedback, ancora di più lo è saperlo ricevere e riutilizzare: solo così si potrà migliorare il proprio comportamento di lavoro o quello sociale.
In questo senso, è chiaro che il feedback è un processo necessario a chi apprende ma anche a chi insegna: i primi possono regolare il proprio percorso di apprendimento, i secondi quello di insegnamento.
Gli strumenti a disposizione per dare e ricevere feedback in classe sono molti:

- lo sguardo e i gesti (un sorriso, un tocco della mano, un'espressione del viso, un applauso, un «batti un cinque» sono solo alcune tra le mille possibilità da mettere in campo per sostenere gli altri nel loro lavoro);
- check list da compilare in modo veloce e immediato durante e dopo un lavoro;
- risposte da dare, anche solo scegliendo tra diversi simboli, prima, durante e dopo una attività (in questo caso, ad esempio, è interessante dare attenzione al feedback emotivo);
- diari di bordo;
- griglie.

Per quanto riguarda i docenti, l'azione di dare feedback dovrebbe corrispondere a quella dell'osservare sistematicamente.
Quando in classi si osserva in modo sistematico, infatti, ci si è posti prima degli obiettivi chiari, chiari anche a chi viene osservato, e ci si è attrezzati con strumenti semplici ma efficaci per tenere traccia delle osservazioni. Le osservazioni hanno senso solo se condivise con chi è osservato. Ed ecco che, circolarmente, rientriamo nel campo del riscontro proattivo. In questo cerchio, il feedback che gli alunni e le alunne forniscono ai docenti è una informazione importante anche come osservazione sistematica. Se, ad esempio, un alunno restituisce un feedback negativo su una attività per via della sua complessità, abbiamo due tipi di elementi da analizzare: la complessità del compito proposto, ma anche l'autopercezione dell'alunno, che magari si sta sottostimando. In entrambi i casi, da parte dei docenti è necessaria una regolazione del proprio operare.

SUBITO IN PRATICA

Esempi di feedback espressi in positivo:

- Ottimo lavoro, questo testo è proprio avvincente perché...

- Questo atteggiamento ha funzionato bene perché...
- Stai lavorando bene, perché la tua concentrazione è...
- Benissimo, questo risultato è il frutto di una forte attenzione a...
- Stai lavorando proprio bene! Prova a vedere se...
- Che ne dici di ricontrollare questo passaggio? Stai procedendo bene, continua così! Ce la puoi fare!

Esempi di feedback dati in modo sbagliato:

- Sei proprio bravo!
- Sei troppo distratto!
- È sbagliato, perché non hai...
- Non ti impegni abbastanza, quindi...
- Hai fatto bene, era semplice.

IDEA 86

L'AUTOVALUTAZIONE

Una valutazione realmente efficace non può prescindere dal contributo degli alunni e delle alunne. Solo se la valutazione è sufficientemente condivisa e partecipata può avere un reale effetto positivo sul miglioramento degli apprendimenti, dei comportamenti e su tutti gli altri aspetti della vita della classe.
Due strumenti utili per favorire l'autovalutazione degli alunni e delle alunne sono il diario di bordo e l'autobiografia cognitiva. Entrambi consentono di indagare la parte meno visibile degli apprendimenti: le motivazioni profonde, i motivi delle scelte, le difficoltà incontrate, ecc. Tutte quelle dimensioni, cioè, che sfuggono alla semplice analisi delle prove di verifica o alle osservazioni da parte dei docenti.
Nella nostra accezione, il diario di bordo è uno strumento di classe, mentre l'autobiografia ha una caratterizzazione più individuale.

SUBITO IN PRATICA

Il diario di bordo

Il diario di bordo è un vero e proprio diario nel quale gli alunni tengono traccia del percorso scolastico che stanno vivendo. Le modalità di gestione possono essere le più varie. Si può, ad esempio, assegnare il ruolo di redattore a un singolo alunno per un determinato periodo di tempo. Oppure, più efficacemente, si possono costituire gruppi di redazione ai quali attribuire la responsabilità di tenere traccia delle attività svolte.
In entrambi i casi, sarà importante definire collettivamente quali informazioni inserire e quali ignorare. Tipicamente, un diario di bordo collettivo dovrebbe ricalcare le caratteristiche di un quaderno di laboratorio, lo strumento nel quale sono registrati i dati e le procedure di un esperimento. Quindi:

- andrebbe compilato per poter essere riletto a distanza di tempo dalle stesse persone che partecipano alle attività;

- le annotazioni devono essere il più possibile chiare ed essenziali;
- andrebbe compilato prima, durante e dopo l'attività.

In definitiva, il diario di bordo è uno strumento di rilevazione, a basso grado di strutturazione nel quale è possibile inserire elementi narrativi, dati, schizzi, appunti...

L'autobiografia cognitiva

Anche l'autobiografia cognitiva ha un carattere generalmente narrativo ma, a differenza del diario di bordo, è uno strumento individuale.
Con l'autobiografia cognitiva, si cerca di portare alla luce il punto di vista di chi apprende, il suo mondo interiore, le sue aspettative e le sue impressioni. Di conseguenza, si mettono i bambini e le bambine della classe nella condizione di poter raccontare e di esprimere un'opinione sul percorso appena concluso e questo racconto va esplicitamente chiesto a partire dal proprio punto di vista.
Nell'autobiografia cognitiva è riconosciuta ampia possibilità di esprimere giudizi sulle proprie prestazioni, ma anche sul compito appena svolto. Dovrebbero emergere, inoltre, le difficoltà incontrate, le strategie messe in campo per superare le difficoltà, i propri punti di forza e di debolezza.
In sostanza, all'interno di un'autobiografia cognitiva dovrebbe emergere una rielaborazione personale del percorso appena concluso, con l'obiettivo di mettere in evidenza gli aspetti interiori e quindi sostanzialmente nascosti dell'esperienza apprenditiva.

SPUNTI DI RIFLESSIONE

L'autobiografia cognitiva può essere proposta anche sotto forma di questionario di autopercezione. Con i bambini più piccoli, questa è la modalità più indicata.

IDEA 87

LE VERIFICHE

Le verifiche non coincidono con la valutazione, perché la valutazione riguarda un insieme complesso di elementi di varia natura — cognitiva, affettiva, motivazionale, comportamentale, emotiva, sociale — mentre le verifiche sono prove che hanno lo scopo di testare il raggiungimento di obiettivi di apprendimenti precisi.
Una premessa forse ridondante, ma importante per un ragionamento sulle caratteristiche che dovrebbero avere le verifiche e sul peso che poi le stesse hanno all'interno di una valutazione complessiva.
Partiamo dalle caratteristiche essenziali delle verifiche, distinguendole nelle seguenti tipologie.

1. Le *prove non strutturate* sono quelle in cui lo stimolo non è strutturato e si lascia libertà nell'elaborazione della risposta, quindi rispondono a uno schema del tipo: domanda aperta e risposta aperta. Rientrano in questo campo le conversazioni, i colloqui, le interrogazioni orali, i temi, l'elaborazione di articoli o la scrittura di lettere, i debate. In queste prove non ci sono risposte corrette o sbagliate, quindi è necessario predisporre dei criteri per la valutazione della prestazione, criteri che vanno condivisi con gli alunni e le alunne.
2. Le *prove semi-strutturate* sono quelle in cui lo stimolo è chiuso e la risposta è aperta. Esempi possono essere i saggi brevi, le relazioni elaborate seguendo una scaletta, esercizi di comprensione testuale. Per la valutazione delle risposte si fa riferimento a un modello prestabilito di «risposta corretta», sempre con la condivisione dei criteri con la classe.
3. Le *prove strutturate* sono infine quelle con stimolo chiuso e risposta chiusa: gli esercizi a carattere addestrativo, i problemi di matematica a percorso chiuso, quesiti a risposta multipla, i cloze. In questo caso, la valutazione della prestazione è precisa, perché la correttezza delle risposte è chiara e univoca.

Le diverse tipologie di verifica dipendono anche dall'obiettivo che ci si pone: che cosa si vuole testare? È evidente che con prove strutturate ci si accerterà delle conoscenze acquisite, mentre, ad esempio, con le prove non strutturate si possono andare a indagare anche le abilità e le competenze. In un'ottica di valutazione inclusiva e solidale, oltre che costruttiva, è fondamentale personalizzare anche il momento delle verifiche. Ciascun alunno, infatti, ha diritto a «suonare il proprio strumento», con il proprio spartito, all'interno di una orchestra-classe, per contribuire alla stessa musica. Una metafora presa in prestito da Daniel Pennac, che rende efficacemente l'idea di quel che dovrebbe succedere anche in fase di verifica.

Personalizzare le verifiche vuol dire adattarle ai diversi bisogni degli alunni, vuol dire facilitarle, ad esempio per chi ha un disturbo specifico dell'apprendimento, o semplificarle, per chi invece ha una disabilità cognitiva.

Facilitare è un'operazione che implica aggiungere qualcosa per rendere più accessibile un testo, un compito, o entrambi senza togliere nulla al carico cognitivo richiesto per eseguire il lavoro. Semplificare, invece, implica togliere difficoltà al testo o al compito, o a entrambi, per ridurre il carico cognitivo del lavoro. Operazioni che richiedono approfondimento da parte di tutto il team docente, non solo degli insegnanti di sostegno. Operazioni che dovrebbero permeare tutte le fasi del percorso curricolare, non solo il momento delle verifiche.

Che peso dare alle verifiche in fase di valutazione sommativa?

In ottica formativa e proattiva, le verifiche sono uno degli elementi di cui tener conto nella descrizione finale o periodica del percorso. Altri elementi sono le osservazioni sistematiche, le autobiografie cognitive, i comportamenti messi in campo e le azioni di miglioramento, gli aspetti emotivi, volitivi, sociali e affettivi, di autocontrollo, di autopercezione, di integrazione, ecc.

È evidente, quindi, che la valutazione non è un calcolo matematico, ma una narrazione che fotografa un momento dopo l'altro del percorso di crescita di ogni individuo.

ATTENZIONE

Una valutazione solidale include la socializzazione e la condivisione degli obiettivi di ogni membro del gruppo classe. Tutti e tutte sono consapevoli delle diverse strade che ciascuno sta seguendo per arrivare alla stessa destinazione. È importante, quindi, che anche la differenziazione delle verifiche venga vissuta dal gruppo come normale conseguenza di questa scelta. Non ci sono «ingiustizie» nel presentare prove calibrate sui diversi bisogni, né occasioni di imbarazzo o frustrazione: la percezione di sé e degli altri si costruisce insieme, giorno dopo giorno, e gli insegnanti sono i registi di questa costruzione. Ancora una volta, centrale è il clima di classe: quando nel gruppo si percepisce fiducia e solidarietà, la differenziazione diventa normalità

IDEA 88
I COMPITI DI REALTÀ

La progettazione di un compito di realtà è uno dei momenti fondamentali della valutazione delle competenze. Per *compito di realtà* si intende la *richiesta rivolta allo studente di risolvere una situazione problematica*, complessa e nuova, *quanto più possibile vicina al mondo reale.* Per raggiungere questo risultato, lo studente dovrà utilizzare conoscenze e abilità, ma anche trasferire procedure e condotte cognitive tra ambiti e contesti diversi.
Per progettare un compito di realtà, è essenziale considerare le otto caratteristiche riportate di seguito.

- *Complessità:* un compito di realtà dovrebbe essere commisurato all'età degli alunni, ma abbastanza complesso. Una situazione complessa è quella nella quale «restituire l'appreso» non è sufficiente per risolvere un problema. Dal punto di vista del docente, quindi, è necessario organizzare un compito nel quale le piste risolutive non siano obbligate, ma aperte: ogni bambino dovrà ricercare informazioni e ideare soluzioni senza applicare un algoritmo preciso e ben sperimentato. Un compito di realtà è complesso quanto un lavoro di ricerca in laboratorio.
- *Novità:* un compito di realtà dovrebbe contenere elementi di novità sufficientemente sfidanti per i bambini. Più la richiesta è nuova, maggiore sarà la complessità dell'attività.
- *Contestualizzazione:* per essere vicino al mondo reale, il compito andrebbe strutturato definendo con cura il tipo di artefatto da realizzare, ma anche gli elementi di contesto in cui esso sarà realizzato o presentato. Rientrano tra gli elementi di contesto la data di inaugurazione di una mostra o il luogo in cui sarà allestito un evento.
- *Interdisciplinarità:* la complessità e la vicinanza al mondo reale sono più facilmente raggiungibile se il compito di realtà risulta interdisciplinare. In fase di progettazione,

quindi, occorre definire con cura quali sono le connessioni tra le discipline che volete implementare. Maggiori saranno le connessioni tra i saperi, meno riconoscibili saranno le discipline e più reale sarà la vostra proposta.

- *Periodicità:* un compito di realtà non dovrebbe essere l'occasione per fare qualcosa di diverso, ma per scandire la pratica didattica in modo periodico. Per ottenere questo risultato, è utile progettare diversi compiti lungo tutto l'anno scolastico, magari più brevi nella durata, ma abbastanza ricorrenti.
- *Interazione:* nella pratica quotidiana, nessuno (o quasi nessuno) lavora realmente da solo. Per essere vicino al mondo reale, un compito deve prevedere diverse modalità di interazione. In questo senso, occorre definire lavori di gruppo e fare in modo che ciascun gruppo abbia l'occasione di interagire con altri gruppi o con soggetti esterni. È sempre bene far riferimento all'apprendimento cooperativo: la strutturazione di ruoli e le interdipendenze tra gli alunni favoriscono l'impegno di tutti.
- *Conoscenze:* obiettivo dei compiti di realtà è mettere gli alunni nella condizione di sperimentare piste risolutive personali. Per ottenere questo scopo, si può fare in modo che gli alunni abbiano solo una parte delle informazioni necessarie e debbano ricercare quelle mancanti. La ricerca di nuove informazioni consentirà di risolvere il problema dato secondo modalità proprie o, addirittura, definire nuovi problemi.
- *Finalità:* un compito di realtà efficace si riconosce, in primo luogo, dalla precisa definizione dei destinatari e dello scopo del lavoro. I destinatari dovranno sempre essere figure diverse dal docente per evitare che la valutazione sia unilateralmente espressa dall'insegnante stesso. Al contrario, la valutazione si baserà sull'efficacia nel raggiungere lo scopo prefissato dal compito di realtà.

SPUNTI DI RIFLESSIONE

La ricerca e la valutazione delle informazioni sono tra le capacità più importanti da possedere nel mondo del Web e delle tecnologie.
Un buon compito di realtà è l'occasione giusta per riflettere con gli alunni su questo tema.

IDEA 89

VALUTARE E CERTIFICARE LE COMPETENZE

La didattica per competenze impone alla scuola di ripensare il proprio modo di procedere. In particolare, essa invita a riprendere i saperi disciplinari e a utilizzarli all'interno di un contesto globale e fortemente ancorato alla realtà.
Valutare le competenze, pertanto, è un processo che non può essere sovrapposto alla rilevazione delle conoscenze. Dobbiamo, dunque, abbandonare l'idea di compito classico come paradigma valutativo: bisogna rinunciare all'idea di un «esame di competenza». Non è possibile valutare le competenze in modo standardizzato, ma dobbiamo affidarci a strumenti complessi.

SUBITO IN PRATICA

Valutare le competenze

La valutazione delle competenze mette insieme tre diversi tipi di informazione, provenienti da tre fonti diverse.

- *Il compito di realtà*. La valutazione di una competenza può partire dall'analisi di un artefatto o dalla soluzione a un problema sufficientemente complesso. Le modalità con cui i compiti di realtà possono essere progettati sono state ampiamente descritte nelle pagine precedenti. La valutazione della competenza non coincide con la valutazione del modo in cui è stato svolto il compito di realtà: questa è solo una delle tre dimensioni da tenere in considerazione.
- *Le osservazioni sistematiche*. La seconda dimensione da tenere presente per valutare una competenza è il punto di vista del docente, la sua osservazione sulla dinamica di soluzione del compito di realtà. Le osservazioni sono «sistematiche» quando sono ricorsive e non necessariamente riferite a tabelle particolarmente complesse e di difficile gestione. In un'osservazione sistematica efficace, il docente punta l'attenzione su un solo aspetto specifico: la lunga durata delle attività di rilevazione finirà per fornire un insieme vasto di dati interessanti.

- *Le autobiografie cognitive*. Anche le autobiografie cognitive sono state ampiamente descritte nelle pagine precedenti. Esse entrano nella valutazione delle competenze come terza e imprescindibile fonte di informazioni.

Certificare le competenze

Da un punto di vista prettamente burocratico, la certificazione delle competenze accompagna il documento di valutazione degli apprendimenti e del comportamento degli alunni. Al di là di questo, però, rappresenta una documentazione di lunga durata e aggiunge informazioni qualitativamente utili alla valutazione tradizionale. Questo, ovviamente, nel caso in cui la certificazione delle competenze non venga intesa come pratica da sbrigare poco prima della scadenza, ovvero alla fine del ciclo scolastico. Diversamente, la certificazione è strumento utile per sostenere e orientare gli alunni nel loro percorso di apprendimento e nel passaggio ai successivi ordini di scuola. Per far questo, però, è fondamentale che tutta la progettazione didattica sia orientata alla certificazione scolastica, a partire dalla prima classe di ogni ciclo scolastico.
All'interno di questa progettazione andrebbero definiti:

- le competenze chiave sulle quali si intende lavorare;
- i nuclei disciplinari che sottostanno alle competenze definite;
- i compiti di realtà da proporre agli alunni;
- le modalità attraverso le quali condurre osservazioni sistematiche e favorire le autobiografie cognitive.

In definitiva, il modello di certificazione delle competenze proposto con il DM 742 del 2017 propone una rivisitazione del fare scuola quotidiano a partire da un approccio interdisciplinare e vicino al mondo del reale. Adottando questi paradigmi, si arriverà preparati alla certificazione di fine ciclo scolastico, ma soprattutto si saranno sperimentati percorsi didattici efficaci.

IDEA 90
LA VALUTAZIONE DEL COMPORTAMENTO

In una valutazione complessiva del percorso, come più volte detto finora, non ci si limita agli apprendimenti e alle competenze raggiunte, ma si descrive il comportamento.
Prima di entrare nel merito, seppur in modo sintetico, è fondamentale ribadire che non è possibile valutare qualcosa su cui non si è lavorato. Diversamente si valuterebbe, in modo errato, il punto di partenza di ciascuno, quindi la sua storia, il suo ambiente, il suo background socio-educativo-familiare, ma non solo. Occorre dunque aver chiaro, e rendere chiaro alla classe, quale sarà l'insieme degli obiettivi su cui si dovrà lavorare insieme anche per quel che riguarda il comportamento.
Quando si parla di «comportamento» a scuola si intende sia il comportamento di lavoro sia quello sociale. Il comportamento di lavoro riguarda aspetti come l'attenzione, l'impegno, l'organizzazione, la responsabilità, il senso critico. Il comportamento sociale riguarda funzioni come la percezione di sé, il controllo sociale, l'integrazione sociale.
Si tratta di abilità e competenze sociali che richiedono tempi lunghi e l'attivazione di azioni mirate. Richiedono il supporto solidale del gruppo. Richiedono metacognizione e autovalutazione.
Se l'autovalutazione è una delle parole chiave in ottica di efficacia per il miglioramento, in questo è campo è decisamente prioritaria. Ogni soggetto, infatti, per poter individuare i propri punti di forza e i propri punti deboli, le proprie capacità, va aiutato ad analizzare i propri comportamenti.
I docenti, dunque, dovrebbero chiedersi quali comportamenti vogliono promuovere, per ciascun alunno e ciascuna alunna, come farlo, come monitorarli.
E questa valutazione, insieme a tutte le altre, dovrebbe far parte della revisione continua e sistematica delle tante variabili in campo.
Il comportamento, molto più che gli apprendimenti, è difficile da valutare. I criteri e gli indicatori per farlo sono difficili da individuare.

Poi entrano in gioco anche la soggettività dei docenti, le loro relazioni con gli alunni, i diversi vizi docimologici, persino i diversi valori che possono influire sui giudizi. Si pensi alle diverse opinioni tra docenti su che cosa significhi «senso critico», ad esempio.
Ecco perché è fondamentale cercare il massimo della chiarezza e della trasparenza fin dall'inizio, quando si definiscono obiettivi, indicatori ed evidenze da monitorare, anche con l'uso di checklist o rubriche, diari di bordo, tabelle o descrizioni.

SUBITO IN PRATICA

Come lavorare sulle abilità sociali?

- *La percezione di sé:* per aiutare i bambini e i ragazzi a percepirsi nel modo più possibile aderente alla realtà, può essere utile chiedere sempre un feedback sul proprio agito e confrontarlo con il feedback dato dal gruppo dei pari e dai docenti. È in questo continuo e sistematico scambio di opinioni che si sviluppa maggiore consapevolezza di sé, che porta a superare eventuali ipopercezioni o iperpercezioni. Un esempio di efficacia della valutazione solidale.
- *Il controllo sociale:* per migliorare le capacità di autocontrollo delle proprie reazioni di fronte alle diverse situazioni di vita può essere utile progettare un percorso di educazione razionale-emotiva. Non solo, dunque, educazione emotiva, conoscenza delle emozioni e riconoscimento delle proprie emozioni, ma un percorso che porti a collegare pensieri ed emozioni, quindi anche comportamenti e pensieri: conoscere il circuito che vede il pensiero come causa di comportamenti è fondamentale per sapere come agire per l'autocontrollo.
- *L'integrazione sociale:* stare bene con gli altri, saper collaborare, saper mediare, saper affrontare problemi e saper sostenere sono tutte abilità sociali fondamentali. Per lavorarci passo dopo passo il consiglio principale è quello di mettere in situazione la classe quotidianamente con attività in apprendimento cooperativo, *tutoring, peer tutoring.* E, ovviamente, dare importanza al momento della valutazione di gruppo: con le t-chart, con checklist, con domande aperte, seguite da un feedback dato dalla discussione collettiva.

Importante, quindi, per ogni attività, prevedere sempre alla fine circa dieci minuti per le riflessioni valutative e autovalutative: di classe, di gruppo, individuali, in forma mista, alternata e condotta in modo positivo.

IDEA 91

COMUNICARE LA VALUTAZIONE

La comunicazione efficace e trasparente della valutazione del percorso scolastico è uno dei modi per favorire i rapporti scuola-famiglia: questo è quanto ribadito nel Decreto legislativo 62 del 2017.
Lo spirito dei colloqui di fine quadrimestre, quindi, dovrebbe essere volto alla costruzione della condivisione educativa. Come si realizza, nella pratica, questo principio condivisibile?
È possibile delineare un percorso virtuoso che richiama anche alcuni dei punti già trattati.

SUBITO IN PRATICA

- *L'assemblea di inizio anno:* una comunicazione efficace della valutazione si costruisce a partire dai primi mesi di scuola. Le prime assemblee con i genitori sono appuntamenti fondamentali per rendere esplicitile modalità di valutazione, gli obiettivi da raggiungere, il ruolo dell'autovalutazione degli alunni, come si svolgerà la consegna dei documenti di valutazione, ecc.
- *Quando comunicare la valutazione*: generalmente la comunicazione avviene ogni quadrimestre, ma questa è una consuetudine e non un obbligo. Sono diverse le realtà che hanno fatto coincidere la valutazione periodica e quella finale, specie in situazioni particolari come la classe prima della scuola primaria.
- *Come arrivare preparati ai colloqui:* come descritto in precedenza, nella valutazione efficace gli alunni e le alunne sono coinvolti in prima persona e i docenti hanno una sostanziale funzione di indirizzo e di feedback. Seguendo questa pista, si favorisce la crescita metacognitiva e autovalutativa degli studenti. Di conseguenza, il momento dei colloqui è solo una delle tante tappe del percorso e non dovrebbe rappresentare un momento di discontinuità.
- *La comunicazione della valutazione:* tradizionalmente, durante i colloqui di fine quadrimestre o di fine anno, i docenti comunicano la valu-

tazione che hanno attribuito, in accordo con il team o con il Consiglio di classe, agli alunni e alle alunne. Seguendo i suggerimenti presentati fin qui, invece, i docenti dovrebbero arrivare al momento dei colloqui con i propri alunni giù sufficientemente informati e consapevoli. Per essere ancor più chiari: l'informazione non nasce dalla comunicazione dei risultati delle singole verifiche, ma dalla condivisione e dal continuo feedback sugli obiettivi da raggiungere. Durante il colloquio di fine quadrimestre, questo articolato percorso dovrebbe emergere. Per far questo si suggerisce di:

- condurre il colloquio direttamente con l'alunno o l'alunna. La presenza del genitore dovrebbe avere una funzione di garanzia, mentre i reali destinatari dell'apprendimento e della valutazione sono gli alunni che vanno a scuola tutti i giorni. Ovviamente i genitori possono intervenire, ma andrebbe limitata la tendenza a sostituirsi, nel colloquio, agli studenti;
- far riferimento agli impegni assunti in classe attraverso il patto con la classe e alle scelte individuali di obiettivi e percorsi;
- tenere in considerazione tutti gli elementi che conducono alla valutazione: le verifiche, sicuramente, ma anche i compiti di realtà, le osservazioni sistematiche, le autobiografie cognitive e le autovalutazioni in genere;
- ricordare che, anche da un punto di vista normativo, la valutazione ha per oggetto il processo formativo. Essa ha una finalità formativa e educativa e deve portare al miglioramento degli apprendimenti e al successo formativo. Il momento del colloquio di fine quadrimestre o di fine anno, pertanto, non dovrebbe essere il momento in cui si esprime semplicemente un giudizio unilaterale, ma una fase del processo di costruzione del successo formativo.

Sciapeconi I. e Pigliapoco E. (2018), *Competenze in azione! Classe quarta – Area matematico-scientifica,* Trento, Erickson.
Sciapeconi I. e Pigliapoco E. (2018), *Competenze in azione! Classe quinta – Area linguistico-antropologica,* Trento, Erickson.
Sciapeconi I. e Pigliapoco E. (2018), *Competenze in azione! Classe quinta. Compiti di realtà con le tecnologie* , Trento, Erickson.
Sciapeconi I. e Pigliapoco E. (2020), *Pagella Amica. Attività per una valutazione collaborativa e formativa in classe prima* , Trento, Erickson.
Sciapeconi I. e Pigliapoco E. (2020), *Verifiche personalizzate,* Trento, Erickson.

INCLUDERE: FACILITARE L'APPRENDIMENTO E LA PARTECIPAZIONE DI TUTTE LE ALUNNE E TUTTI GLI ALUNNI

di Dario Ianes e Heidrun Demo

IDEE 92-101

INTRODUZIONE

Uno dei leader mondiali dell'*inclusive education*, Mel Ainscow, scrive nel marzo 2020 una definizione perfetta di inclusione, in cui vale la pena riconoscerci, come sistema formativo pubblico e come elaborazione pedagogica italiana: «In molti Paesi l'*inclusive education* è ancora oggi considerata come un approccio rivolto agli alunni con disabilità nel contesto formativo normale, però sempre di più viene vista da molti come un principio che sostiene e accoglie le varie differenze di tutti gli alunni e di tutte le alunne. Questo significa che l'obiettivo fondamentale diventa quello di eliminare ogni forma di marginalizzazione ed esclusione che deriva da atteggiamenti e azioni dovuti a fattori sociali, religiosi, culturali, di genere, orientamento sessuale, status di migrante e, naturalmente, funzionamenti e livelli differenti di abilità. Alla base dell'*inclusive education* sta dunque la convinzione che essa sia un diritto umano di base e il fondamento di una società più giusta» (Ainscow, 2008).

Una scuola inclusiva è dunque quella che crea quelle condizioni didattiche e educative di personalizzazione, differenziazione e individualizzazione, apertura e autodeterminazione, universalità e pluralità dell'offerta formativa, attraverso le quali tutte le alunne e gli alunni, con tutte le loro differenze, siano esse difficoltà o particolari dotazioni o talenti, possano raggiungere il massimo del loro potenziale, sia nel campo degli apprendimenti di competenze sia in quello della partecipazione sociale e del senso di appartenenza.

Questo implica il superamento dell'idea che fare una proposta didattica uguale per la maggior parte degli alunni, con alcune modifiche per coloro che hanno difficoltà e che nel nostro sistema formativo hanno tutele particolari, possa essere un'efficace strategia di insegnamento. Un'impostazione di questo tipo, infatti, connette inesorabilmente l'idea di differenza con quella di difficoltà, rischiando di connotare negativamente le misure di differenziazione che, per altro con fatica e impegno, gli insegnanti propongono ad alunni con disabilità, disturbi specifici dell'apprendimento o, più in generale, con bisogni educativi

speciali. E infatti non è raro incontrare alunne e alunni che rifiutano quelle particolari forme di supporto.
La logica inclusiva che proponiamo in questo contributo prova invece ad assumere l'individualità e la differenza come caratteristiche normali del percorso di apprendimento di ciascuno perché ogni bambino e ogni alunno hanno interesse e motivazioni personali, livelli di competenza differenti e un proprio modo di apprendere. In questa cornice, i bisogni educativi speciali divengono una differenza fra molte, certo da considerare, ma da collocare fra altre.
Per le 10 idee che seguono ci siamo ispirati appunto a questo concetto di scuola inclusiva, dando dei suggerimenti che possono essere necessari nei casi di alunni con varie tipologie di difficoltà, dalle disabilità a differenti forme di bisogni educativi speciali, ma che contemporaneamente si rivelano utili per tutti. Alla base di ciò, ci sono le tre dimensioni organizzative e culturali di una classe inclusiva.
La prima riguarda *tutte le differenze di tutti gli alunni e tutte le alunne:* da raccontare, comprendere, valorizzare. Ognuno di noi ha un patrimonio di caratteristiche personali che lo rendono unico: una classe inclusiva coltiva con cura e sistematicità la conoscenza e la comprensione delle varie differenze portate da ogni alunno/a, le colloca nelle storie personali e le valorizza, impedendo che diventino diversità negative, che spingono alla marginalizzazione e all'esclusione.
La seconda coinvolge *il lavoro di compresenza degli insegnanti:* sappiamo bene che 1 più 1 fa in realtà 3... organizzare una compresenza didattica inclusiva significa realizzare ruoli complementari tra insegnante di classe e di sostegno, che condividono la progettazione e la realizzazione delle attività, articolando il gruppo classe in sottogruppi e riuscendo ad attivare tutte quelle risorse latenti, come ad esempio il lavoro di *peer tutoring* e di aiuto reciproco tra compagne e compagni.
La terza riguarda *la micro struttura sociale del gruppo classe,* che proponiamo possa articolarsi in «cordate» di tre alunni e alunne, coinvolti in un patto strutturale e continuo di lavoro condiviso, orientato sia all'apprendimento sia alla vicinanza emotiva, di supporto, di sviluppo e mantenimento di un forte senso di appartenenza. Non dimentichiamo mai che inclusione significa apprendimento e partecipazione sociale.
All'interno di queste tre cornici generali abbiamo collocato alcuni suggerimenti più specifici.
Alcuni sono rivolti al potenziamento di determinati meccanismi di apprendimento e di personalizzazione, individualizzazione e differen-

ziazione. L'uso sistematico e *peer-to-peer* del feedback alimenta in modo significativo i processi di apprendimento e può diventare un modus operandi per costruire format cooperativi di apprendimento. I materiali didattici, cartacei e digitali, si adattano alle caratteristiche di alunne e alunni, attraverso varie forme di facilitazione e semplificazione, operate in alcuni casi anche dagli alunni stessi. Sulla base poi dell'approccio all'universalizzazione della didattica, che va sotto il nome di *Universal Design for Learning*, si possono realizzare interessanti differenziazioni nelle dinamiche di insegnamento-apprendimento, sia nella fase di percezione-decodifica-comprensione degli input che l'alunno riceve, sia in quella in cui si propongono varie e diverse modalità attraverso cui bambini e ragazzi possono esprimere il proprio percorso di apprendimento verso la piena competenza.
Una seconda tipologia di suggerimenti ruota attorno ai processi di autonomia e autodeterminazione di alunne e alunni, con alcune idee vicine all'approccio della didattica aperta e con la proposta di vari format come le cartelle personalizzate, le agende, il piano di lavoro e l'uso del portfolio per la valutazione autentica e formativa del percorso di apprendimento, finalmente rispondente al bisogno di significatività e reale motivazione di alunne e alunni.

IDEA 92

NARRARE LE DIFFERENZE CON LE STORIE DI VITA

Creare opportunità per narrare le differenze individuali di ciascuna alunna e ciascun alunno crea basi forti per una cultura inclusiva che accoglie e valorizza le persone per come sono. La narrazione autobiografica permette di rappresentare le caratteristiche personali senza cadere nel rischio di etichettamenti e di semplificazioni per categorie. Nel riportare episodi e ricordi di una storia di vita, infatti, bambine e bambini possono mostrare se stessi in modo poliedrico e globale, senza doversi appiattire su una sola caratteristica. A questo rischio sono particolarmente esposti alunne e alunni con esperienze di «minoranza»: un bambino che non parla bene l'italiano, ad esempio, può essere percepito come «lo straniero», una ragazza che si muove su una sedia a rotelle come «la disabile». La narrazione autobiografica restituisce a ciascuno l'opportunità di raccontarsi in quel che per lei o lui è importante, evidenziando di volta in volta fatiche e gioie, qualità e difetti, abilità e difficoltà. Molto semplicemente, questo rende possibile conoscere la persona in un modo più globale: ad esempio, di cogliere nella bambina con disabilità l'abilità di alunna appassionata di scienze e matematica o nel bambino che non parla l'italiano la curiosità per il cibo e la cucina o la fatica per la separazione dei genitori. Attraverso la narrazione autobiografica è inoltre semplice capire come persone diverse siano uniche — perché le differenze individuali le distinguono le une dalle altre — ma, al contempo, anche simili — perché alcune esperienze ed emozioni sono universali.

A scuola la narrazione autobiografica prevede tendenzialmente due tempi, quello della narrazione e quello della condivisione. Nella pratica, a un momento in cui alunne e alunni, da soli o in piccolo gruppo, creano un artefatto autobiografico ne segue poi un altro in cui i diversi artefatti vengono condivisi con il gruppo classe più ampio. Le competenze messe in atto in entrambe le fasi sono importanti. Mentre ci si dedica alla realizzazione di uno scritto, un'immagine o una foto che narri di se stessi si attivano competenze intrapersonali come la memoria

di sé, la riflessività o l'espressione di sé. Quando invece, nella fase di condivisione, ci si appresta a ricevere la narrazione di una compagna o un compagno, si praticano competenze interpersonali come l'ascolto, l'empatia, la capacità di comprendere testi ed emozioni.
Infine, è importante sottolineare come «fare autobiografia» in chiave inclusiva implichi anche la messa a disposizione di molteplici canali e mezzi di comunicazione, per intercettare le preferenze e i bisogni degli alunni e per sperimentare insieme i vissuti connessi a modalità espressive diverse.

ATTENZIONE

La narrazione autobiografica richiede coraggio da parte di chi si narra ed empatia da parte di chi riceve la narrazione. Per questo è importante lasciare a bambini e ragazzi la possibilità di scegliere quanto svelarsi nelle proposte, ad esempio esplicitando che è «ammesso» mentire e accettando che qualcuno possa voler tenere il proprio artefatto per sé senza condividerlo.

SUBITO IN PRATICA

- Con il muro virtuale di Padlet è possibile raccogliere in forma di post i diversi scritti, fotografie o video di alunne e alunni di una classe su una bacheca virtuale comune oppure creare bacheche individuali visitabili dai compagni.
- Un gioco dell'oca con caselle con immagini o parole chiave («una grande vittoria», «la mia sfida più grande»...) può stimolare la narrazione orale in piccolo gruppo.
- Alcuni autoritratti celebri possono stimolare la produzione di un autoritratto personale che metta in evidenza alcune caratteristiche interiori o esteriori.

IDEA 93

INSEGNARE IN PARALLELO: DUE INSEGNANTI PER DUE METÀ CLASSI

In alcune ore della settimana scolastica, in certe classi è prevista la presenza di due adulti in contemporanea. Nella maggior parte dei casi, si tratta di un insegnante di sostegno e un insegnante curricolare, ma sono possibili anche altre varianti. Uno dei modi per attivare pienamente le due risorse è quello di dividere in due metà il gruppo classe, ciascuna sotto la supervisione di uno dei due insegnanti presenti. A seconda delle caratteristiche e della durata delle attività, in alcuni momenti di insegnamento parallelo può essere utile che i due gruppi si dividano in due spazi diversi, mentre in altri casi sarà sufficiente lavorare in due gruppi all'interno di una stessa aula. In ambiente virtuale, questo si può realizzare pianificando due videochiamate in contemporanea, gestite dai due docenti e con inviti diversificati ai due gruppi di alunni. Oppure, con alcune applicazioni, si possono creare due stanze a partire da uno stesso meeting.
Se i due insegnanti hanno competenze simili, come ad esempio accade nella scuola primaria, entrambi potranno proporre contemporaneamente le stesse attività alle due metà della classe. Se invece, per formazione ed esperienza, non sono in grado di proporre la medesima attività perché hanno competenze differenti, come avviene spesso alla scuola secondaria, è possibile fare due proposte diverse e prevedere poi uno scambio dei gruppi: l'insegnante curricolare può ad esempio preparare per il gruppo una proposta disciplinare, mentre quello di sostegno può presentarne una di tipo metacognitivo.
In termini di inclusione, il vantaggio principale di questa scelta organizzativa risiede nella riduzione della numerosità del gruppo di alunne e alunni. Questo facilita la partecipazione e moltiplica le possibilità di interazione. Nell'ambito, ad esempio, di una lezione dialogata o di una discussione in cerchio, le possibilità per bambini e ragazzi di prendere la parola aumentano notevolmente. Ma anche nel caso di attività individuali o in piccoli gruppi, l'insegnante ha la possibilità di monitorare con maggiore accuratezza i «pochi» alunni della metà classe assegnatagli.

Inoltre, un gruppo più piccolo può creare una situazione facilitante per alunne e alunni che usano sistemi di comunicazione alternativi a quelli verbali e hanno bisogno di tempi più lunghi per la comunicazione, oltre a risultare particolarmente adatto per chi è intimidito dalle situazioni di grande gruppo.
Se poi i due gruppi sono creati sulla base degli interessi degli alunni o prendendo in considerazione il loro stile di apprendimento, i due insegnanti possono lavorare sullo sviluppo della stessa conoscenza, abilità o competenza, ma declinando la proposta in modo diverso nei due. Un gruppo, ad esempio, può usare modalità più visive e l'altro più verbali.

ATTENZIONE

È importante che i due gruppi di alunni siano eterogenei per competenze: questo permette di prevenire lo sviluppo di dinamiche svalutanti fra gli alunni verso i compagni con livelli di competenza più bassi.
Inoltre, l'assegnazione casuale dei due gruppi all'uno o all'altro insegnante veicola implicitamente la contitolarità dei due ed evita la diffusione della percezione che l'insegnante di sostegno sia «solo» l'insegnante degli alunni con disabilità, o comunque con delle difficoltà.

IDEA 94

ALUNNE E ALUNNI SI LEGANO IN CORDATA

Quando si affronta una sfida difficile, nella vita scolastica come nelle arrampicate in montagna, si ha bisogno di compagni affidabili, per affrontare insieme le difficoltà, sentirsi reciprocamente responsabili e aiutarsi in molti modi.
Una classe di 24 studenti può essere divisa in 8 «cordate» da 3, alunne e alunni legati assieme metaforicamente da un fortissimo patto di collaborazione, vicinanza e aiuto reciproco. Il numero ideale di alunni per «cordata scolastica» è appunto di 3 (anche se nell'alpinismo sono più frequenti le cordate di due persone, più agili e svelte): queste «cellule» stabili e strutturali costituiscono lo scheletro della nostra classe. Strutturali vuol dire che danno forma continua e non episodica alla suddivisione del lavoro, sono trasversali alle varie discipline e ai vari insegnanti, diventano soggetti autonomi e interlocutori dei docenti e possono durare, salvo necessità diverse, anche per periodi relativamente lunghi (due o tre mesi).
Il compito delle cordate si può declinare sia sul versante dell'apprendimento, con varie attività di cooperazione, *tutoring*, *project-based-learning*, feedback reciproco, ecc., che su quello della partecipazione sociale e del senso di appartenenza a un gruppo significativo. La cordata è infatti una micro-struttura sociale stabile che aiuta gli alunni e le alunne a sentirsi vicini, a sostenersi anche in modo informale e a estendere la propria funzione anche ai periodi extrascolastici, nei quali purtroppo si verificano frequentemente situazioni di marginalizzazione ed esclusione.
La costruzione delle cordate è una fase molto delicata e va preceduta da una attenta analisi della realtà relazionale e sociale della classe.

ATTENZIONE

Questa analisi esplorativa va condotta con molto tatto, evitando quelle modalità «sociometriche» con cui, anche inconsapevolmente, si provocano rifiuti o anche «non scelte», facendo vivere agli alunni e alle alunne meno popolari la loro condizione di isolamento. Creando invece opportunità di lavoro libero e di libera scelta dei compagni con cui svolgere diverse attività e osservando i momenti informali, l'insegnante può costruirsi la propria «mappa sociale» della classe.

Tenendo conto di affinità e simpatie, l'insegnante costruirà le cordate. Per farlo, dovrà anche tener conto delle caratteristiche individuali in termini di competenze comunicative, sociali, motivazione, ecc., affinché la cordata sia il più possibile affine e affiatata, ma allo stesso tempo eterogenea, anche in termini di competenze e abilità.
L'insegnante dovrà assumersi la responsabilità di essere «illiberale e direttivo» nelle scelte, poiché questa autorevolezza proteggerà alunne e alunni stabilendo un forte patto educativo tra tutti. Naturalmente le cordate possono cambiare nel tempo sulla base delle osservazioni degli insegnanti, ma non possono essere sabotate intenzionalmente dagli alunni, anche nei casi più difficili, in cui eventualmente saranno necessari maggiori supporti perché funzionino bene.
Questo «scheletro» relazionale della classe va evidenziato enfaticamente, visualizzato e ritualizzato nei modi scelti dalle cordate stesse, per consolidare senso di identità e appartenenza, eventualmente con nomi, loghi, slogan, ecc. Chi infatti ha mai dimenticato la mitica cordata Compagnoni e Lacedelli sul K2 o di Hillary e Tenzing sull'Everest?

IDEA 95

REALIZZARE INPUT UNIVERSALI PER L'APPRENDIMENTO

L'apprendimento di una qualsiasi competenza si nutre di input, informazioni che entrano nel sistema cognitivo, conoscitivo e motivazionale di alunne e alunni, e che lo modificano, dando il via a processi di elaborazione ed espressione (azioni di vario genere) e che poi saranno soggette a vari tipi di feedback, in un anello ricorsivo e retroattivo continuo.
L'approccio della Progettazione Didattica Universale (*Universal Design for Learning* — UDL), fondandosi su conoscenze provenienti dalle neuroscienze, sostiene che ogni alunna e ogni alunno, ogni persona, è differente nel modo attraverso il quale riceve le informazioni contenute negli input e che poi saranno usate nell'elaborazione. Il percorso della rappresentazione interna degli input in ingresso è lungo e passa attraverso tre grandi processi: l'*attenzione* e la *percezione* sono le due grandi porte di entrata degli input nel sistema. Se la mia attenzione ha difficoltà e/o se la mia percezione sensoriale è deficitaria, è evidente che l'input farà fatica ad attivare il terzo processo, la *comprensione*, e cioè l'estrazione di un significato che abbia senso per me.
Nell'apprendimento dobbiamo dunque tener conto di questi tre processi che contribuiscono a una buona rappresentazione dell'input: la progettazione universale ci invita appunto a considerare le differenze individuali che riscontriamo nelle alunne e negli alunni nelle varie fasi. Avremo infatti bambini che riescono a prestare attenzione anche in luoghi rumorosi o con una musica di sottofondo, altri che necessitano di silenzio e ambienti minimali, ragazzi che hanno buone capacità uditive e visive, altri che ne hanno di meno o che presentano addirittura gravi deficit, alunni che comprendono bene i concetti dell'input se questi vengono rappresentati come storie e narrazioni, altri che prediligono il canale uditivo o quello visuale, che hanno bisogno di mappe e schemi visivi, studenti per i quali è sufficiente un testo scritto o un elenco puntato, altri ancora che possono usare un repertorio lessicale/sintattico ridotto, e così via. Alcuni alunni e alunne si troveranno bene con determinate qualità degli input, altri saranno

ostacolati: sappiamo bene che una maglietta di una stessa taglia non può andare bene a tutti...
La progettazione universale della rappresentazione degli input cerca allora di realizzare varie e diverse forme/qualità/intensità nelle differenti fasi di attenzione, percezione e comprensione. Attraverso supporti digitali, ad esempio, il materiale orale di spiegazione può essere granulato finemente in base ai tempi brevi di attenzione di qualche alunno, oppure un testo scritto può essere ingrandito nel font in funzione delle capacità visive dell'alunno, un concetto può essere presentato in tre format (scritto, schema e video), e così via. In questo modo l'offerta di input fa un passo in avanti verso l'universalità, e cioè l'essere adatta a tutti, dove ognuno può trovare quello che va bene per sé.

SPUNTI DI RIFLESSIONE

Gli alunni e le alunne stessi sono dei partner importanti nel trovare alternative efficaci e questa pluralità di offerta (necessaria per alcuni) diventa utilissima per tutti, anche per sperimentare modi diversi di acquisire informazioni e per aumentare la conoscenza metacognitiva delle proprie modalità di relazionarsi agli input.

SUBITO IN PRATICA

Alcune strategie per rendere più universali gli input sono:

- glossari che accompagnano un testo, utili sia per bambini che non capiscono (bene) l'italiano che per l'apprendimento di lessico disciplinare specifico;
- sottotitoli per i video, utili ad esempio nel caso di videolezioni registrate;
- mappe di sintesi realizzate alla lavagna durante una spiegazione.

IDEA 96

REALIZZARE POSSIBILITÀ UNIVERSALI PER ESPRIMERE L'APPRENDIMENTO (OUTPUT)

Come si potrebbe apprendere senza esprimersi attraverso qualche forma di azione, iniziativa, risposta, strategia o costruzione di qualche output visibile del nostro sistema di elaborazione delle informazioni? Le varie operazioni mentali (cognitive, metacognitive ed affettivo-emozionali) di elaborazione portano a diversi (speriamo) format di azione, che poi saranno soggetti a vari tipi di feedback, in un anello ricorsivo e retroattivo continuo.

L'approccio della Progettazione Didattica Universale (UDL, *Universal Design for Learning*), fondandosi su conoscenze provenienti dalle neuroscienze, sostiene che ogni alunna e alunno, ogni persona, è differente nel modo attraverso il quale progetta e realizza varie forme di output. Nei processi di apprendimento esprimiamo il percorso che stiamo facendo verso l'obiettivo di competenza in vari modi visibili: con tentativi sempre migliori, approssimazioni successive di risposta, attività che si avvicinano più o meno ai criteri di successo. Azioni e output di vario genere: verbali, cognitivi, motori, scritti, interpersonali, o combinazioni di queste e altri componenti. Si impara facendo (continuamente) e registrando i vari feedback generati dalle nostre azioni. La progettazione universale dell'apprendimento a livello di output si occupa proprio di questo «facendo», offrendo ad alunne e alunni vari e diversi modi di produrre output diversi. Avremo infatti alunni che daranno il meglio di sé se viene loro consentito di esprimersi con attività motorie, oppure cantando o scrivendo oppure disegnando, schematizzando, e così via. Le varie differenze individuali, sia a livello di capacità che di preferenze, interessi e motivazioni, debbono poter incontrare nel contesto almeno una possibilità di espressione di sé e di realizzazione di un prodotto concreto e visibile dei processi di apprendimento che sia adeguata e che corrisponda positivamente a quella differenza, anche nelle situazioni di deficit.

In questo modo l'offerta di output diversi fa un passo in avanti verso l'universalità, e cioè l'essere adatta a tutti, dove ognuno può trovare

quello che va bene per sé. Come nell'adattamento dei materiali e nell'universalità degli input, gli alunni stessi sono dei partner importanti e utilissimi nel trovare altri modi e alternative efficaci per realizzare prodotti visibili del loro apprendimento.
Questa pluralità di offerta (necessaria per alcuni) diventa utilissima per tutti, anche per sperimentare modi diversi di esprimere l'apprendimento rispetto a quelli consueti e abitudinari e per aumentare metacognitivamente la conoscenza dei propri processi di progettazione e realizzazione degli output.

IDEA 97

ALUNNE E ALUNNI SI DANNO FEEDBACK RECIPROCO

L'apprendimento di qualunque abilità e competenza ha bisogno di ricevere feedback: la persona che apprende agisce nel mondo attraverso azioni, tentativi, prove più o meno riuscite, che dovrebbero generare risposte informazionali (ma non solo, vedremo) precise e immediate, in grado di confermare o modificare le azioni che le hanno prodotte. Un feedback positivo conferma la bontà della mia azione, un feedback negativo mi porta a modificare il mio corso di azione provando altre strade o correggendole.

L'informazione di ritorno generata dalle mie azioni è un alimento fondamentale per ogni apprendimento. Questa informazione può arrivare in tempo reale durante l'esecuzione oppure al termine dell'azione, sulla base del prodotto visibile che questa ha generato. Un buon feedback dovrebbe essere il più possibile vicino nel tempo ai processi mentali ed esecutivi che vuole consolidare o correggere, dovrebbe specificare il legame causale tra processi e risultati («ottimo lavoro», «questo riassunto è proprio buono perché hai usato questa strategia...», ecc.) e alimentare quei processi affettivi e motivazionali che sono l'energia primaria per ogni apprendimento (senso di autoefficacia, autostima, valorizzazione del prodotto e dei risultati).

L'insegnante è la fonte primaria di feedback, ma non è la sola: dobbiamo trovare altre fonti altrettanto potenti. Ad esempio, l'attivazione dei compagni e delle compagne permette di aumentare in modo significativo la quantità (e anche la qualità) dei feedback che sostengono gli apprendimenti.

In questo caso, si parla di *feedback reciproco tra pari:* due o tre alunni si scambiano feedback sulle cose prodotte in modo sistematico. In un'attività cooperativa affrontata da una cordata di alunne e alunni, questi organizzano i ruoli dei vari partecipanti in modo che ci sia sempre il momento, per ognuno, di analizzare il lavoro dell'altro e fornirgli feedback. Anche nel caso in cui si dovesse svolgere un'attività identica in parallelo (ad esempio, produrre un breve testo scritto), gli alunni/e

dovrebbero, durante il processo di scrittura o alla fine, scambiarsi i rispettivi lavori per una valutazione e un feedback, attivando una specie di *peer-review* che migliorerà enormemente il prodotto finale.
Queste attività di feedback reciproco portano l'attenzione di alunne e alunni sul miglioramento continuo (attraverso l'apprendimento e l'esercizio) dei processi e del prodotto, in un'ottica collaborativa e non competitiva; infatti, dare un feedback sul prodotto di un compagno non vuol dire giudicarne il valore come persona, ma dargli informazioni utili al miglioramento delle sue azioni e processi, qualunque sia il livello di partenza e l'ampiezza dei miglioramenti. Per alcuni, non è semplice acquisire un tale atteggiamento incoraggiante e di supporto, anche di paziente attesa e valorizzazione, ma il dispositivo del dare/ricevere feedback reciprocamente è uno dei contesti strutturati ideali per sviluppare questa componente dell'intelligenza emotiva e interpersonale.

SUBITO IN PRATICA

Può essere utile interrompere le spiegazioni frontali per dare ad alunne e alunni il tempo di confrontare gli appunti presi e darsi feedback rispetto a un loro miglioramento.
Al termine del confronto eventuali dubbi non risolti possono essere chiariti direttamente con l'insegnante.

IDEA 98

ADATTARE I MATERIALI PER L'APPRENDIMENTO

Buona parte dei processi di apprendimento si svolge ancora attraverso il lavoro su materiali cartacei (e/o digitali) come libri di testo, di lettura, schede, ecc. Le esigenze di individualizzazione e di personalizzazione richiedono un continuo lavoro di adattamento di questi materiali, sia nella direzione di una reale accessibilità e fruizione per alunne e alunni con disabilità, disturbi specifici dell'apprendimento o altre forme di bisogni educativi speciali, sia nella direzione di un accrescimento di complessità, nelle situazioni di maggiore competenza cognitiva e/o motivazionale. In genere questo lavoro di adattamento viene fatto dall'insegnante, ma gli stessi alunni e alunne possono giocare il ruolo di protagonisti attivi. Come sappiamo, le due strategie fondamentali dell'adattamento dei materiali nelle situazioni di difficoltà (da usare in progressione, prima l'una e poi, se non funziona sufficientemente, l'altra) sono la *facilitazione* e la *semplificazione*.

Nella facilitazione si aggiunge qualcosa al materiale, lo si arricchisce (aumentazione) di tutto quello che lo può rendere più efficace nel produrre risposte positive da parte dell'alunna o dell'alunno che lo userà. Si possono utilizzare interventi grafici direttamente nel testo, come evidenziazioni, mappe o schemi, oppure aggiungere immagini, note, spiegazioni, ecc. Il materiale può essere «aumentato» anche con altre forme di aiuto, aggiunte esternamente, come file audio o video tutorial, che aiutino il lavoro su quel materiale e su quegli obiettivi. Queste aggiunte di vario genere dovrebbero avere due caratteristiche: essere efficaci per l'alunno per il quale sono pensate, senza però aiutarlo più del necessario, ed essere poi ridotte gradualmente al crescere della competenza che via via si apprende.

Nella semplificazione, invece, il materiale sul quale si lavora viene ridotto secondo varie possibilità: ci può essere una semplice riduzione di lunghezza, di complessità, un cambiamento di lessico, di strutture sintattiche, una riproposizione di conoscenze pregresse necessarie per affrontare con successo quel compito, e così via. In questa strategia

si toglie qualcosa, ed è per questo che sarebbe, in linea di principio, preferibile utilizzare la facilitazione, perché mantiene integro il livello e la ricchezza del materiale usato.
Non dimentichiamoci che in questo complesso lavoro di personalizzazione/individualizzazione attraverso l'adattamento dei materiali gli insegnanti non sono soli ma hanno dei potenziali alleati: le alunne e gli alunni. Assegnando loro il compito di trovare vari modi originali e creativi di adattare il materiale, utilizzano la loro esperienza diretta di ciò che li aiuta maggiormente (e di ciò che li ostacola e crea barriere al loro apprendimento) e di cosa si potrebbe togliere, allontanandosi il meno possibile dal materiale «standard» di partenza. In questo modo il docente può sfruttare quel capitale di esperienza diretta che ogni alunno possiede rispetto a ciò che facilita o ostacola il suo apprendimento, mettendolo al servizio, in modo personalizzato/individualizzato, del percorso di apprendimento dei compagni.

ATTENZIONE

La facilitazione e la semplificazione devono rispondere al principio di parsimonia. Con il principio di parsimonia si esprime l'importanza che il materiale non sia modificato più di quanto è strettamente necessario: si comincerà quindi con piccole aggiunte e cambiamenti e, solo in un secondo momento, se davvero indispensabile, si attiveranno modifiche più importanti.
Questo protegge dal rischio che il materiale veicoli aspettative di apprendimento troppo basse rispetto al potenziale di sviluppo di alunne e alunni.

IDEA 99

VALUTARE I PERCORSI CON IL PORTFOLIO

Il portfolio degli artisti raccoglie le loro opere migliori e viene utilizzato per mostrare a galleristi e clienti le loro capacità, ma anche per documentare il proprio percorso e rappresentare la propria identità artistica.
Allo stesso modo, a scuola, la raccolta di materiali che documentano il percorso di apprendimento, soprattutto se accompagnata da attività di riflessione su di esso, supporta insegnanti e alunni nel crearsi un quadro approfondito dei traguardi raggiunti e delle sfide aperte che hanno bisogno di essere affrontate.
Diventa, insomma, uno strumento per una valutazione formativa partecipata: bambini e ragazzi, insieme ai loro insegnanti, «fanno il punto» sul percorso realizzato e immaginano in modo collaborativo come realizzare al meglio le successive attività formative, ciascuno nel proprio ruolo.

SUBITO IN PRATICA

Il percorso per arrivare a realizzare un portfolio può essere declinato nelle seguenti 3 tappe fondamentali.

1. Definire la finalità del portfolio: che scopo ha la realizzazione del portfolio e che cosa vuole documentare/valutare?
2. Definire i materiali da raccogliere: quali lavori e documenti è utile collezionare nel portfolio per la finalità definita al punto 1?
3. Riflettere sui materiali e sul percorso: attraverso quali modalità può essere documentato il valore dei materiali percorsi e dell'evoluzione di una competenza dai primi agli ultimi lavori?

Concretamente, un portfolio può assumere forme diverse. Può essere una grande cartella che raccoglie diversi fogli e fotografie, o una scatola con oggetti concreti oppure può essere un portfolio digitale. Il muro virtuale di Padlet, ad esempio, si presta bene allo scopo.

Una valida alternativa è anche la app gratuita Wakelet. Infine, l'ambiente di Seesaw, pensato proprio per il monitoraggio e la documentazione dell'apprendimento, offre uno spazio che può essere messo in condivisione fra alunni, famiglie e insegnanti, collezionando diversi prodotti in un portfolio e attivando riflessioni su di essi.
Dal punto di vista dell'inclusione, il portfolio si propone come uno strumento di valutazione capace di dare valore a ogni percorso formativo, al di là dei livelli di competenza raggiunti. Ogni alunna e ogni alunno, con o senza disabilità, vedranno il proprio percorso legittimato all'interno di un prodotto che evidenzia i progressi fatti in termini di confronto individuale fra un prima e un dopo, indipendentemente dalla comparazione con le presentazioni di compagne e compagni.
Inoltre, il portfolio abitua a una valutazione sistematica e orientativa sia l'alunno che l'insegnante. Per l'insegnante, questo significa ricevere costantemente dati e feedback sul modo in cui le proposte formative vengono vissute da alunne e alunni diversi, avendo così l'opportunità di ricalibrarle, anche considerando le differenze individuali di ognuno. Per le alunne e gli alunni, riflettere sui propri lavori e percorsi significa avere l'occasione di sviluppare le proprie competenze metacognitive, fondamentali per conoscersi nel proprio modo di apprendere e sapere come darsi o cercarsi supporti utili.

SPUNTI DI RIFLESSIONE

- Il colloquio fra insegnanti e famiglie può trasformarsi in un momento in cui gli alunni presentano il proprio portfolio e discutono con docenti e genitori dubbi e idee sulla prosecuzione del percorso formativo.
- Per gli alunni con disabilità, il portfolio può diventare l'oggetto concreto da cui prendono avvio le riunioni del Gruppo di Lavoro Operativo per la progettazione e verifica del Piano Educativo Individualizzato. Questo permetterebbe di integrare in modo proficuo la loro voce nelle riunioni e negli incontri, come previsto dal Decreto 66/2019.

IDEA 100

COORDINARE IL LAVORO DELLA CLASSE CON CARTELLE PERSONALI PER LA DIFFERENZIAZIONE

In una classe inclusiva, nella quale vi sia consapevolezza delle differenze di ciascuno nell'apprendimento, è utile prevedere alcuni momenti in cui alunni e alunne svolgano attività che, per ragioni diverse, siano rilevanti per il loro specifico percorso. Può trattarsi di un momento in cui lavorare su abilità o competenze che, per vari motivi, il bambino o il ragazzo ha bisogno di esercitare di più oppure di un tempo da dedicare all'approfondimento di un proprio interesse. A seconda della finalità, le cartelle conterranno quindi attività di potenziamento individualizzate, ad esempio per allenarsi in alcune aree di difficoltà, oppure la documentazione di percorsi in cui gli alunni approfondiscono le proprie curiosità, ad esempio scegliendo fra diverse proposte degli insegnanti oppure proponendo un progetto individuale.

Si può immaginare la cartella come un contenitore personale, spesso identificato con un nome o un simbolo connesso alla bambina o al bambino. In classe, può avere la forma di una busta, di una cartellina, di una scatola o, ancora, di uno scaffalino personale. In un ambiente virtuale, invece, sarà semplicemente una cartella messa in condivisione fra un alunno o un'alunna e i suoi insegnanti.

A livello organizzativo, nell'orario settimanale, saranno previsti alcuni momenti in cui gli alunni possano lavorare autonomamente con le loro cartelle personali. Questa può diventare una routine riproposta dagli insegnanti con regolarità in orari predefiniti oppure essere stabilita di settimana in settimana, anche in base ad altri progetti e percorsi.

SPUNTI DI RIFLESSIONE

Per creare le cartelle, affinché la proposta sia realizzabile, sarà importante alternare una progettazione davvero individualizzata per singolo alunno con forme di progettazione diversificata per gruppi di alunni che abbiano in comune un certo bisogno. Concretamente ciò significa che, se in alcuni momenti ogni studente avrà una cartella diversa da tutti gli altri compagni, in altri ci saranno più semplicemente, ad esempio, tre tipologie di cartelle per tre sottogruppi di alunni. Le cose cambiano nel momento in cui gli studenti utilizzeranno la cartella per documentare un proprio «progetto» personale: a quel punto ogni cartella sarà sempre diversa e unica e sarà compito dell'alunna o dell'alunno tenerla aggiornata.

In termini di inclusione, vi sono almeno due ragioni per cui l'uso delle cartelle si rivela molto utile.
In primo luogo, la proposta permette di dedicare alcuni momenti ad attività mirate e specifiche che tengono conto dei bisogni di ogni alunno e alunna. Per un alunno con disabilità, l'introduzione di questa routine è molto significativa perché crea di fatto un momento per svolgere attività anche molto diverse da quelle dei compagni, ma condividendo con loro l'aula e un tempo in cui ciascuno si dedica ai propri traguardi personali. È anche questo il momento in cui, ad esempio, alunni con un disturbo specifico dell'apprendimento possono seguire dei training mirati, come quelli di lettura o scrittura al computer a 10 dita. Per studenti che non conoscono (bene) l'italiano, inoltre, la cartellina può proporre attività per l'apprendimento linguistico. Per tutti gli alunni, è l'occasione in cui lavorare sugli errori che compiono più comunemente.
In secondo luogo, l'uso della cartella per documentare un proprio progetto agisce fortemente in termini motivazionali. Se, ad esempio, nell'esplorazione del tema della sostenibilità ambientale, ciascun alunno potrà portare avanti un proprio percorso, che può spaziare dallo scrivere la biografia di Greta Thunberg al condurre un esperimento che mostri il tempo di decomposizione di diverse tipologie di rifiuti, alunni con modalità di apprendimento e interessi diversi potranno convergere, anche se con progettualità diversificate, intorno a un tema comune.
In generale, dunque, introdurre sistematicamente l'uso di cartelle personalizzate contribuisce a costruire una cultura della differenza in cui diventa visibile, e dunque «normale», che alunne e alunni sono tutti diversi per come apprendono.

SUBITO IN PRATICA

Per cominciare a sperimentare le cartelle personalizzate si può lavorare sui momenti di esercitazione individuale di alcune abilità. Invece di fare un esercizio dopo l'altro, in un ritmo di lavoro collettivo di classe — e quindi necessariamente troppo veloce per alcuni e troppo lento per altri — si può consegnare in una cartella la lista di tutti gli esercizi da svolgere, lasciando che ciascun alunno lavori in autonomia. Prevedendo ritmi di lavoro differenti, gli insegnanti indicheranno per alunni diversi un diverso numero di esercizi obbligatori e facoltativi.

IDEA 101

ORGANIZZARE IL TEMPO DELL'APPRENDIMENTO CON AGENDE E PIANI DI LAVORO

Dare struttura e visibilità ai diversi momenti della giornata è una pratica a cui è stata data molta importanza nell'ambito degli interventi per alunni e alunne con disturbi dello spettro autistico. Nelle loro classi spesso si vedono agende visive con immagini che rappresentano l'elenco delle attività previste per la mattina di scuola, completate da segnalini mobili che permettono di distinguere quelle già svolte da quelle ancora da svolgere. È questo un esempio di strumento «necessario per alcuni, ma utile per tutti». Buona parte della letteratura che si occupa di strategie per il supporto di alunni con disturbi specifici dell'apprendimento nel metodo di studio fa infatti riferimento a tabelle per organizzare i compiti a casa o a un'efficiente alternanza fra studio e pause. Anche durante il *lockdown* in seguito alla pandemia da Covid-19, negli scambi di idee sui social fra genitori e insegnanti sono comparse molte fotografie di pianificazioni dei diversi momenti della giornata, con routine e appuntamenti che potessero dare prevedibilità e strutturazione alle giornate di un periodo così straordinario.

L'idea comune a tutte le diverse applicazioni di agende e piani di lavoro è la consapevolezza che, se la mente è liberata dallo sforzo di gestire la progettazione costante di quel che accadrà dopo, avrà a disposizione più risorse per affrontare con pienezza la proposta presente. I motivi per cui la progettazione del tempo impiega molta energia possono essere diversi. Per alcuni alunni è l'imprevedibilità ad avere un alto costo psicologico, per altri è invece la difficoltà ad autoregolarsi a rendere sfidante la costruzione di un'efficace alternanza di attività diverse. Ecco che allora uno strumento di strutturazione del tempo può essere d'aiuto.

SUBITO IN PRATICA

Agende e piani di lavoro possono essere realizzati dagli insegnanti per le alunne e gli alunni di una classe, ma anche essere uno strumento usato direttamente da bambini e ragazzi per organizzarsi nei momenti di

apprendimento autonomo o durante i compiti a casa. Nel caso si tratti di organizzatori per la classe, sarà utile che questi siano visibili in aula e abbiano il formato, ad esempio, di un cartellone sufficientemente grande per essere visto e letto da tutti. Saranno gli insegnanti a costruirli e usarli in diversi momenti della giornata per garantire un buon orientamento all'interno del tempo scuola.
Nel caso di strumenti di pianificazione individuale, questi saranno più piccoli e maneggevoli, spesso portatili, in modo da essere utilizzabili nelle attività di studio sia a scuola che a casa (se la scuola prevede l'assegnazione di compiti a casa). Saranno costruiti dagli insegnanti, ma verranno poi condivise delle modalità di utilizzo con alunne e alunni. L'idea è che, nel tempo, bambini e i ragazzi imparino a far propri questi strumenti, modificandoli e adattandoli alle proprie esigenze.

BIBLIOGRAFIA

Booth T. e Ainscow M. (2008), *L'Index per l'inclusione. Promuovere l'apprendimento e la partecipazione nella scuola,* edizione italiana a cura di F. Dovigo e D. Ianes, Trento, Erickson.

D'Alonzo L. (2016), *La differenziazione didattica per l'inclusione. Metodi, strategie, attività,* Trento, Erickson.

Demo H. (2015), *Didattica delle differenze. Proposte metodologiche per una classe inclusiva,* Trento, Erickson.

Demo H. (2017), *Didattica aperta e inclusione. Principi, metodologie e strumenti per insegnanti della scuola primaria e secondaria,* Trento, Erickson.

Ianes D. e Cramerotti S. (2015), *Compresenza didattica inclusiva. Indicazioni metodologiche e modelli operativi di co-teaching,* Trento, Erickson.

Mangiatordi A. (2017), *Didattica senza barriere. Universal design, tecnologie e risorse sostenibili,* Pisa, ETS.

Mangiatordi A. (2020), *Costruire Inclusione. Progettazione Universale e risorse digitali per la didattica,* Milano, Guerini Associati.

Mitchell D. (2018), *Cosa funziona realmente nella didattica speciale e inclusiva. Le strategie basate sull'evidenza,* Trento, Erickson.

Savia G. (a cura di) (2016), *Universal Design for Learning. La Progettazione Universale per l'Apprendimento per una didattica inclusiva,* Trento, Erickson.

Tomlinson C.A. (2006), *Adempiere la promessa di una classe differenziata,* Roma, LAS.

Tomlinson C. A. e Imbeau M.B. (2012), *Condurre e gestire una classe eterogenea,* Roma, LAS.

LIBRO PP.500

ISBN 978-88-590-1907-7

Dario Ianes, Sofia Cramerotti, Laura Biancato e Heidrun Demo

Il manuale dell'Expert Teacher

16 COMPETENZE CHIAVE PER 4 NUOVI PROFILI DOCENTE

Per essere un buon insegnante non è più sufficiente, come un tempo, «insegnare bene»: occorre sviluppare competenze che comprendano, oltre alla padronanza dei contenuti disciplinari e didattici, abilità relazionali, di gestione della classe e dei gruppi, di progettazione, comunicative, creative e digitali. Nasce a questo scopo il progetto Expert Teacher del Centro Studi Erickson: ***un nuovo modello di sviluppo professionale basato sulle competenze, in un'ottica di miglioramento permanente e formazione continua****.*

Il modelloExpert Teacher promuove la formazione di 4 profili di insegnante esperto:

- ***Sviluppo professionale continuo****: Formazione, tutoring, mentoring, peer to peer.*
- ***Didattica innovativa e inclusiva****: Didattica per competenze e pratiche inclusive.*
- ***Organizzazione scolastica****: Progettazione d'Istituto e valutazione.*
- ***Orientamento formativo nella progettazione****: Sviluppo di competenze trasversali.*

In linea con la normativa ministeriale e Il Piano nazionale della Formazione degli insegnanti, Expert Teacher propone un ambiente di apprendimento innovativo, individuando 16 competenze distinte in 3 macro-aree: area professione, area didattica e area organizzazione. ■

Gli autori

Dario Ianes, docente ordinario di Pedagogia e Didattica speciale all'Università di Bolzano, Corso di Laurea in Scienze della formazione primaria. È co-fondatore del Centro Studi Erickson di Trento.

Sofia Cramerotti, psicologa dell'educazione e pedagogista, perfezionata in «Comunicazione multimediale e didattica».

Laura Biancato, dirigente scolastico dal 1996, dopo un anno di distacco al Ministero dell'Istruzione, Ufficio Innovazione Digitale. Ha partecipato come consulente del MIUR alla stesura del Piano Nazionale Scuola Digitale. È consulente Erickson per il progetto Expert Teacher.

Heidrun Demo, ricercatrice presso la Facoltà di Scienze della formazione della Libera Università di Bolzano. Svolge ricerca nell'ambito dell'inclusione scolastica e della didattica inclusiva.

Erickson

www.erickson.it